Elementos de teoria da produção e análise insumo-produto

Blucher

Elementos de teoria da produção e análise insumo-produto

Fabrício Pitombo Leite

Elementos de teoria da produção e análise insumo-produto

Publisher Edgard Blücher
Editores Eduardo Blücher e Jonatas Eliakim
Coordenação editorial Andressa Lira
Produção editorial Lidiane Pedroso Gonçalves
Revisão de texto Maurício Katayama
Capa Laércio Flenic
Imagem da capa iStockphoto
Editora Blucher
Rua Pedroso Alvarenga, 1245, 4º andar
CEP 04531-934 – São Paulo – SP – Brasil
Tel.: 55 11 3078-5366
contato@blucher.com.br
www.blucher.com.br

Dados Internacionais de Catalogação na Publicação (CIP)
Angélica Ilacqua CRB-8/7057

Leite, Fabrício Pitombo

Elementos de teoria da produção e análise insumo-produto / Fabrício Pitombo Leite. — São Paulo : Blucher, 2023.

255 p.

Bibliografia

ISBN 978-65-5506-790-3

1. Relações intersetoriais 2. Produção (Teoria econômica) 3. Economia I. Título

23-0529 CDD 339.4

Índice para catálogo sistemático: 1. Relações intersetoriais - Economia

Prefácio

Este é um livro instrutivo e muito interessante sobre as relações intersetoriais na economia. Uma de suas características é considerar, sempre, exemplos numéricos e apresentar os comandos em Scilab, um software livre, para efetuar todas as operações matemáticas necessárias à análise dos problemas. Além do uso de exemplos numéricos artificiais simples, são elaboradas muitas análises com dados das matrizes de insumo-produto para o Brasil. Não se trata de um livro fácil de ler, mas é didático. Quem ler e acompanhar a análise dos temas abordados vai aprender muito sobre a produção de mercadorias por meio de mercadorias de Sraffa e os modelos de insumo-produto de Leontief.

É usual dizer que a Economia, como ciência, teve início com *A riqueza das nações* de Adam Smith, livro publicado em 1776. Entre as obras de precursores destaca-se o *Tableau économique* de Quesnay (1759), pioneiro na análise das relações intersetoriais, ao mostrar a interdependência entre três partes (classes) da economia: agricultura, indústria e nobreza. Na história do pensamento econômico, as relações intersetoriais voltaram a merecer destaque nos esquemas de reprodução simples e ampliada do volume II de *O capital* de Marx, com sua análise detalhada da necessária coerência entre valores de capital constante, capital variável e mais valia na produção de meios de produção e na produção de bens de consumo. Já no século XX, dois grandes economistas aprofundaram o tema com objetivos distintos. Piero Sraffa (1898-1983) estava focado em problemas da teoria, como indica o subtítulo da sua obra principal, *Produção de mercadorias por meio de mercadorias: prelúdio a uma crítica da Teoria Econômica*, que foi efetivamente fundamental em toda a Controvérsia de Cambridge sobre a teoria do capital. Wassily Leontief (1905-1999), por sua vez, tinha em vista as aplicações práticas da análise de insumo-produto no planejamento de empresas e governos e deplorava que na ciência econômica houvesse "uma alta concentração de teoria sem dados empíricos, por um lado, e um acúmulo crescente de dados sem teoria, por outro";[1] em artigo publicado na *Harvard Business Review* em 1964, reconhecendo o uso da análise de insumo-produto e o relativamente rápido crescimento econômico na União Soviética, procura convencer os empresários americanos sobre as vantagens da metodologia: "O tipo de planejamento cuja anatomia acabo de descrever não é a besta monstruosa com garras nas patas e a cauda enrolada como imaginam alguns empresários; nem é um Cavalo de Troia. Eu o compararia, aliás, a um jovem corredor que apresenta bons tempos nos exercícios preliminares. Vendo a rapidez de algum dos competidores que defendem outras cores, não seria má ideia colocá-lo a correr com as nossas, na próxima competição".[2]

Assim, seja por interesse em questões conceituais básicas da teoria econômica, seja por querer entender melhor a estrutura da economia brasileira, muito se pode ganhar lendo e acompanhando a dissecação dos problemas neste livro de Fabrício Pitombo Leite.

Rodolfo Hoffmann, 22/07/2021

[1]Leontief, W. *A economia do insumo-produto.* Abril Cultural, Coleção Os Economistas, 1983, p. 15.

[2]Leontief, W. *A economia do insumo-produto.* Abril Cultural, Coleção Os Economistas, 1983, p. 13.

Apresentação

Este livro busca tratar da teoria da produção, tal como idealizada pelos economistas clássicos, com uma ênfase aplicada aos sistemas insumo-produto empiricamente observáveis. Assim, especial atenção será dirigida, desde o início, para as possibilidades de aplicação a partir dos dados para as Contas Nacionais do Brasil. É na abordagem clássica do excedente que os esquemas empíricos de insumo-produto parecem poder ser explorados ao máximo, trazendo à tona questões sobre a viabilidade de um sistema econômico e resolvendo tópicos caros à explicação integrada do valor e da distribuição, o que atribui real significado a questões elaboradas por Ricardo ao tratar de mudanças nos salários e preços relativos ou à sua busca pela medida invariável de valor.

Não parece ser perante algumas hipóteses da teoria neoclássica que a abordagem insumo-produto consegue ser levada às últimas consequências, sendo que, na interpretação de Rose (1995), o próprio Leontief se "posicionou veementemente contra a mistura de relações de produção neoclássicas e insumo-produto porque estas refletem diferentes entendimentos conceituais sobre como uma economia funciona" (Rose, 1995, p. 298).[3] Alguém pode se ver tentado a atribuir ao próprio Leontief um posicionamento que liga diretamente a abordagem insumo-produto à escola clássica, a partir da lei-

[3]Não obstante, ten Raa (2004, p. 151), um discípulo de Leontief, tomou para si a missão de realizar a reconciliação entre a análise insumo-produto e a teoria neoclássica, como pode ser verificado em alguns de seus trabalhos (ten Raa, 1994, 2005).

tura de Leontief (1928), como na exposição de Kurz e Salvadori (2006), ou em virtude de sua menção a Pasinetti (1977) como um resumo abrangente e representativo da pesquisa teórica realizada em insumo-produto até então.

É, porém, conhecida a ambiguidade de Leontief ao posicionar-se acerca das origens de sua obra, enfatizando a interdependência geral e rendendo homenagens a Quesnay em alguns momentos (Leontief, 1936, 1937) e, em outros, situando-a como um desenvolvimento dos modelos de equilíbrio geral walrasiano.[4] Em Kurz e Salvadori (2000) podemos encontrar uma exposição de motivos que levariam alguém a afirmar que, "enquanto a caracterização da análise insumo-produto de Leontief [...] parece ser plenamente compatível com a abordagem clássica, não é óbvio que essa possa ser reconciliada com a abordagem neoclássica" (Kurz e Salvadori, 2000, p. 156).

Também levando isso em conta, modelos de equilíbrio geral computável (CGE) estarão ausentes deste livro, uma vez que estes "são baseados em hipóteses mais restritivas que os modelos de insumo-produto, tipicamente supondo comportamento otimizador e que a economia está em equilíbrio" (Rose, 1995, p. 296). Tais modelos podem ser pensados como versões multissetoriais de uma tentativa de dar fundamentação microeconômica às leis macroeconômicas. Considerando ainda que o presente livro busca trazer elementos selecionados da abordagem insumo-produto, sem a pretensão de exaurir o campo de estudo, deve-se ter em mente que não há utilidade prática para os modelos CGE sem o pré-requisito de um bloco insumo-produto adequadamente elaborado (Rose, 1995, p. 296; Augusztinovics, 1995, p. 275).

Apesar de podermos identificar parte do presente trabalho com a retomada da abordagem clássica do excedente inaugurada por Sraffa (1960), tópicos mais avançados que tratam da escolha da técnica e da possibilidade de retorno da técnica (*reswitching*) não serão aqui abordados, tampouco os importantes desdobramentos que culminaram na controvérsia do capital.

[4] A respeito dessa ambiguidade, consultar Akhabbar e Lallement (2011).

A rigor, trataremos dos tópicos selecionados por Sraffa (1960) na primeira parte de seu livro, sem produção conjunta ou a introdução de terra e capital fixo.[5] Por tudo isso, as ilustrações com dados mais próximas a temas teóricos devem ser tomadas com uma dose de precaução, como as primeiras aproximações possíveis, que, apesar de úteis, não esgotam completamente as possibilidades teóricas conhecidas. Por outro lado, e também na esfera aplicada, tópicos sraffianos um pouco mais avançados serão abordados ao tratarmos de produtividade, mudança estrutural e dos artifícios da integração vertical e dos subsistemas.

A distinção entre os dois campos de análise sugerida por Garegnani (1990) pode ser ecoada na divisão dos capítulos aqui apresentada: (i) os elementos que formam o núcleo duro da abordagem clássica, constituindo um campo no qual "relações quantitativas gerais numa forma suficientemente definida podem ser postuladas" (Garegnani, 1990, p. 123), como aquelas entre preços relativos e taxa uniforme de lucros, podem ser encontrados nos Capítulos 1, 2, 3 e 7 — nesse contexto, a estrutura de produção e o nível do produto devem ser tomados como dados, bem como os salários devem ser entendidos como determinados fora do sistema econômico, lista que também é compatível com o conjunto característico da abordagem clássica apresentado por Eatwell (1977) e por Kurz e Salvadori (2000); e (ii) o campo onde as relações econômicas não nos permitem generalizações, mas uma análise mais indutiva, comportando "o estudo das *influências recíprocas* entre salários reais, níveis de produto e condições técnicas de produção" (Garegnani, 1990, p. 125), pode ser identificado no Capítulo 6, que discute multiplicadores keynesianos e, portanto, a determinação de emprego e renda, e, posteriormente, nos Capítulos 8 a 11, quando os elementos para

[5] Obras inteiras como a de Schefold (1989) foram dedicadas ao tópico da produção conjunta, cujo tratamento, com o objetivo de complementar o livro de Pasinetti (1977), foi uma das motivações para a confecção do manual de Kurz e Salvadori (1995). O trabalho de Hoffmann (2016), recentemente publicado aqui no Brasil, também avança por muitos dos tópicos citados.

a análise da influência da produtividade (Capítulo 9) e da distribuição de renda (Capítulo 10) no nível e composição do produto são apresentados, culminando no tópico mais geral da mudança estrutural.

De um ponto de vista mais instrumental, além de percorrermos os principais fundamentos e indicadores na análise insumo-produto (Capítulos 3, 4 e 5), tais quais apresentados, por exemplo, no amplamente adotado manual de Miller e Blair (2009), também atingiremos tópicos mais avançados e bastante utilizados atualmente, como no caso dos exercícios de decomposição estrutural (Capítulo 11). Vale lembrar que faremos esse percurso tomando sempre como ilustração o cenário brasileiro, sendo que todas as passagens da teoria aos dados serão objeto de descrição neste trabalho.[6]

Uma outra ausência explícita corresponde aos chamados modelos dinâmicos de Leontief, em consonância com a restrição anteriormente anunciada de não introduzirmos capital fixo na análise, requisito para a obtenção das matrizes com os coeficientes de capital requeridas. Também não serão objeto de uma análise mais pormenorizada as extensões da abordagem insumo-produto que culminaram nas chamadas matrizes de contabilidade social.[7] No entanto, num dos tópicos mais importantes no qual essas complementam a análise insumo-produto, a saber, o das transferências entre setores institucionais e da distribuição de renda (Augusztinovics, 1995, p. 273), utilizaremos os multiplicadores inter-relacionais de Miyazawa (1968, 1976), que ao menos resolvem o processo primário de geração de renda. Finalmente, estará ainda ausente o tópico atual e avançado relativo à análise espectral da teoria do valor e distribuição, compilado recentemente por Mariolis e Tsoulfidis (2016), que também visa conferir significado empírico

[6]Aqui cabe uma menção especial ao trabalho de Guilhoto (2011), que, em conjunto com a própria apresentação dos dados realizada pelo IBGE (2008, 2016b, 2018), também primou por tal esforço de adaptação. Recentemente, Vale e Perobelli (2020) apresentaram material focado em aplicações no R para dados brasileiros.

[7]SAM, na sigla em inglês, como as apresentadas por Pyatt e Round (1977, 1979), por exemplo.

à abordagem clássica em economia.

Exemplos com matrizes de dimensões reduzidas e aplicações com matrizes reais, para o Brasil, serão oferecidos ao longo do livro. Nesses casos, serão fornecidos códigos para a obtenção dos resultados em Scilab, que é um programa para cálculo numérico particularmente apropriado para o manuseio de matrizes, multiplataforma e de distribuição livre.

Registro o agradecimento aos alunos do mestrado em Economia da UFRN, que, ao longo de três anos, testaram de algum modo o presente material e contribuíram para seu aperfeiçoamento, especialmente a Joelson Oliveira Santos, que se tornou coautor de alguns artigos com foco na estimação de matrizes regionais, objeto de um capítulo em versões anteriores. Um agradecimento especial é ainda devido ao professor Marconi Gomes da Siva, por ter também se prontificado a passar por esse grupo de teste e pelas sugestões para tornar algumas passagens menos insultuosas às normas da boa escrita.

Agradeço ainda aos pesquisadores do Grupo de Pesquisa em Economia Política e do Grupo de Indústria e Competitividade, ambos do Instituto de Economia da UFRJ, especialmente à Patieene Alves Passoni e aos professores Esther Dweck, Fábio Freitas e Franklin Serrano, com os quais tenho tido contato mais próximo ao longo dos últimos anos, por insistirem na importância do objeto de análise deste livro e trabalharem para o seu desenvolvimento.

Devo ao professor João Damásio de Oliveira Filho, da UFBA, por ter me apresentado a esse universo, no qual pude me aprofundar a partir dos "seminários sraffianos" ministrados extracurricularmente pelo professor Rodolfo Hoffmann, na Unicamp. A exemplo do reconhecido em publicação recente (Hoffmann, 2016), este livro também carrega um grande passivo com relação ao trabalho de Pasinetti (1977).

A minha dívida com o professor Rodolfo Hoffmann se acumulou em múltiplas frentes: além das aulas ministradas com base em material ainda a ser publicado na ocasião (Hoffmann, 2016), também por ter aceito o convite para prefaciar este livro e, ao longo do caminho, ter feito diversas sugestões com base em leitura cuidadosa que muito contribuíram para o resultado final ora apresentado. Naturalmente, todos os erros remanescentes são de minha inteira responsabilidade.

Código para Scilab

Conteúdo

Capítulo 1

Introdução à teoria da produção

Neste capítulo, começaremos a desenvolver uma descrição para o funcionamento da economia cuja explicação pressupõe, assim que passarmos a tratar de mais de um produto, a equalização das taxas de lucro. Uma explanação abrangente, contextualizando tal pressuposto na história do pensamento econômico, pode ser encontrada no primeiro capítulo de Kurz e Salvadori (1995). É num ambiente de livre concorrência, com barreiras desprezíveis à entrada e saída nos diferentes ramos de atividade, que os economistas clássicos vislumbram a tendência à equalização das taxas de lucro, entendida, portanto, como uma posição de longo prazo. Para tal tendência se efetivar, uma estrutura de preços relativos bem definida necessitaria estar posta: os preços que levariam à reprodução do sistema econômico em questão. Se há uma tendência à equalização das taxas de lucro, tais preços de produção (ou reprodução) do sistema devem ser entendidos como preços "naturais" ou "normais", em torno dos quais gravitam os preços efetivos ou de mercado.

A noção de reprodução do sistema econômico tem sua origem normalmente traçada pelo menos até o *Tableau* de Quesnay, passando por Ricardo e Marx (Pasinetti, 1977). Desde Smith, entretanto, pode ser mapeada a ideia de equalização das taxas de lucro, bem como a distinção entre preços naturais e de mercado (Kurz e Salvadori, 1995). É justamente a partir de tal distinção que Ricardo (1821) explica os movimentos de capital entre as diferentes atividades econômicas: no caso de os preços de mercado se desviarem (digamos, para cima) dos naturais em uma atividade econômica específica, a taxa de lucro nessa atividade se torna maior; com a transferência de capital, anteriormente aplicado em outro ramo, para tal atividade com maior taxa de lucro, observamos a tendência à equalização das taxas de lucro:

> "Esse constante desejo de todos os aplicadores de capital deixar um negócio menos vantajoso por um mais vantajoso tende fortemente a igualar as taxas de lucro ou a fixá-las em tais proporções que compensem, segundo as estimativas das partes, qualquer vantagem que uma possa ter ou pareça ter sobre a outra" (Ricardo, 1821, p. 63).

A noção de reprodução do sistema econômico representa muito mais que uma mera curiosidade histórica ou especificidade teórica e pode também ser encontrada em construções insumo-produto a partir de Leontief. Apesar de o *modelo* insumo-produto ser comumente visto como um mecanismo capaz de transformar demanda final em produção total (Augusztinovics, 1995, p. 272), isso não encerra a abordagem: "O assunto que é objeto do insumo-produto não é o montante específico de produção bruta requerida para satisfazer uma cesta de demanda final, mas a natureza dual e circular da economia em geral" (Augusztinovics, 1995, p. 275). Natureza dual não somente no sentido de ligarmos fluxos de produção da sua origem ao seu destino, mas também pelos fluxos monetários correspondentes e em sentido oposto, o que nos leva à dicotomia dos sistemas de preços e de quantidades. Natureza circular que se origina na própria divisão do trabalho e resulta nas interdependências de um sistema produtivo tão complexo que não é prontamente observável por agentes individuais, não podendo ser controlado por meio de suas maximizações de utilidade. Assim, retornamos a uma versão formalizada e computável dos fluxos circulares *à la* Quesnay, obtendo tanto a validade geral por meio da matemática quanto a relevância empiricamente comprovada (Augusztinovics, 1995, p. 275–276). Essa caracterização do processo produtivo como circular é colocada pelo próprio Sraffa (1960, p. 93) como oposta "à visão apresentada pela teoria moderna de uma via de mão única que parte dos 'fatores de produção' em direção aos 'bens de consumo' ".

1.1 Contabilidade social e o modelo do trigo

Uma identidade bem conhecida das Contas Nacionais nos informa que podemos definir o valor bruto de produção (VBP) pela soma de consumo intermediário (CI) e valor adicionado bruto (VAB). Ao dividirmos o valor adicionado entre as massas de salários (W) e lucros (P), sempre podemos expressar o VBP a partir de:

$$CI + \underbrace{P + W}_{VAB} = VBP \tag{1.1}$$

Definamos uma razão a entre o consumo intermediário e o valor bruto de produção. Assim, podemos reescrever nossa primeira equação como

$$a \cdot VBP + P + W = VBP \tag{1.2}$$

de modo que

$$P + W = VBP(1 - a) \tag{1.3}$$

Podemos daí concluir que o nosso sistema econômico é capaz de gerar um excedente (aqui expresso pela soma de salários e lucros) somente para $a < 1$. Para valores de a superiores à unidade, teríamos uma economia que utiliza mais insumos do que é capaz de gerar em termos de produto; assim, diz-se que tal economia é inviável. Uma economia com $a = 1$ é tida como estritamente viável, com toda a produção sendo destinada ao consumo intermediário. Essa condição de viabilidade constitui condição necessária, mas não suficiente, para a sobrevivência de um sistema econômico, na medida em que supõe implicitamente que o trabalho está disponível sem custo (Kurz e Salvadori, 1995, p. 44). A condição poderia ser considerada suficiente se supuséssemos, como Sraffa (1960, p. 3), que no consumo intermediário está incluso o necessário para a subsistência dos trabalhadores, hipótese não estranha à economia clássica. Concluindo, uma economia é considerada viável se e somente se

$$a \leq 1 \tag{1.4}$$

Normalmente, tal condição de viabilidade surge no contexto de um modelo com apenas uma mercadoria[1] no qual, ademais, a medição (de insumo e produto, a mesma mercadoria) se dá em termos físicos. Considerar um único produto agregado em valores monetários ou, digamos, a quantidade de trigo multiplicada pelo seu preço não alteraria a condição de viabilidade nesse caso mais simples.[2] Retomando a ideia de que o trigo (ou nosso produto agregado) é utilizado como consumo intermediário, compondo, portanto, o capital circulante desta economia, podemos expressar tal consumo intermediário como $p \cdot a \cdot q$, sendo que a expressa a quantidade de trigo necessária, como capital circulante (sementes), para a produção total dessa economia ($p \cdot q$), já como proporção de tal produção total, e p e q representam, respectivamente, o preço e a quantidade produzida. Assim, a equação (1.2) surgiria como:

$$p \cdot a \cdot q + P + W = p \cdot q \tag{1.5}$$

[1] No mais das vezes por meio do "modelo do trigo", representando alguma variante da construção original de Ricardo, como no segundo capítulo de Kurz e Salvadori (1995) ou em Freitas e Serrano (2008).

[2] Tampouco o faria no caso mais complicado com mais de uma mercadoria, *desde que* pudéssemos obter uma mercadoria composta que fosse insensível a mudanças nos preços relativos. Esse é um dos resultados da busca de Ricardo por uma medida invariável de valor, concluída por Sraffa (1960) e exposta em seu sistema padrão, sobre o qual discorreremos mais adiante, no Capítulo 7.

Podemos considerar ainda um salário médio dado por $w = W/L$, com L para o número de trabalhadores, e um coeficiente de trabalhadores por unidade física de produto dado por $l = L/q$. Se r representa uma taxa de lucros sobre o capital circulante, a massa de lucros pode ser expressa como $r \cdot p \cdot a \cdot q$. Assim:

$$p \cdot a \cdot q + r \cdot p \cdot a \cdot q + \frac{W}{L}\frac{L}{q} \cdot q = p \cdot q \tag{1.6}$$

ou

$$p \cdot a \cdot q(1 + r) + l \cdot w \cdot q = p \cdot q \tag{1.7}$$

Ao dividirmos tudo por q, obtemos uma primeira versão (para um produto e com salários pagos *post-factum*) de uma equação que utilizaremos largamente posteriormente para representar o sistema proposto por Sraffa (1960):

$$p \cdot a(1 + r) + l \cdot w = p \tag{1.8}$$

Ao imaginarmos que nenhuma parte do excedente vai para salários, podemos representar a taxa máxima de lucros (R) obtenível nesse sistema econômico:

$$p \cdot a(1 + R) = p \tag{1.9}$$

Se $p \neq 0$, ficamos com

$$a(1 + R) = 1 \tag{1.10}$$

e, portanto, concluímos que a taxa máxima de lucro é determinada por:

$$R = \frac{1 - a}{a} \tag{1.11}$$

Como veremos, a contraparte multissetorial da equação (1.8) será facilmente derivada no contexto apropriado e a taxa máxima de lucro encontrará solução análoga posteriormente.

1.2 Preços relativos e excedente numa breve incursão na história do pensamento econômico

Num pequeno artigo, Gilibert (2006) nos conduz no caminho percorrido por Sraffa na tentativa de chegar a uma equação de preços relativos que o possibilitasse expressar uma relação simples entre salários e lucros. Seguiremos esse artigo, apesar de não mantermos a ordem da exposição, ao longo desta seção. Somente para captarmos a analogia com a equação (1.8) e analisarmos, ainda intuitivamente, algumas de suas características, assim pode ser escrita a equação final, cuja ideia geral pode ser atribuída a Ricardo e que é largamente utilizada por economistas sraffianos:

$$\mathbf{p}'\mathbf{A}(1+r) + \mathbf{l}'w = \mathbf{p}' \tag{1.12}$$

Ao invés de um único preço teríamos um vetor de preços relativos, ao invés de um coeficiente ligando consumo intermediário e produção total teríamos uma matriz **A** de coeficientes técnicos e no lugar de uma razão entre trabalhadores e produto físico teríamos um vetor expressando diversas razões equivalentes para diferentes mercadorias ou atividades econômicas.

O objetivo de Sraffa era de fácil enunciação e pode ser resumido na alegoria de um homem vindo da Lua e tentando entender como a produção na Terra poderia estar estruturada:

> "O significado das equações é simplesmente este: que se um homem caísse da lua na terra e observasse o montante de coisas consumidas em cada fábrica e o montante de coisas produzidas por cada fábrica, ele deduziria por quais valores as mercadorias teriam que ser vendidas, se as taxas de lucro tivessem que ser uniformes e o processo de produção tivesse que ser repetido. Em resumo, as equações mostram que as condições de troca são inteiramente determinadas pelas condições de produção" [Sraffa em trecho não datado, citado por Gilibert (2006, p. 38)].

Tal estágio de amadurecimento sedimentado na equação (1.12) esconde uma longa sequência, concluída em 1943, na qual Sraffa se debruçou sobre a obra de Ricardo, principalmente sobre o modelo do trigo, sobre a questão dos preços relativos e sobre sua busca pela medida invariável de valor. A contribuição original ricardiana à questão dos preços relativos, a partir do entendimento de que esta não pode ser tomada isoladamente da questão da distribuição entre salários e lucros, encontra um resumo na seguinte ideia:

> "Percebe-se também que, na proporção da durabilidade do capital empregado em qualquer produção, os preços relativos das mercadorias nas quais se utiliza o capital durável deverão variar inversamente em relação aos salários; diminuirão quando os salários aumentarem, e aumentarão quando os salários diminuírem. Ao contrário, as mercadorias produzidas principalmente com trabalho e com menor capital fixo — ou com capital fixo de natureza menos durável que a média utilizada na estimativa do preço — aumentarão quando os salários aumentarem e diminuirão quando os salários diminuírem" (Ricardo, 1821, p. 43).

A consideração dos salários como pagos após a produção, e não antes, se relaciona com a questão da distribuição entre salários e lucros na medida em que Sraffa, após concluir que tal relação entre essas variáveis é sempre negativa, busca uma forma de torná-la a mais simples possível, linear. E, somente com salários pagos *post-factum*, estes guardariam uma relação linear com a taxa (homogênea) de lucros. Não em qualquer circunstância, mas unicamente se fosse possível obtê-la independentemente dos preços relativos, o que nos leva ao advento da mercadoria padrão, com o qual Sraffa (1960) consegue expor essa relação mais simples, resolvendo a busca ricardiana pela medida invariável de valor.[3]

[3]Sobre o trajeto de Ricardo em busca da medida invariável de valor, ver Teixeira (2008).

> "Quando o valor relativo das mercadorias varia, seria importante dispor de meios para averiguar com certeza qual delas diminuiu e qual aumentou em seu valor real. Isso só seria possível pela comparação de cada uma delas com algum padrão invariável de medida de valor que não fosse, ele mesmo, sujeito às flutuações às quais estão expostas as demais mercadorias. É impossível obter tal medida, pois não há mercadoria que não seja suscetível às mesmas variações como aquelas cujo valor deve ser verificado; ou seja, não há nenhuma que deixe de requerer mais ou menos trabalho para sua produção" (Ricardo, 1821, p. 43).

Antes de chegar a essa construção, contudo, Sraffa utilizou os esquemas de reprodução de Marx como ponto de partida. Num esquema com reprodução ampliada, que funciona com os meios de reprodução da força de trabalho incluídos nos coeficientes técnicos e como se os capitalistas fossem obrigados a reinvestir integralmente seus lucros, nossa equação (1.12) seria reduzida a

$$\mathbf{p}'\mathbf{A}(1 + r) = \mathbf{p}' \tag{1.13}$$

Ou, para deixar mais clara a natureza de mera reprodução com a adição do que os produtores compram para o sistema funcionar numa escala ampliada,

$$\mathbf{p}'\mathbf{A} + \mathbf{p}'\mathbf{A}r = \mathbf{p}' \tag{1.14}$$

Contudo, considerando a hipótese do reinvestimento integral dos lucros muito restritiva, Sraffa passou a entender que tal hipótese sobre a acumulação equivalia a uma muito mais simples sobre o excedente: a de equalização das taxas de lucro.[4]

[4]O que dá origem ao conceito de "dualidade das duas relações. Em particular, a taxa máxima de lucro, R, correspondente a $w = 0$, é igual à taxa máxima de crescimento" (Kurz e Salvadori, 1995, p. 46).

Deixando apenas o essencial, poderíamos voltar à ideia de reprodução simples, na qual os preços relativos teriam que ser aqueles necessários para que o sistema econômico somente sobrevivesse.

$$\mathbf{p}'\mathbf{A} = \mathbf{p}' \tag{1.15}$$

Esta corresponderia às primeiras equações, consideradas por Sraffa equivalentes às do *Tableau* de Quesnay,[5] que mais tarde se tornariam o ponto de partida para o primeiro capítulo de *Produção de mercadorias por meio de mercadorias* (Sraffa, 1960), intitulado produção para subsistência, que descreve uma economia incapaz de gerar excedente.

[5]Como relatado em Gilibert (2006, p. 41). Leontief (1936, p. 105) também define sua empreitada como uma tentativa de construir "um *Tableau Economique* dos Estados Unidos para o ano de 1919", o que não quer dizer, entretanto, que os modelos insumo-produto são mera extensão do esquema de Quesnay, como insiste Baumol (2000) ao ressaltar o caráter revolucionário (o gigantesco salto adiante), não incremental, da contribuição de Leontief.

Capítulo 2

Produção com mais de uma mercadoria

2.1 Produção sem excedente

2.1.1 Duas mercadorias

Sraffa (1960) começa seu livro com um exemplo de um sistema econômico que produz duas mercadorias somente para subsistência, ou seja, sem gerar excedente. Tratando-se de quantidades físicas, o exemplo nos informa que para produzir 400 arrobas de trigo, necessitamos de 280 arrobas de trigo e 12 toneladas de ferro como insumos, incluindo as necessidades de consumo dos trabalhadores. Para a produção de 20 toneladas de ferro, são requeridas 120 arrobas de trigo e 8 toneladas de ferro como consumo intermediário. Numa notação até certo ponto comum entre economistas sraffianos, podemos escrever que 280 (de trigo, sempre medido em arrobas) combinados ($\oplus$) com 12 (de ferro, sempre medido em toneladas) geram ($\rightarrow$) 400 de trigo.

$$280 \oplus 12 \rightarrow 400 \tag{2.1}$$

$$120 \oplus 8 \rightarrow 20 \tag{2.2}$$

Se fôssemos escrever o mesmo exemplo de forma tabular, em formato já próximo do utilizado tradicionalmente nas tabelas insumo-produto, colocaríamos em cada linha as necessidades de cada mercadoria como capital circulante para a produção da própria ou da outra mercadoria. Na primeira linha teríamos os 280 de trigo necessários para a produção de trigo e os 120 necessários para a produção de ferro. No caso da produção para subsistência, o total de trigo produzido é a soma do requerido para consumo intermediário, lembrando que não há excedente. Por se tratar de uma tabela em termos físicos, a leitura se dá somente em uma direção: 12 é a quantidade de ferro produzida e utilizada como consumo intermediário para a produção de trigo; 8 é a quantidade de ferro produzida para utilização, como consumo intermediário, na própria produção de ferro; o total da produção de ferro é 20.

Tabela 2.1 – Produção para subsistência com duas mercadorias

	trigo	ferro	*total*
trigo	280	120	400
ferro	12	8	20

Definindo uma matriz **Q** que contém somente a parte da nossa tabela relativa ao consumo intermediário, e um vetor[1] **q** com os totais produzidos de cada mercadoria, podemos escrever, para esse exemplo:

$$\mathbf{Q} = \begin{bmatrix} 280 & 120 \\ 12 & 8 \end{bmatrix} \tag{2.3}$$

$$\mathbf{q} = \begin{bmatrix} 400 \\ 20 \end{bmatrix} \tag{2.4}$$

[1]Definiremos todos os vetores aqui utilizados como vetores-coluna, de modo que vetores-linha sempre estarão representados acrescidos de um $'$ como símbolo de transposição.

Lembrando da operação de diagonalização de vetores, que distribui os elementos de um vetor ao longo da diagonal principal de uma matriz quadrada, sendo que todas as demais entradas não pertencentes à diagonal principal são nulas (ou seja, a matriz resultante é uma matriz diagonal) e utilizando como notação um circunflexo acima da letra do vetor correspondente, podemos realizar a divisão de cada elemento ao longo de uma coluna da matriz **Q** pelo elemento do vetor **q** com índice correspondente à coluna da matriz. Para realizar tal divisão, basta lembrar que a inversão de matrizes diagonais resulta numa matriz com os recíprocos dos elementos da matriz original constando da sua diagonal principal. Assim, o vetor **q**, após diagonalizado e invertido, resulta em:

$$\widehat{\mathbf{q}}^{-1} = \begin{bmatrix} \frac{1}{400} & 0 \\ 0 & \frac{1}{20} \end{bmatrix} \tag{2.5}$$

Se definirmos como **A** a matriz resultante da supracitada divisão, que veio a ser amplamente conhecida como matriz de coeficientes técnicos quando da sua utilização na análise insumo-produto, estamos fazendo:

$$\mathbf{A} = \mathbf{Q}\widehat{\mathbf{q}}^{-1} \tag{2.6}$$

$$\mathbf{A} = \begin{bmatrix} 280 & 120 \\ 12 & 8 \end{bmatrix} \begin{bmatrix} \frac{1}{400} & 0 \\ 0 & \frac{1}{20} \end{bmatrix} = \begin{bmatrix} 0,7 & 6 \\ 0,03 & 0,4 \end{bmatrix} \tag{2.7}$$

A justificativa para realizarmos tais operações de divisão, obtendo a matriz de coeficientes técnicos, é simples. Estamos respondendo à seguinte questão: para a produção de *uma* unidade de cada mercadoria, necessitaríamos de quantas unidades de cada uma das mercadorias como insumos? Já sabíamos que para a produção de 400 arrobas de trigo necessitávamos de 280 arrobas de trigo e de 12 toneladas de ferro. Agora, a matriz de coeficientes técnicos nos informa que, para a obtenção de uma arroba de trigo, necessitamos de 0,7 arroba de trigo e 30 quilos de ferro. Do mesmo modo, para a obtenção de uma tonelada de ferro, necessitamos de 6 arrobas de trigo combinadas com 400 quilos de ferro.

Se retornarmos à equação (1.15), com a qual fechamos o capítulo passado, $\mathbf{p}'\mathbf{A} = \mathbf{p}'$, agora sabendo como a matriz $\mathbf{A}$ foi obtida, podemos notar que esta corresponde a um caso particular de um problema típico[2] de autovalores e autovetores, tal como o seguinte:

$$\mathbf{p}'\mathbf{A} = \mathbf{p}'\lambda \tag{2.8}$$

Assim, fica claro que nossa equação (1.15) pode ser expressa como um problema de autovalores e autovetores no qual há um autovalor igual à unidade. Desenvolvendo o problema, teríamos

$$\mathbf{p}'\mathbf{A} - \mathbf{p}'\lambda = \mathbf{0} \tag{2.9}$$

$$\mathbf{p}'(\mathbf{A} - \mathbf{I}\lambda) = \mathbf{0} \tag{2.10}$$

Dada a matriz $\mathbf{A}$, a solução trivial para esse sistema de equações lineares é um vetor nulo para os preços relativos, que não teria significado econômico, pois não estamos tratando de bens livres. Para que haja outras soluções é necessário que o determinante da matriz $(\mathbf{A} - \mathbf{I}\lambda)$ seja nulo, o que nos leva à equação característica para a matriz $\mathbf{A}$:

$$|\mathbf{A} - \mathbf{I}\lambda| = 0 \tag{2.11}$$

No caso da nossa matriz, temos

$$\begin{vmatrix} 0,7 - \lambda & 6 \\ 0,03 & 0,4 - \lambda \end{vmatrix} = 0 \tag{2.12}$$

$$0,28 - 0,7\lambda - 0,4\lambda + \lambda^2 - 0,18 = 0 \tag{2.13}$$

[2] Apesar de se tratar de um autovetor à esquerda da matriz, quando o mais comum é encontrarmos problemas com autovetores à direita. Entretanto, vale lembrar que $\mathbf{p}'\mathbf{A} = (\mathbf{A}'\mathbf{p})'$, de modo que as soluções com autovetores à esquerda ou à direita são intercambiáveis. Para uma apresentação que, como esta, aborda de saída soluções a partir de autovalores e autovetores, não obstante o objetivo diverso do trabalho, ver Bródy (1970).

$$\lambda^2 - 1,1\lambda + 0,1 = 0 \tag{2.14}$$

$$\lambda_1 = \frac{1,1 + \sqrt{1,21 - 0,4}}{2} = 1 \tag{2.15}$$

$$\lambda_2 = \frac{1,1 - \sqrt{1,21 - 0,4}}{2} = 0,1 \tag{2.16}$$

Estaremos, via de regra, interessados no autovalor dominante (λ_d) das matrizes de coeficientes técnicos, isto é, o maior, em módulo, dentre os autovalores obtidos.[3] Para esse exemplo, o autovalor dominante é igual à unidade ($\lambda_d = 1$), o que não é mera coincidência: o autovalor dominante das matrizes de coeficientes técnicos cumprirá o papel, para mais de uma mercadoria, do coeficiente a apresentado no capítulo anterior; assim, tal autovalor nos informará sobre a condição de viabilidade do sistema econômico. A exemplo da condição exposta em (1.4), nosso sistema será viável se, e somente se,

$$\lambda_d \leq 1 \tag{2.17}$$

Retornando ao nosso exemplo, sabíamos, *a priori*, que o sistema era estritamente viável, uma vez que toda a produção se destinava ao consumo intermediário. Lembrando que as necessidades de consumo dos trabalhadores estavam inclusas, o sistema econômico era somente capaz de se reproduzir, sem gerar excedente, condição que agora podemos expressar simplesmente como $\lambda_d = 1$. Assim, para esse caso específico de reprodução simples, o autovetor ligado ao autovalor dominante, que, de acordo com os teoremas de Perron-Frobenius,[4] é o único capaz de nos fornecer uma solução estritamente positiva para os preços relativos, pode ser obtido pela nossa equação

[3] O apêndice matemático em Pasinetti (1977) apresenta uma explicação bastante completa cobrindo as aplicações de álgebra linear aqui presentes.

[4] Novamente, consultar o apêndice matemático em Pasinetti (1977). Ainda no contexto da teoria da produção, o apêndice matemático em Kurz e Salvadori (1995) também nos apresenta os teoremas de Perron-Frobenius. Para um tratamento matemático recente, a partir de um manual de álgebra linear, ver Strang (2009, p. 434), que também acaba por mostrar exemplos de aplicação em insumo-produto.

(1.15):

$$\mathbf{p}'\mathbf{A} = \mathbf{p}' \tag{2.18}$$

Para o nosso exemplo, a solução é dada por:

$$\begin{bmatrix} p_1 & p_2 \end{bmatrix} \begin{bmatrix} 0,7 & 6 \\ 0,03 & 0,4 \end{bmatrix} = \begin{bmatrix} p_1 & p_2 \end{bmatrix} \tag{2.19}$$

$$0,7p_1 + 0,03p_2 = p_1 \Rightarrow 0,3p_1 = 0,03p_2 \tag{2.20}$$

$$6p_1 + 0,4p_2 = p_2 \Rightarrow 6p_1 = 0,6p_2 \tag{2.21}$$

o que significa que o preço da arroba de trigo tem que ser um décimo do preço da tonelada de ferro. Tomando a arroba de trigo como numerário, fazendo $p_1 = 1$, o preço da tonelada de ferro tem que ser igual a 10, o que tornaria a equação (2.18) válida:

$$\begin{bmatrix} 1 & 10 \end{bmatrix} \begin{bmatrix} 0,7 & 6 \\ 0,03 & 0,4 \end{bmatrix} = \begin{bmatrix} 1 & 10 \end{bmatrix} \tag{2.22}$$

Nas palavras de Sraffa (1960, p. 3):

> "Há um único conjunto de valores de troca que, se adotado pelo mercado, restaura a distribuição original dos produtos e torna possível a repetição do processo; tais valores são obtidos diretamente dos métodos de produção. Para o exemplo particular adotado, o valor de troca requerido é 10 arrobas de trigo para 1 tonelada de ferro".

A partir disso, tentando uma expressão mais intuitiva para a ideia de reprodução:

$$\begin{bmatrix} 1 & 10 \end{bmatrix} \begin{bmatrix} 280 & 120 \\ 12 & 8 \end{bmatrix} = \begin{bmatrix} 1 & 10 \end{bmatrix} \begin{bmatrix} 400 & 0 \\ 0 & 20 \end{bmatrix} \tag{2.23}$$

Mas a equação acima é um simples exemplo para $\mathbf{p}'\mathbf{Q} = \mathbf{p}'\widehat{\mathbf{q}}$, que pode ser reescrita como $\mathbf{p}'\mathbf{Q}\widehat{\mathbf{q}}^{-1} = \mathbf{p}'$. Visto que, por definição, $\mathbf{A} = \mathbf{Q}\widehat{\mathbf{q}}^{-1}$, retornamos a $\mathbf{p}'\mathbf{A} = \mathbf{p}'$, com o que podemos voltar a tratar de um caso particular para um problema de autovalores e autovetores.

Retomando o caso mais geral de um problema de autovalores e autovetores e pós-multiplicando ambos os lados da equação por um vetor-soma,[5] teríamos:

$$\begin{bmatrix} p_1 & p_2 \end{bmatrix} \begin{bmatrix} 280 & 120 \\ 12 & 8 \end{bmatrix} \begin{bmatrix} 1 \\ 1 \end{bmatrix} = \begin{bmatrix} p_1 & p_2 \end{bmatrix} \lambda_d \begin{bmatrix} 400 & 0 \\ 0 & 20 \end{bmatrix} \begin{bmatrix} 1 \\ 1 \end{bmatrix} \quad (2.24)$$

Assim, do lado esquerdo da equação teríamos o total do consumo intermediário e do lado direito teríamos o valor bruto de produção, tudo multiplicado pelos preços, portanto, em valores monetários. O λ_d seria a razão entre consumo intermediário e valor bruto de produção, tal qual o a na nossa equação (1.2), ainda no início do primeiro capítulo. Nesse caso, claro está que λ_d tem que ser igual à unidade para que a equação seja válida, visto que toda a produção se destina ao consumo intermediário.

Numa representação geral para a produção sem excedente, λ_d assume o papel do a na equação (1.5):

$$\mathbf{p}'\mathbf{Q}\mathbf{i} = \mathbf{p}'\lambda_d\mathbf{q} \quad (2.25)$$

Isso ocorre precisamente porque o autovalor serve para substiuir toda a matriz de coeficientes técnicos por um escalar:

$$\mathbf{p}'\mathbf{Q} = \mathbf{p}'\lambda_d\widehat{\mathbf{q}} \quad (2.26)$$

$$\mathbf{p}'\mathbf{Q}\widehat{\mathbf{q}}^{-1} = \mathbf{p}'\lambda_d \quad (2.27)$$

$$\mathbf{p}'\mathbf{A} = \mathbf{p}'\lambda_d \quad (2.28)$$

[5] Definamos um vetor-soma, tal que $\mathbf{i}' = \begin{bmatrix} 1 & 1 & \cdots & 1 \end{bmatrix}$, como aquele no qual todos os elementos são iguais à unidade, com dimensões adequadas para tornar a operação de multiplicação possível, isto é, tal que $\mathbf{i}$ possua o número de linhas igual ao número de colunas da matriz que o pré-multiplica.

Código para Scilab

```
// Considerando que o Scilab calcula
diretamente autovetores à direita da
matriz especificada, a transposta de
A é utilizada para o cálculo de auto-
vetores à esquerda:
Q=[280,120;12,8]
q=[400;20]
A=Q*inv(diag(q))
[prop, lambdas]=spec(A')
[lambdad, ind]=max(real(lambdas))
p=prop(1:2,ind(1))/prop(1,ind(1))
```

2.1.2 Três mercadorias

O exemplo anterior pode ser facilmente estendido para tratarmos de três mercadorias. Ainda sem excedente, tal exemplo é fornecido por Sraffa (1960) no primeiro capítulo e é de onde também parte Pasinetti (1977, cap. 2). Numa tabela, acrescentando uma terceira mercadoria (porcos), teríamos:

Tabela 2.2 – Produção para subsistência com três mercadorias

	trigo	ferro	porcos	*total*
trigo	240	90	120	450
ferro	12	6	3	21
porcos	18	12	30	60

Assim,

$$\mathbf{Q} = \begin{bmatrix} 240 & 90 & 120 \\ 12 & 6 & 3 \\ 18 & 12 & 30 \end{bmatrix} \tag{2.29}$$

$$\mathbf{q} = \begin{bmatrix} 450 \\ 21 \\ 60 \end{bmatrix} \tag{2.30}$$

$$\mathbf{A} = \mathbf{Q}\widehat{\mathbf{q}}^{-1} = \begin{bmatrix} 0,5333 & 4,2857 & 2 \\ 0,0267 & 0,2857 & 0,05 \\ 0,04 & 0,5714 & 0,5 \end{bmatrix} \tag{2.31}$$

Tratando-se de produção para subsistência, o autovalor dominante é igual à unidade e o nosso vetor de preços relativos resulta em:

$$\mathbf{p}' = \begin{bmatrix} 1 & 10 & 5 \end{bmatrix} \tag{2.32}$$

de modo que a equação abaixo seja verdadeira:

$$\begin{bmatrix} 1 & 10 & 5 \end{bmatrix} \begin{bmatrix} 240 & 90 & 120 \\ 12 & 6 & 3 \\ 18 & 12 & 30 \end{bmatrix} = \begin{bmatrix} 1 & 10 & 5 \end{bmatrix} \begin{bmatrix} 450 & 0 & 0 \\ 0 & 21 & 0 \\ 0 & 0 & 60 \end{bmatrix} \tag{2.33}$$

Ou, novamente utilizando a linguagem adotada por Sraffa (1960, p. 4), os "valores de troca que garantem a reposição do sistema são 10 arrobas de trigo = 1 tonelada de ferro = 2 porcos".

No que tange à nomenclatura, deve ficar claro que, ao utilizarmos a linguagem da álgebra linear, não ficamos restritos em termos de dimensões, ou seja, em termos de número de mercadorias. Os sistemas apresentados acima são válidos para qualquer número de mercadorias e todas as equações algébricas podem ser utilizadas sem ressalvas, sendo que os exemplos apresentados para duas e três mercadorias têm a única finalidade de facilitar o entendimento.

Código para Scilab

```
Q=[240,90,120;12,6,3;18,12,30]
q=[450;21;60]
A=Q*inv(diag(q))
[prop, lambdas]=spec(A')
[lambdad, ind]=max(real(lambdas))
p=prop(1:3,ind(1))/prop(1,ind(1))
```

2.2 Produção com excedente

2.2.1 De volta às duas mercadorias

No exemplo mais simples que Sraffa (1960, p. 6) nos fornece para a produção com excedente, de fato, somente uma das mercadorias configura o excedente: o ferro continua a ser produzido somente para consumo intermediário, enquanto o excedente da produção se dá em termos de trigo. Se há excedente, significando que a produção é maior que a demanda para consumo intermediário, parte da produção é destinada para a demanda final. Reconstruindo nossa Tabela 2.1, teríamos agora:

Tabela 2.3 – Produção com excedente e duas mercadorias

	trigo	ferro	final	*total*
trigo	280	120	175	575
ferro	12	8	0	20

Nossa matriz de consumo intermediário e nosso vetor de produção total continuam a ser caracterizados da mesma forma:

$$\mathbf{Q} = \begin{bmatrix} 280 & 120 \\ 12 & 8 \end{bmatrix} \tag{2.34}$$

$$\mathbf{q} = \begin{bmatrix} 575 \\ 20 \end{bmatrix} \tag{2.35}$$

de modo que:

$$\mathbf{A} = \begin{bmatrix} 0,4870 & 6 \\ 0,0209 & 0,4 \end{bmatrix} \tag{2.36}$$

No entanto, havendo excedente, o autovalor dominante de nossa matriz de coeficientes técnicos tem que ser menor que a unidade. Nesse exemplo, $\lambda_d = 0,8$, o que significa que

$$\begin{bmatrix} p_1 & p_2 \end{bmatrix} \begin{bmatrix} 0,4870 & 6 \\ 0,0209 & 0,4 \end{bmatrix} = \begin{bmatrix} p_1 & p_2 \end{bmatrix} 0,8 \tag{2.37}$$

$$0,4870p_1 + 0,0209p_2 = 0,8p_1 \Rightarrow 0,313p_1 = 0,0209p_2 \tag{2.38}$$

$$6p_1 + 0,4p_2 = 0,8p_2 \Rightarrow 6p_1 = 0,4p_2 \tag{2.39}$$

implicando que p_2 tem que ser 15 vezes maior que p_1. Ao tomarmos a solução com p_1 como numerário, podemos conferir que:

$$\begin{bmatrix} 1 & 15 \end{bmatrix} \begin{bmatrix} 280 & 120 \\ 12 & 8 \end{bmatrix} = \begin{bmatrix} 0,8 & 12 \end{bmatrix} \begin{bmatrix} 575 & 0 \\ 0 & 20 \end{bmatrix} \tag{2.40}$$

Considerando que as necessidades de consumo dos trabalhadores continuam a constar dos coeficientes técnicos de produção, a resolução acima para os preços relativos não pode ser dada independentemente da taxa de lucro. Supondo uma taxa de lucro uniforme, a equação para determinação dos preços pode ser dada, agora que há excedente, por:

$$\mathbf{p}'\mathbf{A}(1+r) = \mathbf{p}' \tag{2.41}$$

que corresponde à nossa equação (1.13), apresentada como representando uma situação de reprodução ampliada. Nesse caso, deve ficar claro que o nosso problema de autovalores e autovetores se torna:

$$\mathbf{p}'\mathbf{A} = \mathbf{p}'\frac{1}{1+r} \tag{2.42}$$

no qual λ_d será igual a $1/(1+r)$. Dito de outra forma, teremos:

$$r = \frac{1-\lambda_d}{\lambda_d} \tag{2.43}$$

Voltando ao nosso exemplo, com $\lambda_d = 0,8$, teremos uma taxa de lucro de 25%. Somente com esse conjunto de preços relativos e taxa de lucro podemos escrever:

$$\mathbf{p}'\mathbf{Q}\mathbf{i}(1+r) = \mathbf{p}'\widehat{\mathbf{q}}\mathbf{i} \tag{2.44}$$

$$\begin{bmatrix} p_1 & p_2 \end{bmatrix} \begin{bmatrix} 280 & 120 \\ 12 & 8 \end{bmatrix} \begin{bmatrix} 1 \\ 1 \end{bmatrix} (1+r) = \begin{bmatrix} p_1 & p_2 \end{bmatrix} \begin{bmatrix} 575 & 0 \\ 0 & 20 \end{bmatrix} \begin{bmatrix} 1 \\ 1 \end{bmatrix} \tag{2.45}$$

o que nos ajuda a ilustrar a determinação simultânea de preços relativos e taxa de lucro nesse tipo de sistema.

$$\begin{bmatrix} 1 & 15 \end{bmatrix} \begin{bmatrix} 280 & 120 \\ 12 & 8 \end{bmatrix} \begin{bmatrix} 1 \\ 1 \end{bmatrix} (1+0,25) = \begin{bmatrix} 1 & 15 \end{bmatrix} \begin{bmatrix} 575 & 0 \\ 0 & 20 \end{bmatrix} \begin{bmatrix} 1 \\ 1 \end{bmatrix} \tag{2.46}$$

Assim, não fica difícil entendermos que os "preços de produção analisados por Sraffa são simplesmente aqueles preços que são consistentes com uma taxa de lucro uniforme para todas as indústrias para níveis de produção dados" (Roncaglia, 1978, p. xvii).[6]

[6]De fato, essa assertiva nos leva à interpretação da análise clássica dos preços como capturando um dado sistema econômico num instante definido do tempo, como uma fotografia, em oposição ao entendimento da equalização das taxas de lucro como resultante da liberdade para os capitais fluírem entre as atividades econômicas, compatível com um equilíbrio de longo prazo em que os preços de produção atuam como centros de gravitação — ver Roncaglia (2009, p. 50) e, para uma reafirmação da adequação da alegoria utilizada por Roncaglia a partir dos escritos de Sraffa, ver Kurz e Salvadori (2018). Há ainda a interpretação de Hicks (1990), na qual essa taxa de lucro uniforme pode ser entendida como resultante de uma precificação via *mark-up*, adquirindo, assim, um caráter convencional — ver Lavoie (2014, p. 181) e, para uma extensão em que são introduzidas atividades com produção monopolista e, ainda assim, conserva-se a interpretação para os preços de produção, ver Parrinello (1982).

Código para Scilab

```
Q=[280,120;12,8]
q=[575;20]
A=Q*inv(diag(q))
[prop, lambdas]=spec(A')
[lambdad, ind]=max(real(lambdas))
p=prop(1:2,ind(1))/prop(1,ind(1))
r=(1-lambdad)/lambdad
```

2.2.2 Três mercadorias com excedente

Pasinetti (1977, p. 37) desenvolve um exemplo a partir do original de Sraffa apresentado anteriormente, com destaque para duas mudanças: (i) apesar de conservar-se o total da produção, há uma redistribuição dos usos das mercadorias entre consumo intermediário e demanda final, de modo que (ii) as necessidades de consumo dos trabalhadores deixam de fazer parte dos coeficientes técnicos de produção (passam do consumo intermediário para a demanda final).

Tabela 2.4 – Produção com excedente e três mercadorias

	trigo	ferro	porcos	final	*total*
trigo	186	54	30	180	450
ferro	12	6	3	0	21
porcos	9	6	15	30	60

Assim, teríamos que reconsiderar o nosso sistema para levar em conta salários médios e trabalhadores ocupados na produção de cada mercadoria. Desse modo, retomaríamos uma equação como a apresentada em (1.12):

$$\mathbf{p}'\mathbf{A}(1+r) + \mathbf{l}'w = \mathbf{p}' \tag{2.47}$$

Tabela 2.5 – Produção incluindo trabalhadores ocupados

	trigo	ferro	porcos	final	*total*
trigo	186	54	30	180	450
ferro	12	6	3	0	21
porcos	9	6	15	30	60
ocupações	18	12	30		60

Intuitivamente, a exemplo do efetuado a partir de (1.8), somente poderíamos determinar uma taxa máxima de lucro (R) na circunstância em que nenhuma parte do excedente fosse para salários, ou, o que dá no mesmo, que os salários médios fossem iguais a zero.

Agora teríamos a sequência

$$\mathbf{p}'\mathbf{A} = \mathbf{p}'\frac{1}{1+R} \tag{2.48}$$

$$R = \frac{1-\lambda_d}{\lambda_d} \tag{2.49}$$

sobre a qual discutiremos posteriormente. Devemos destacar ainda, também no nosso código para Scilab, que, se escrevermos separadamente um vetor de demanda final ($\mathbf{f}$), o vetor de produção total pode ser apresentado como $\mathbf{q} = \mathbf{Qi} + \mathbf{f}$. Assim, adiemos tal discussão[7] e nos detenhamos numa outra característica da produção com excedente.

[7] Até o Capítulo 7, para que possamos também desenvolver nossas capacidades de aplicação aos dados brasileiros.

Código para Scilab

```
Q=[186,54,30;12,6,3;9,6,15]
f=[180;0;30]
q=Q*ones(3,1)+f
A=Q*inv(diag(q))
[prop, lambdas]=spec(A')
[lambdad, ind]=max(real(lambdas))
p=prop(1:3,ind(1))/prop(1,ind(1))
R=(1-lambdad)/lambdad
```

2.2.3 Mercadorias básicas e não básicas

Podemos depreender dos exemplos anteriores que o excedente pode ser expresso sem a necessidade de que todas as mercadorias o integrem. Assim, também deve haver a possibilidade de algumas mercadorias serem produzidas exclusivamente para demanda final. Há ainda a chance de uma mercadoria servir como consumo intermediário para a própria produção, mas não ser utilizada na produção de mais nenhuma outra mercadoria. Nesses dois últimos casos, o preço de tal mercadoria não importa para a determinação dos demais preços.

Ao acrescentarmos uma terceira mercadoria, apresentada pelo próprio Sraffa (1960, p. 8) como uma mercadoria de luxo, ao nosso esquema anterior com duas mercadorias, alterando a utilização de ferro como consumo intermediário e mantendo a produção total para trigo e ferro, somente com o propósito de demonstrar tal assertiva, obtemos:

Tabela 2.6 – Mercadoria de luxo somente para demanda final

	trigo	ferro	luxo	final	*total*
trigo	280	120	75	100	575
ferro	12	6	2	0	20
luxo	0	0	0	10	10

Calculando o vetor de preços relativos como antes, podemos conferir que a equação $\mathbf{p}'\mathbf{Q}\mathbf{i} = \mathbf{p}'\lambda_d\mathbf{q}$ é verdadeira:

$$\begin{aligned} &\begin{bmatrix} 1 & 13,0583 & 13,3140 \end{bmatrix} \begin{bmatrix} 475 \\ 20 \\ 0 \end{bmatrix} \\ &= \begin{bmatrix} 1 & 13,0583 & 13,3140 \end{bmatrix} 0,7595 \begin{bmatrix} 575 \\ 20 \\ 10 \end{bmatrix} \end{aligned} \tag{2.50}$$

Tabela 2.7 – Mercadoria de luxo utilizada para consumo intermediário

	trigo	ferro	luxo	final	*total*
trigo	280	120	75	100	575
ferro	12	6	2	0	20
luxo	0	0	5	5	10

Do mesmo modo, também é verdadeira a seguinte equação:

$$\begin{aligned} &\begin{bmatrix} 1 & 13,0583 & 38,9693 \end{bmatrix} \begin{bmatrix} 475 \\ 20 \\ 5 \end{bmatrix} \\ &= \begin{bmatrix} 1 & 13,0583 & 38,9693 \end{bmatrix} 0,7595 \begin{bmatrix} 575 \\ 20 \\ 10 \end{bmatrix} \end{aligned} \tag{2.51}$$

Em qualquer dos dois casos, os preços relativos entre as duas outras mercadorias (trigo e ferro) continuam determinados independentemente do que ocorra com o preço da mercadoria de luxo.[8] Ou seja, essa última não tem nenhuma função na determinação dos preços de produção. O autovalor dominante e, por conseguinte, a taxa de lucro também não se alteram na passagem de um caso ao outro, reforçando a irrelevância da mercadoria de luxo para a determinação das variáveis do nosso sistema econômico. Tal resultado é relacionado ao fato de as matrizes serem redutíveis.[9] Intuitivamente, no caso de matrizes redutíveis, um conjunto de uma ou mais equações é redundante para a resolução das demais variáveis.

Sraffa (1960, p. 8) define mercadoria básica como aquela que entra, direta ou indiretamente, na produção de todas as outras mercadorias. As mercadorias que não atendem a tal critério são chamadas simplesmente de não básicas. Trabalharemos, doravante, somente com matrizes irredutíveis, ou seja, utilizando apenas mercadorias básicas.[10] À primeira vista, pode

---

[8]Poderíamos encontrar, inclusive, um preço negativo para essa mercadoria caso a taxa própria do excedente com relação ao total da produção fosse inferior à taxa de lucro do restante do sistema econômico — conforme alerta em Roncaglia (1978, p. 62–64) ou em Roncaglia (2009, p. 75-77) — e insistíssemos em tomar o autovetor ligado ao mesmo autovalor encontrado para o caso em que essa taxa própria fosse superior à taxa de lucro. Essa possibilidade motivou Sraffa (1960, p. 90–91) a escrever seu apêndice B.

[9]Mais uma vez, para uma discussão sobre matrizes redutíveis e irredutíveis, consultar o apêndice matemático em Pasinetti (1977). De acordo com um dos teoremas de Perron-Frobenius, *para matrizes irredutíveis* não negativas, λ_d é uma função contínua crescente dos elementos da matriz **A** (Pasinetti, 1977, p. 272). No entanto, uma versão mais fraca do mesmo teorema, relativa a *matrizes redutíveis* não negativas, garante apenas que o autovalor dominante seja uma função não decrescente dos elementos da matriz (Pasinetti, 1977, p. 275), comportando, portanto, o caso no qual a taxa de lucro não é alterada, apesar do incremento em um dos coeficientes de **A**.

[10]Colateralmente, podemos reafirmar nesse contexto que existe um único vetor de preços relativos para cada taxa de lucros, determinado independentemente do vetor de demanda final, o que nos remeteria ao debate sobre os teoremas de não substituição — ver Salvadori (2008) a respeito.

parecer uma hipótese forte, mas, ao deixarmos o mundo das mercadorias e passarmos para o mundo de atividades com um nível relativamente elevado de agregação, como o das matrizes reais calculadas para os diversos países, o fato de estarmos trabalhando com atividades cujas produções entram direta ou indiretamente na produção de todas as demais atividades dificilmente necessitará de nova menção.

Código para Scilab

```
// Mercadoria de luxo somente para
demanda final
Q=[280,120,75;12,6,2;0,0,0]
q=[575;20;10]
A=Q*inv(diag(q))
[prop, lambdas]=spec(A')
[lambdad, ind]=max(real(lambdas))
p=prop(1:3,ind(1))/prop(1,ind(1))
p'*Q*ones(3,1)
p'*lambdad*q
// Mercadoria de luxo utilizada para
consumo intermediário
Q=[280,120,75;12,6,2;0,0,5]
q=[575;20;10]
A=Q*inv(diag(q))
[prop, lambdas]=spec(A')
[lambdad, ind]=max(real(lambdas))
p=prop(1:3,ind(1))/prop(1,ind(1))
p'*Q*ones(3,1)
p'*lambdad*q
```

Capítulo 3

O esquema insumo-produto

3.1 Tabelas insumo-produto: agregação e quantidades físicas

Até aqui, em consonância com o esquema teórico proposto por Sraffa (1960), temos tratado de quantidades físicas de mercadorias. Leontief (1985a), em artigo de síntese, agrupa a produção em grandes setores,[1] mas também inicia sua apresentação com quantidades físicas de mercadorias resultantes da produção. Como veremos, sempre podemos expor o esquema em unidades de medida físicas, o que também é útil para mantermos a simetria entre os sistemas de preços e quantidades. O empecilho se dá justamente pela forma como os dados são apurados:

[1]Neste trabalho, seguindo a nomenclatura adotada pelo IBGE (2008, 2016b, 2018), não chamaremos esses grandes grupos de *setores*, como é tradicional na área de estudo, mas de *atividades*. A distinção pode ser encontrada no último manual para o Sistema de Contas Nacionais do departamento de estatística da ONU (UNSD, 2009) e visa não confundir os setores institucionais (famílias, instituições sem fins de lucro a serviço das famílias, governo geral, empresas financeiras e não financeiras e resto do mundo) com as atividades econômicas.

> "Apesar de, em princípio, os fluxos intersetoriais, tais quais representados em uma tabela insumo-produto, poderem ser pensados como sendo medidos em unidades físicas, na prática, a maior parte das tabelas insumo-produto é construída em termos de valor" (Leontief, 1985a, p. 21).

Uma justificativa para que tais tabelas sejam apresentadas em valores monetários é a inevitável agregação envolvida na apuração dos dados. É inimaginável que tenhamos uma apuração detalhada dos fluxos utilizados como consumo intermediário no nível da mercadoria. Por mais empenhado que esteja um instituto de estatística em obter as mais detalhadas tabelas possíveis, não conseguimos vislumbrar uma apuração para mais do que poucos milhares de mercadorias, o que já seria muito para os padrões atuais. Dada a diversidade no mundo das mercadorias, mesmo alguns poucos milhares não mais levariam esse nome, mas representariam agregados de produtos, cuja produção se situa em alguns agregados de atividades econômicas. Portanto, não poderíamos falar em preços relativos entre mercadorias, como no caso teórico, mas em preços relativos entre atividades econômicas, as quais já carregariam em sua composição os preços dos diversos produtos agregados no processo. Os fluxos de consumo intermediário, desse modo, são medidos em valores monetários, no sentido mais trivial de preços vezes quantidades.

O mundo das Contas Nacionais somente pode encontrar o mundo das representações multissetoriais por meio das tabelas insumo-produto apresentadas em valores monetários. Como veremos na próxima seção, a própria noção de valor adicionado surge somente no contexto de uma representação dessa natureza, na qual nos é possível somar o consumo intermediário das diferentes mercadorias necessárias para a produção de cada uma das mercadorias. A representação na forma dessas tabelas não deve ser menosprezada:

> "A ideia quase banalmente simples de que os fluxos deveriam ser registrados em uma matriz, simultaneamente pela origem e

pelo destino, revolucionou a contabilidade macroeconômica com respeito à consistência, pelo menos em princípio" (Augusztinovics, 1995, p. 272).

Assim, precisamos transformar o que fizemos até agora de termos físicos para valores monetários, e observar que diferença isso faz na análise precedente, apontando também algumas soluções, cujo detalhamento da construção teórica deixaremos para mais adiante.

3.1.1 Duas mercadorias em valores monetários

Retomemos nossa Tabela 2.3, que representava uma produção com duas mercadorias capaz de gerar excedente econômico.

Tabela 3.1 – Produção com excedente e duas mercadorias

	trigo	ferro	final	*total*
trigo	280	120	175	575
ferro	12	8	0	20

Vejamos, agora, que diferença faria se a apresentássemos em valores monetários, supondo que os preços aplicados fossem os preços de reprodução encontrados a partir do nosso problema de autovalores e autovetores, a saber, $p_1 = 1$ e $p_2 = 15$. Naturalmente, tudo que obtemos são preços relativos, o que é suficiente para expressarmos o sistema em valores monetários: mudanças dos preços em termos absolutos somente afetariam a escala apresentada.

A operação para obtenção dos novos valores para a matriz de consumo intermediário e para o vetor de produção total é a pré-multiplicação do vetor de preços diagonalizado por esses ($\widehat{\mathbf{p}}\mathbf{Q}$ e $\widehat{\mathbf{p}}\mathbf{q}$). Desse modo, se calculássemos uma matriz de coeficiente técnicos a partir de

$$\mathbf{A} = \widehat{\mathbf{p}}\mathbf{Q}(\widehat{\widehat{\mathbf{p}}\mathbf{q}})^{-1} \tag{3.1}$$

Tabela 3.2 – Duas mercadorias em valores monetários com preços de reprodução

	trigo	ferro	final	*total*
trigo	280	120	175	575
ferro	180	120	0	300

teríamos:

$$\mathbf{A} = \begin{bmatrix} 0,4870 & 0,4 \\ 0,3130 & 0,4 \end{bmatrix} \tag{3.2}$$

Os componentes na diagonal principal são, naturalmente, os mesmos encontrados anteriormente em termos físicos, pois o insumo e o produto são os mesmos, não importando, portanto, os preços. Para o segundo elemento na primeira linha, encontramos um coeficiente 15 vezes menor que anteriormente; analogamente, o primeiro elemento na segunda linha é 15 vezes maior que o original.

Uma observação merece ser feita com relação a esses "novos coeficientes técnicos": não mais encontraremos elementos superiores à unidade, cuja possibilidade de ocorrência está restrita a representações em termos físicos. Pelo mesmo motivo, tais coeficientes refletem muito mais uma estrutura de custos para a produção de determinada mercadoria (ou de cada atividade), quando os lemos ao longo de cada coluna, do que, propriamente, requisitos técnicos de produção.

Se, para esse exemplo, a interpretação anterior seria a de que, para a produção de 1 tonelada de ferro, necessitávamos de 6 arrobas de trigo e 400 quilos de ferro, agora a interpretação é que, para a produção de uma unidade monetária de ferro, necessitamos de 0,4 unidade monetária de trigo e 0,4 unidade monetária de ferro. Podemos, agora, somar os valores ao longo das colunas, obtendo seus totais.

A diferença entre os totais das colunas e das linhas tem que ser atribuída a alguma coisa: trata-se do valor adicionado na produção de cada merca-

Tabela 3.3 – Totais das colunas com preços de reprodução

	trigo	ferro	final	*total*
trigo	280	120	175	575
ferro	180	120	0	300
total	460	240		

doria. Percebe-se que, apesar de não haver demanda final por ferro, isso não significa que sua produção não adicione valor à produção do sistema econômico como um todo. Os totais do valor adicionado e da demanda final, 175 nesse caso, têm que ser iguais e estão em itálico na Tabela 3.4, uma vez que não devem ser somados duas vezes, já tendo sido computados separadamente na produção de cada mercadoria. Ao obtermos os totais ao longo de cada linha, comumente falamos em demanda total e, aos totais idênticos obtidos pelas somas ao longo de cada coluna, chamamos oferta total, a qual inclui, para economias abertas, importações.

Tabela 3.4 – Totais e valor adicionado com preços de reprodução

	trigo	ferro	final	*total*
trigo	280	120	175	575
ferro	180	120	0	300
valor adicionado	115	60		*175*
total	575	300	*175*	875

Se calculássemos os autovalores para essa nova matriz **A**, descobriríamos que esses são exatamente os mesmos obtidos anteriormente, que nos renderam um $\lambda_d = 0,8$ e a consequente taxa de lucro de 25%. O mesmo não ocorre para o autovetor à esquerda associado ao autovalor dominante: esse poderia ser representado pelo vetor $\begin{bmatrix} 1 & 1 \end{bmatrix}$, indicando que os preços relativos já são aqueles que reproduziriam o sistema econômico para uma taxa de lucro de 25%.

Façamos, então, um novo experimento para um vetor de preços diferente daquele que contém os preços de reprodução.[2] Digamos que os preços prevalecentes no sistema, quando da sua medição, fossem $p_1 = 1$ e $p_2 = 20$. A Tabela 3.4 se converteria em:

Tabela 3.5 – Totais e valor adicionado com preços arbitrários

	trigo	ferro	final	*total*
trigo	280	120	175	575
ferro	240	160	0	400
valor adicionado	55	120		*175*
total	575	400	*175*	875

e a matriz de coeficientes técnicos seria dada por:

$$\mathbf{A} = \begin{bmatrix} 0,4870 & 0,3 \\ 0,4174 & 0,4 \end{bmatrix} \tag{3.3}$$

Mais uma vez, temos o segundo elemento da primeira linha correspondendo ao original dividido por 20 e o primeiro elemento da segunda linha correspondendo ao original multiplicado por 20. Percebe-se, nesse exemplo, que o ferro, apesar de continuar sendo utilizado somente para consumo intermediário, agrega mais valor do que o trigo, dado o incremento em seu preço relativo com relação ao exemplo anterior.

Os autovalores, agora como antes, não se alteram, sendo que obtemos, novamente, $\lambda_d = 0,8$. Com relação ao autovalor dominante, essa invariância é digna de nota, pois constitui propriedade generalizável: o autovalor dominante e, portanto, a taxa geral de lucro, não é sensível aos preços relativos imputados quando da obtenção dos dados para a matriz de coeficientes técnicos. Esse resultado nos será útil quando, no Capítulo 7, o utilizarmos no

[2]Pasinetti (1977, p. 37–38) parte do seu exemplo para três mercadorias e faz um exercício similar, ao qual voltaremos na próxima seção.

contexto da discussão da mercadoria-padrão de Sraffa (1960). Quanto ao autovetor à esquerda associado ao autovalor dominante, o resultado para a matriz em (3.3) seria $\begin{bmatrix} 1 & 0{,}75 \end{bmatrix}$, apontando, justamente, que, tomando o preço do trigo como numerário, o preço do ferro que reproduziria o sistema seria 75% daquele imputado aos dados. Isto é, utilizamos $p_2 = 20$ quando os preços de reprodução nos indicavam $p_2 = 15$.

Código para Scilab

3.2 Tabelas em valores monetários e representações duais

De volta a Leontief (1985a), devemos explicitar um procedimento comum ao avaliarmos os resultados de um esquema insumo-produto, quando dados em valores monetários são interpretados como representando quantidades físicas:

> "Isso requer somente que a unidade física em que as entradas em cada linha são medidas sejam redefinidas como sendo iguais àquele montante de produto daquele setor em particular que pode ser comprado a \$1 aos preços prevalecentes durante o intervalo de tempo para o qual a tabela foi construída" (Leontief, 1985a, p. 22).

Tal ajuste nas unidades de medida das quantidades, naturalmente, sempre é possível. Na prática, entretanto, não precisamos ir tão longe. Basta supormos que os preços relativos incorporados nas tabelas permanecem constantes e tratarmos de tudo em termos de unidades monetárias (normalmente em milhões) requeridas para a produção (ou para a demanda final) em determinada atividade a ser levada a cabo, como veremos na próxima seção.

Para uma finalidade, contudo, o referido ajuste é bastante apropriado: para mantermos a simetria entre os sistemas de equações determinando preços e quantidades, de modo que os mesmos coeficientes técnicos de produção possam ser utilizados em ambos os sistemas. Conforme o exposto até este capítulo, a representação do consumo intermediário, em termos físicos, poderia ser feita por:

$$\mathbf{Q} = \begin{bmatrix} q_{11} & q_{12} & \cdots & q_{1n} \\ q_{21} & q_{22} & \cdots & q_{2n} \\ \vdots & \vdots & \ddots & \vdots \\ q_{n1} & q_{n2} & \cdots & q_{nn} \end{bmatrix} \tag{3.4}$$

O total da produção, por sua vez, poderia ser representado por:

$$\mathbf{q} = \begin{bmatrix} q_1 \\ q_2 \\ \vdots \\ q_n \end{bmatrix} \tag{3.5}$$

de modo que a matriz de coeficientes técnicos seria representada por:

$$\mathbf{A} = \mathbf{Q}\widehat{\mathbf{q}}^{-1} = \begin{bmatrix} a_{11} = \frac{q_{11}}{q_1} & a_{12} = \frac{q_{12}}{q_2} & \cdots & a_{1n} = \frac{q_{1n}}{q_n} \\ a_{21} = \frac{q_{21}}{q_1} & a_{22} = \frac{q_{22}}{q_2} & \cdots & a_{2n} = \frac{q_{2n}}{q_n} \\ \vdots & \vdots & \ddots & \vdots \\ a_{n1} = \frac{q_{n1}}{q_1} & a_{n2} = \frac{q_{n2}}{q_2} & \cdots & a_{nn} = \frac{q_{nn}}{q_n} \end{bmatrix} \tag{3.6}$$

Entretanto, em valores monetários a matriz de coeficientes técnicos resultaria em:

$$\mathbf{A} = \widehat{\mathbf{p}}\mathbf{Q}(\widehat{\mathbf{pq}})^{-1} = \begin{bmatrix} a_{11} = \frac{p_1 q_{11}}{p_1 q_1} & a_{12} = \frac{p_1 q_{12}}{p_2 q_2} & \cdots & a_{1n} = \frac{p_1 q_{1n}}{p_n q_n} \\ a_{21} = \frac{p_2 q_{21}}{p_1 q_1} & a_{22} = \frac{p_2 q_{22}}{p_2 q_2} & \cdots & a_{2n} = \frac{p_2 q_{2n}}{p_n q_n} \\ \vdots & \vdots & \ddots & \vdots \\ a_{n1} = \frac{p_n q_{n1}}{p_1 q_1} & a_{n2} = \frac{p_n q_{n2}}{p_2 q_2} & \cdots & a_{nn} = \frac{p_n q_{nn}}{p_n q_n} \end{bmatrix} \tag{3.7}$$

Fora da diagonal principal, pode-se notar que os coeficientes dependem dos preços relativos. A única forma de tornar as representações em (3.6) e (3.7) iguais é, como proposto por Leontief (1985a), fazer um ajuste nas unidades de medida de modo que tenhamos $p_1 = p_2 = \cdots = p_n = 1$. Somente assim poderíamos expressar, em termos de quantidades produzidas de cada mercadoria (ou em cada atividade), a soma de consumo intermediário e demanda final através de:

$$\mathbf{q} = \mathbf{A}\mathbf{q} + \mathbf{f} =$$

$$\begin{bmatrix} q_1 \\ q_2 \\ \vdots \\ q_n \end{bmatrix} = \begin{bmatrix} a_{11} = \frac{q_{11}}{q_1} & a_{12} = \frac{q_{12}}{q_2} & \cdots & a_{1n} = \frac{q_{1n}}{q_n} \\ a_{21} = \frac{q_{21}}{q_1} & a_{22} = \frac{q_{22}}{q_2} & \cdots & a_{2n} = \frac{q_{2n}}{q_n} \\ \vdots & \vdots & \ddots & \vdots \\ a_{n1} = \frac{q_{n1}}{q_1} & a_{n2} = \frac{q_{n2}}{q_2} & \cdots & a_{nn} = \frac{q_{nn}}{q_n} \end{bmatrix} \begin{bmatrix} q_1 \\ q_2 \\ \vdots \\ q_n \end{bmatrix} + \begin{bmatrix} f_1 \\ f_2 \\ \vdots \\ f_n \end{bmatrix} \tag{3.8}$$

e, de maneira análoga, a soma de custos com insumos (consumo intermediário) e valor adicionado (por vezes chamado de insumos primários) por unidade de produto através de:

$$\mathbf{p} = \mathbf{A}'\mathbf{p} + \mathbf{v} =$$

$$\begin{bmatrix} p_1 \\ p_2 \\ \vdots \\ p_n \end{bmatrix} = \begin{bmatrix} a_{11} = \frac{q_{11}}{q_1} & a_{21} = \frac{q_{21}}{q_1} & \cdots & a_{n1} = \frac{q_{n1}}{q_1} \\ a_{12} = \frac{q_{12}}{q_2} & a_{22} = \frac{q_{22}}{q_2} & \cdots & a_{n2} = \frac{q_{n2}}{q_2} \\ \vdots & \vdots & \ddots & \vdots \\ a_{1n} = \frac{q_{1n}}{q_n} & a_{2n} = \frac{q_{2n}}{q_n} & \cdots & a_{nn} = \frac{q_{nn}}{q_n} \end{bmatrix} \begin{bmatrix} p_1 \\ p_2 \\ \vdots \\ p_n \end{bmatrix} + \begin{bmatrix} v_1 \\ v_2 \\ \vdots \\ v_n \end{bmatrix} \tag{3.9}$$

Representamos aqui o sistema de preços tomando a transposta da matriz **A**, o que não é incomum, mas o fizemos somente por questões de espaço na página. Do modo que temos representado o vetor de preços, sempre à esquerda da matriz **A**, deveríamos reescrever a equação (3.9) como:

$$\mathbf{p}' = \mathbf{p}'\mathbf{A} + \mathbf{v}' \tag{3.10}$$

sendo o vetor **v** definido pela diferença (por unidade de produção total) entre a demanda total (produção total entendida como a soma das demandas final e para consumo intermediário) e os custos de cada atividade (ou para a produção de cada mercadoria) com insumos. Especifica-se, assim, um vetor com insumos primários[3] por unidade de produção total:

$$\mathbf{v} = \widehat{\mathbf{q}}^{-1}[\mathbf{q} - (\mathbf{i}'\mathbf{Q})'] \tag{3.11}$$

Essa diferença, como vimos, pode ser obtida somente para tabelas medidas em valores monetários. Portanto, trataremos, a partir daqui, a matriz **Q** e o vetor **q** como os obtidos já em valores monetários.

Essa forma de apresentação em termos duais para os sistemas de preços e de quantidades aparece claramente em Pasinetti (1977, cap. 3). Na exposição do próprio Leontief (1985a), após o reconhecimento de que, na prática, as tabelas insumo-produto são disponibilizadas em valores monetários, ocorre o retorno aos coeficientes técnicos medidos em termos físicos, utilizando-se do artifício da escolha das unidades mencionado anteriormente, para, assim, apresentar sistemas simétricos para quantidades e preços.

3.3 O modelo insumo-produto

A partir dos dois sistemas apresentados em (3.8) e (3.10), estamos prontos para tratar de um modelo insumo-produto propriamente dito, cujas

[3]Em economias reais, os insumos primários incluem importações e assim se diferenciam da definição mais utilizada para valor adicionado.

principais aplicações estão centradas na matriz inversa de Leontief, agora de fácil obtenção. Seguindo trabalhos como o de Miller e Blair (2009), cuja formatação do arcabouço teórico visa, desde o início, a aplicação empírica, a exemplo do efetuado pelo próprio Leontief ao longo de sua carreira, toda a apresentação do modelo já se dá em valores monetários, com o reconhecimento dos problemas para a análise advindos de mudanças nos preços relativos.

Considerando, portanto, que: a matriz $\mathbf{Q}$ representa a demanda por consumo intermediário de cada atividade j, nas colunas, do que é produzido em cada atividade i, nas linhas; os vetores $\mathbf{q}$ e $\mathbf{f}$, representam, respectivamente, a produção total (ou valor bruto de produção) e a demanda final do que é produzido em cada atividade i, nas linhas; e que todos os valores já estão representados em termos monetários, segue-se que:

$$\mathbf{q} = \mathbf{Qi} + \mathbf{f} \tag{3.12}$$

A questão se torna, assim, quais magnitudes eleger como variáveis independentes, ou seja, quais elementos considerar exógenos ao nosso sistema. No caso dos modelos abertos de Leontief, considera-se que a demanda final é completamente exógena.[4] Pela própria definição da matriz de coeficientes técnicos, dada na equação (2.6), podemos entender que:

$$\mathbf{Aq} = \mathbf{Qi} \tag{3.13}$$

visto que

$$\mathbf{A\widehat{q}} = \mathbf{Q} \Rightarrow \mathbf{A} = \mathbf{Q\widehat{q}}^{-1} \tag{3.14}$$

[4] A oposição entre modelos abertos e fechados não tem relação com a distinção macroeconômica de inclusão ou exclusão do resto do mundo. Modelos abertos de Leontief consideram que todos os elementos relativos à demanda final são determinados de fora do sistema, enquanto modelos fechados incluem componentes da demanda final nos coeficientes técnicos ou, alternativamente, procuram uma forma de endogeneizar os componentes da demanda final. No Capítulo 6, discutiremos o fechamento de alguns componentes da demanda, como o consumo, de forma a torná-los, parcial ou completamente, endógenos.

Assim, a equação (3.12) torna-se:

$$\mathbf{q} = \mathbf{A}\mathbf{q} + \mathbf{f} \tag{3.15}$$

Considerando que elegemos **f** como independente, queremos determinar **q**, escolhido como dependente, a partir de **f**, tudo isso para dados coeficientes técnicos de produção, entendidos como parâmetros e contidos em **A**. Assim, segue-se que:

$$\mathbf{q} - \mathbf{A}\mathbf{q} = \mathbf{f} \tag{3.16}$$

$$(\mathbf{I} - \mathbf{A})\mathbf{q} = \mathbf{f} \tag{3.17}$$

e, finalmente, que:

$$\mathbf{q} = (\mathbf{I} - \mathbf{A})^{-1}\mathbf{f} \tag{3.18}$$

A expressão $(\mathbf{I} - \mathbf{A})^{-1}$ se tornou tão conhecida e comumente utilizada na análise insumo-produto, precisamente pelo seu caráter central, que é simplesmente chamada de inversa de Leontief. Ao denominá-la por **L**, o que pode ser um atalho conveniente em alguns casos, temos:

$$\mathbf{L} = (\mathbf{I} - \mathbf{A})^{-1} \tag{3.19}$$

$$\mathbf{q} = \mathbf{L}\mathbf{f} \tag{3.20}$$

A natureza das aplicações em insumo-produto, e não as definições que fizemos desde o capítulo anterior, força-nos a destacar duas hipóteses fundamentais desse modelo: (i) as funções de produção utilizadas são do tipo proporções fixas, ou funções de produção do tipo Leontief; e (ii) a produção opera com retornos constantes à escala (Miller e Blair, 2009, p. 16–19).

Infindáveis discussões ocorreram sobre a exigência de se explicitar tais hipóteses para descrever o modelo teórico de Sraffa e, como resumo, podemos oferecer o seguinte: essas não são necessárias para descrever grande parte da teoria sraffiana, atentando para o fato de o próprio autor ter dedicado a maior parte do prefácio de *Produção de mercadorias por meio de mercadorias* para esclarecer esse ponto (Sraffa, 1960, p. v–vii), visto que ali não são realizados exercícios com *mudanças marginais* na escala de produção total, mas exercícios questionando o que ocorre com preços relativos e distribuição para um dado produto. Todavia, alguma cautela é necessária ao adentrarmos o tópico da mercadoria padrão (Sraffa, 1960, caps. IV e V), pois o redimensionamento do sistema efetivo, a partir de mudanças nas proporções produzidas de cada mercadoria, implica a consideração de retornos constantes à escala, como apontado por Samuelson (2000b, p. 121), o que pode ajudar a entender a razão de alguns economistas sraffianos relegarem o sistema padrão a um segundo plano.[5]

Por outro lado, considerando que o foco das aplicações a partir da inversa de Leontief é justamente a procura por mudanças na produção em virtude de mudanças na demanda final, tais hipóteses precisam estar agora explicitadas. Até aqui, temos o seguinte:

> "Insumo-produto é claramente muito mais que a tabela de relações interindustriais; a tabela é a base para um modelo macroeconômico. O modelo estático básico supõe homogeneidade e linearidade, hipóteses que se tornaram tão comuns e gerais que não precisam ser expostas. Basta dizer que se tem a função de produção de Leontief e o significado está claro. Com essas hipóteses, o modelo deriva a produção bruta da final" (Augusztinovics, 1995, p. 272).

3.3.1 A inversa de Leontief por aproximação de uma série de potências

Nos dias atuais, pode parecer mera curiosidade histórica fazermos a apresentação de uma forma aproximada para obtenção da inversa de Leontief. A

[5]Consultar o intercâmbio entre Eatwell (1977), Burmeister (1977) e Levine (1977) e, mais recentemente, o debate entre Samuelson, Eatwell, Garegnani, Schefold, Kurz e Salvadori, em livro editado por Kurz (2000).

capacidade de processamento dos computadores de hoje não justifica obtermos uma aproximação, quando as operações de inversão de grandes matrizes estão a frações de segundo das nossas possibilidades. Se em 1939 um computador em Harvard levou 56 horas para inverter uma matriz com 42 atividades e em 1947 ainda eram necessárias 48 horas para inverter uma matriz 38 × 38, operação que em 1952 levou "apenas" 45 minutos no computador mais rápido disponível na Universidade de Princeton e 5 minutos no ano seguinte; ou se, em 1960, o computador disponível na Academia Húngara de Ciências necessitava de 16 horas para inverter uma pequena matriz 12 × 12, mas, por volta de 1969, matrizes 100 × 100 poderiam ser invertidas entre 10 e 36 segundos, a depender do computador utilizado, todos constituem relatos anedóticos diante das possibilidades de hoje (Augusztinovics, 1995, p. 273)(Lahr e Stevens, 2002, p. 478)(Miller e Blair, 2009, p. 31n).

Todavia, a intuição a partir da exposição do que antes era uma necessidade parece ainda adequada. A inversa de Leontief não deve ser entendida como uma simples máquina que transforma demanda final em produção total. Essas transformações ocorrem justamente porque tal matriz é capaz de captar todos os impactos diretos e indiretos existentes ao longo da cadeia, nos informando, por exemplo, quanto uma unidade de demanda final requer, a cada etapa da produção, em termos de consumo intermediário.

Exemplificando, numa primeira etapa podemos afirmar que a demanda final de um automóvel requer, como consumo intermediário, chapas de aço e plásticos pré-moldados; mas, avançando nas etapas, devemos nos dar conta que chapas de aço demandam minério de ferro e peças de plástico demandam extração de petróleo. Quando acabarmos de ligar todos os elos da cadeia, devemos perceber que ficamos com o total requerido, em termos de consumo intermediário, para a produção de um automóvel (em termos físicos, ou uma unidade monetária de automóveis, em valores monetários). Fazendo isso para todo o vetor de demanda final, chegamos à produção total, ou seja, ao consumo intermediário necessário para satisfazer determinada demanda final, contabilizando também a própria demanda final.

Tal intuição pode ser formalizada da seguinte maneira: em analogia à soma dos termos de uma progressão geométrica de razão menor que um, entendamos que a inversa de Leontief pode ser expressa por:

$$\mathbf{L} = (\mathbf{I} - \mathbf{A})^{-1} = \mathbf{I} + \mathbf{A} + \mathbf{A}^2 + \mathbf{A}^3 + \cdots + \mathbf{A}^n \tag{3.21}$$

Partindo daí, dispúnhamos de uma forma de atingir uma aproximação para a inversa de Leontief sem ter que passar por nenhuma operação de inversão. Digamos que, após a décima potência, obtivéssemos uma boa aproximação; poderíamos, então, utilizar a soma de identidade e matrizes de coeficientes técnicos multiplicadas por elas mesmas até a décima vez como aproximações razoáveis da verdadeira inversa de Leontief.

Continuando a ideia das etapas, poderíamos obter o vetor de produção total a partir de:

$$\mathbf{q} = \mathbf{If} + \mathbf{Af} + \mathbf{AAf} + \mathbf{AAAf} + \mathbf{AAAAf} + \cdots \tag{3.22}$$

$$\mathbf{q} = (\mathbf{I} + \mathbf{A} + \mathbf{A}^2 + \mathbf{A}^3 + \cdots + \mathbf{A}^n)\mathbf{f} \tag{3.23}$$

Assim, parece mais bem ilustrada a ideia de que a produção total é constituída da própria demanda final, mais o consumo intermediário requerido diretamente para atender à demanda final, mais o consumo intermediário requerido diretamente para atender o consumo intermediário requerido diretamente para atender à demanda final... ou seja, do consumo intermediário requerido direta e indiretamente para atender determinado vetor de demanda final. O sistema de preços, que veremos a seguir, poderia ser analogamente representado, partindo do vetor de valores adicionados e o fazendo passar pelas múltiplas etapas, do ponto de vista dos custos diretos e indiretos, até atingir o vetor de preços, bem como as necessidades de trabalho, na sequência, poderiam ser pensadas como as ocupações geradas a cada etapa da produção.[6]

[6] A sequência de apresentação para os sistemas das quantidades, dos preços e do em-

3.3.2 O sistema de preços

Tendo em vista a solução dual apresentada anteriormente para os preços, não deve ser difícil derivarmos um sistema análogo que tome o valor adicionado por unidade de produto como independente e determine os preços. De (3.10), teríamos:

$$\mathbf{p}' = \mathbf{p}'\mathbf{A} + \mathbf{v}' \tag{3.24}$$

$$\mathbf{p}' - \mathbf{p}'\mathbf{A} = \mathbf{v}' \tag{3.25}$$

$$\mathbf{p}'(\mathbf{I} - \mathbf{A}) = \mathbf{v}' \tag{3.26}$$

$$\mathbf{p}' = \mathbf{v}'(\mathbf{I} - \mathbf{A})^{-1} \tag{3.27}$$

em analogia ao obtido nas equações de (3.16) a (3.18), mantendo a centralidade da mesma matriz inversa de Leontief na determinação dos preços.

$$\mathbf{p}' = \mathbf{v}'\mathbf{L} \tag{3.28}$$

Como veremos no exemplo a ser apresentado, se o vetor $\mathbf{v}$ estiver definido conforme (3.11), a solução para o vetor de preços, já transposto, sempre será $\mathbf{i}' = \begin{bmatrix} 1 & 1 & \cdots & 1 \end{bmatrix}$. Assim, à primeira vista, o vetor parece de utilidade prática duvidosa, mas, mais uma vez, o modelo insumo-produto a partir de Leontief visa lidar com alterações, nesse caso, dos componentes do valor adicionado, e mensurar os impactos ao longo da cadeia provocados por essas alterações, agora em termos de preços.

3.3.3 As necessidades de trabalho

Se podemos obter os totais, em termos da utilização de insumos, por que não obtermos também os impactos, diretos e indiretos, em termos de empregos gerados a partir de determinada demanda final? De fato, a mesma pergunta pode ser estendida para salários, impostos indiretos, emissões de

---

prego pode ser encontrada, de maneira bastante didática, em Bêrni *et al.* (2011, cap. 4B).

gás carbônico etc., e a sistemática para obtermos a resposta a qualquer uma das perguntas é basicamente a mesma. Desde que tenhamos, por atividade, a variável desejada por unidade de produção, a obtenção dos resultados é bastante simples.

Na seção 2.2.2, a partir da Tabela 2.5, anunciamos que as ocupações por atividade teriam um papel central a jogar para a determinação dos preços no nosso modelo mais completo, ao qual retornaremos no Capítulo 7. Parece ocioso discorrermos sobre a importância da geração de postos de trabalho em uma economia, no intuito de justificar o foco deste tópico somente nesta aplicação. Assim, passemos à conexão entre ocupações e demanda final.

Digamos que esteja disponível um vetor de ocupações, $\mathbf{o}$, catalogando quantas são as ocupações na produção de cada mercadoria (ou em cada atividade econômica). Para obtermos a informação de quantas ocupações são geradas por unidade monetária produzida em cada atividade, bastar-nos-ia fazer:

$$\mathbf{l} = \widehat{\mathbf{q}}^{-1}\mathbf{o} \tag{3.29}$$

As razões assim obtidas são comumente chamadas de coeficientes diretos de trabalho. Posteriormente, se quiséssemos recuperar a informação, em termos de ocupações, poderíamos sempre multiplicar cada elemento do vetor $\mathbf{l}$ pelo total da produção em cada atividade, $\mathbf{q}$. Mas já sabemos como obter a produção total a partir da demanda final. Visto que $\mathbf{o} = \widehat{\mathbf{q}}\mathbf{l}$ ou $\mathbf{o} = \widehat{\mathbf{l}}\mathbf{q}$, logo:

$$\mathbf{o} = \widehat{\mathbf{l}}(\mathbf{I} - \mathbf{A})^{-1}\mathbf{f} \tag{3.30}$$

ou, ainda, se estivermos interessados em obter o total das ocupações, um escalar, basta fazermos:

$$\mathbf{i}'\mathbf{o} = \mathbf{l}'(\mathbf{I} - \mathbf{A})^{-1}\mathbf{f} \tag{3.31}$$

3.3.4 Um exemplo com três mercadorias

Façamos um exercício reunindo os pontos até aqui trabalhados para o modelo insumo-produto, a partir do exemplo trazido por Pasinetti (1977, p. 37) e apresentado na Tabela 2.5, reproduzida na Tabela 3.6.

Tabela 3.6 – Produção incluindo trabalhadores ocupados

	trigo	ferro	porcos	final	*total*
trigo	186	54	30	180	450
ferro	12	6	3	0	21
porcos	9	6	15	30	60
ocupações	18	12	30		60

Pasinetti (1977) propõe então que utilizemos o seguinte vetor de preços, que não corresponde ao que conteria os preços de reprodução: $\begin{bmatrix} 0,1 & 1 & 0,5 \end{bmatrix}$. Transformando a nossa tabela para valores monetários e já calculando o valor adicionado, teríamos:

Tabela 3.7 – Produção em valores monetários com valor adicionado

	trigo	ferro	porcos	final	*total*
trigo	18,6	5,4	3	18	45
ferro	12	6	3	0	21
porcos	4,5	3	7,5	15	30
valor adicionado	9,9	6,6	16,5		*33*
total	45	21	30	*33*	96

Assim, consumo intermediário, produção total e matriz de coeficientes técnicos seriam dados por:

$$\mathbf{Q} = \begin{bmatrix} 18,6 & 5,4 & 3 \\ 12 & 6 & 3 \\ 4,5 & 3 & 7,5 \end{bmatrix} \tag{3.32}$$

$$\mathbf{q} = \begin{bmatrix} 45 \\ 21 \\ 30 \end{bmatrix} \tag{3.33}$$

$$\mathbf{A} = \begin{bmatrix} 0,4133 & 0,2571 & 0,1 \\ 0,2667 & 0,2857 & 0,1 \\ 0,1 & 0,1429 & 0,25 \end{bmatrix} \tag{3.34}$$

Podemos calcular, portanto, nossa inversa de Leontief:

$$\mathbf{L} = (\mathbf{I} - \mathbf{A})^{-1} = \begin{bmatrix} 2,1640 & 0,8597 & 0,4032 \\ 0,8715 & 1,7846 & 0,3542 \\ 0,4545 & 0,4545 & 1,4545 \end{bmatrix} \tag{3.35}$$

e confirmar que a equação abaixo, reproduzindo $\mathbf{q} = (\mathbf{I} - \mathbf{A})^{-1}\mathbf{f}$, está correta:

$$\begin{bmatrix} 45 \\ 21 \\ 30 \end{bmatrix} = \begin{bmatrix} 2,1640 & 0,8597 & 0,4032 \\ 0,8715 & 1,7846 & 0,3542 \\ 0,4545 & 0,4545 & 1,4545 \end{bmatrix} \begin{bmatrix} 18 \\ 0 \\ 15 \end{bmatrix} \tag{3.36}$$

Como veremos no próximo capítulo, existem dados para o Brasil que permitem separar a demanda final de acordo com os componentes da demanda (consumo das famílias, consumo do governo, investimento e exportações), de modo que um acréscimo ao exercício acima talvez se mostre apropriado. Suponhamos que o vetor de demanda final utilizado até aqui ilustre somente o consumo das famílias, em termos de trigo e porcos. Ao introduzir o investimento, parece sensato supormos que os bens de capital sejam obtidos a partir da produção de ferro. Façamos, pois, a seguinte alteração, apresentando não mais um vetor de demanda final, mas uma matriz 3×2 na qual o primeiro vetor-coluna é o nosso vetor $\mathbf{f}$ original, representando o consumo, e haja um segundo vetor-coluna, ao lado desse, representando um investimento de 3 unidades monetárias, originado na produção de ferro:

$$\mathbf{F} = \begin{bmatrix} 18 & 0 \\ 0 & 3 \\ 15 & 0 \end{bmatrix} \tag{3.37}$$

Ao fazermos a pós-multiplicação dessa matriz $\mathbf{F}$ pela inversa de Leontief, $(\mathbf{I}-\mathbf{A})^{-1}\mathbf{F} = \mathbf{LF}$, obtemos a produção total, agora discriminada pelo componente da demanda que a incitou:

$$\begin{bmatrix} 45 & 2,5791 \\ 21 & 5,3538 \\ 30 & 1,3636 \end{bmatrix} = \begin{bmatrix} 2,1640 & 0,8597 & 0,4032 \\ 0,8715 & 1,7846 & 0,3542 \\ 0,4545 & 0,4545 & 1,4545 \end{bmatrix} \begin{bmatrix} 18 & 0 \\ 0 & 3 \\ 15 & 0 \end{bmatrix} \tag{3.38}$$

Assim, nosso vetor de produção original, supostamente realizada para atender às necessidades de consumo, pode ser encontrado da mesma forma, separadamente. Já a produção efetuada para atender às necessidades de investimento aparece à direita do vetor original. O que deve ficar bem claro, de saída, é que, em virtude das interdependências do nosso sistema econômico, um aumento de 3 unidades monetárias na demanda final pela mercadoria ferro gera um aumento na produção total, da própria mercadoria, de 5,3538 unidades monetárias, isto é, 2,3538 além do requerido inicialmente para a demanda final; do mesmo modo, o aumento da demanda final por ferro não fica restrito ao aumento da produção total de ferro, gerando aumentos de 2,5791 unidades monetárias na produção de trigo e de 1,3636 na produção de porcos.

Se quiséssemos voltar à representação da demanda final e da produção em termos de vetores, com a separação somente para as mercadorias, não mais para os componentes da demanda, bastar-nos-ia definir $\mathbf{f} = \mathbf{Fi}$, com o que teríamos, para as mesmas demanda final e produção total,

$$\begin{bmatrix} 47,5791 \\ 26,3538 \\ 31,3636 \end{bmatrix} = \begin{bmatrix} 2,1640 & 0,8597 & 0,4032 \\ 0,8715 & 1,7846 & 0,3542 \\ 0,4545 & 0,4545 & 1,4545 \end{bmatrix} \begin{bmatrix} 18 \\ 3 \\ 15 \end{bmatrix} \tag{3.39}$$

Isolando a demanda final para investimento incorporada acima e estudando as necessidades para consumo intermediário, etapa a etapa, teríamos:

$$\mathbf{f}+\mathbf{Af}=\begin{bmatrix}0\\3\\0\end{bmatrix}+\begin{bmatrix}0,4133 & 0,2571 & 0,1\\0,2667 & 0,2857 & 0,1\\0,1 & 0,1429 & 0,25\end{bmatrix}\begin{bmatrix}0\\3\\0\end{bmatrix}=\begin{bmatrix}0,7714\\3,8571\\0,4286\end{bmatrix} \quad (3.40)$$

$$\mathbf{f}+\mathbf{Af}+\mathbf{AAf}=\begin{bmatrix}1,3536\\4,3506\\0,7353\end{bmatrix} \quad (3.41)$$

$$\mathbf{f}+\mathbf{Af}+\mathbf{AAf}+\mathbf{AAAf}=\begin{bmatrix}1,7517\\4,6775\\0,9407\end{bmatrix} \quad (3.42)$$

$$\mathbf{f}+\mathbf{Af}+\mathbf{AAf}+\mathbf{AAAf}+\mathbf{AAAAf}=\begin{bmatrix}2,0209\\4,8976\\1,0786\end{bmatrix} \quad (3.43)$$

$$\mathbf{f}+\mathbf{Af}+\mathbf{AAf}+\mathbf{AAAf}+\mathbf{AAAAf}+\mathbf{AAAAAf}=\begin{bmatrix}2,2026\\5,0461\\1,1714\end{bmatrix} \quad (3.44)$$

e assim sucessivamente, até que atingíssemos $\begin{bmatrix}2,5791\\5,3538\\1,3636\end{bmatrix}$.

Em síntese, cada coluna da matriz inversa de Leontief nos informa em quantas unidades monetárias a produção se alteraria, em cada atividade contida nas linhas, caso houvesse uma alteração de uma unidade monetária na demanda final pela atividade representada na coluna. Ilustrando, caso a demanda final por trigo aumente em uma unidade monetária, a produção de trigo tem que aumentar em 2,1640 unidades monetárias, a produção de ferro em 0,8715 e a produção de porcos em 0,4545, como encontrado na primeira coluna da inversa de Leontief.

$$\begin{bmatrix} 2,1640 & 0,8597 & 0,4032 \\ 0,8715 & 1,7846 & 0,3542 \\ 0,4545 & 0,4545 & 1,4545 \end{bmatrix} \begin{bmatrix} 1 \\ 0 \\ 0 \end{bmatrix} = \begin{bmatrix} 2,1640 \\ 0,8715 \\ 0,4545 \end{bmatrix} \tag{3.45}$$

Dando sequência ao nosso exemplo e retomando a versão proposta por Pasinetti (1977), sem investimento, voltemos à Tabela 3.7. O vetor de valor adicionado, já obtido por unidade de produto, seria $\begin{bmatrix} 0,22 & 0,3143 & 0,55 \end{bmatrix}$. Ao efetuarmos sua pré-multiplicação pela inversa de Leontief, obtemos, como esperado a partir de $\mathbf{v}'\mathbf{L} = \mathbf{p}'$,

$$\begin{aligned} \begin{bmatrix} 0,22 & 0,3143 & 0,55 \end{bmatrix} & \begin{bmatrix} 2,1640 & 0,8597 & 0,4032 \\ 0,8715 & 1,7846 & 0,3542 \\ 0,4545 & 0,4545 & 1,4545 \end{bmatrix} \\ & = \begin{bmatrix} 1 & 1 & 1 \end{bmatrix} \end{aligned} \tag{3.46}$$

Não obstante, se imaginarmos uma situação na qual a produção se mantenha a mesma, mas, por qualquer motivo, ocorra um aumento de algum dos componentes que compõem o vetor $\mathbf{v}$ (devido a aumentos de salários, de margens de lucros, de taxa de câmbio etc.), para uma atividade específica, podemos rastrear o impacto nos preços ao longo da cadeia. Se o valor adicionado na produção de porcos aumenta em 20%, de modo a passar de 16,5 para 19,8, com o coeficiente por unidade de produto passando de 0,55 para 0,66, podemos observar os seguintes impactos em termos de preços:

$$\begin{aligned} \begin{bmatrix} 0,22 & 0,3143 & 0,66 \end{bmatrix} & \begin{bmatrix} 2,1640 & 0,8597 & 0,4032 \\ 0,8715 & 1,7846 & 0,3542 \\ 0,4545 & 0,4545 & 1,4545 \end{bmatrix} \\ & = \begin{bmatrix} 1,05 & 1,05 & 1,16 \end{bmatrix} \end{aligned} \tag{3.47}$$

Ou seja, em virtude do aumento de 20% do valor adicionado na produção de porcos, seus preços aumentariam em 16%, enquanto os preços de trigo e ferro aumentariam em 5%.

Aumentos iguais para trigo e ferro são consequência dos coeficientes iguais encontrados nas posições dessas atividades na terceira linha da inversa de Leontief. Fazendo exercício similar para o valor adicionado na produção de trigo, aumentando-o em 50%, teríamos aumentos de 23,80% nos preços do trigo, de 9,46% nos preços do ferro e 4,43% nos preços dos porcos.

$$\begin{aligned} &\begin{bmatrix} 0,33 & 0,3143 & 0,55 \end{bmatrix} \begin{bmatrix} 2,1640 & 0,8597 & 0,4032 \\ 0,8715 & 1,7846 & 0,3542 \\ 0,4545 & 0,4545 & 1,4545 \end{bmatrix} \\ &= \begin{bmatrix} 1,2380 & 1,0946 & 1,0443 \end{bmatrix} \end{aligned} \tag{3.48}$$

Retomando a Tabela 3.6, podemos falar algo sobre os requisitos em termos de trabalho. Uma vez que estejam explicitadas as ocupações em cada atividade econômica, como no exemplo, 18 na produção de trigo, 12 na produção de ferro e 30 na produção de porcos, podemos obter as razões, já em valores monetários, de ocupações por unidade de produto, a partir de (3.29).

$$\mathbf{o} = \begin{bmatrix} 18 \\ 12 \\ 30 \end{bmatrix}, \ \mathbf{l} = \widehat{\mathbf{q}}^{-1}\mathbf{o} = \begin{bmatrix} 0,4 \\ 0,5714 \\ 1 \end{bmatrix} \tag{3.49}$$

Como argumentado anteriormente, recuperar o total de ocupações torna-se tarefa trivial, pois, ao fazermos $\mathbf{l}'(\mathbf{I}-\mathbf{A})^{-1}\mathbf{f}$, temos:

$$\begin{bmatrix} 0,4 & 0,5714 & 1 \end{bmatrix} \begin{bmatrix} 2,1640 & 0,8597 & 0,4032 \\ 0,8715 & 1,7846 & 0,3542 \\ 0,4545 & 0,4545 & 1,4545 \end{bmatrix} \begin{bmatrix} 18 \\ 0 \\ 15 \end{bmatrix} = 60 \tag{3.50}$$

Do mesmo modo, quaisquer alterações no total de ocupações originadas por mudanças na demanda final, mantidos constantes os coeficientes diretos de trabalho, são facilmente obteníveis. Por exemplo, a inclusão do investimento de 3, como anteriormente, com origem na produção de ferro, geraria 5,45 ocupações em todo o sistema econômico:

$$\begin{bmatrix} 0,4 & 0,5714 & 1 \end{bmatrix} \begin{bmatrix} 2,1640 & 0,8597 & 0,4032 \\ 0,8715 & 1,7846 & 0,3542 \\ 0,4545 & 0,4545 & 1,4545 \end{bmatrix} \begin{bmatrix} 18 \\ 3 \\ 15 \end{bmatrix} = 65,4545 \tag{3.51}$$

Para mapearmos as ocupações por unidade de demanda final, na inversa de Leontief, poderíamos fazer:

$$\widehat{\mathbf{l}}(\mathbf{I}-\mathbf{A})^{-1} = \begin{bmatrix} 0,8656 & 0,3439 & 0,1617 \\ 0,4980 & 1,0198 & 0,2024 \\ 0,4545 & 0,4545 & 1,4545 \end{bmatrix} \tag{3.52}$$

de onde perceberíamos, por exemplo, como as 3 unidades acrescidas de demanda final se dividem na geração de ocupações na produção de trigo (1,03), ferro (3,06) e porcos (1,36):

$$\widehat{\mathbf{l}}(\mathbf{I}-\mathbf{A})^{-1} \begin{bmatrix} 0 \\ 3 \\ 0 \end{bmatrix} = \begin{bmatrix} 0,8656 & 0,3439 & 0,1617 \\ 0,4980 & 1,0198 & 0,2024 \\ 0,4545 & 0,4545 & 1,4545 \end{bmatrix} \begin{bmatrix} 0 \\ 3 \\ 0 \end{bmatrix} = \begin{bmatrix} 1,0316 \\ 3,0593 \\ 1,3636 \end{bmatrix} \tag{3.53}$$

Código para Scilab

Capítulo 4

Matrizes insumo-produto numa economia real

4.1 Produção nacional e preços básicos

As Tabelas de Recursos e Usos (TRU), integrantes do Sistema de Contas Nacionais (SCN), apresentam, anualmente, tanto a produção nacional das atividades econômicas que, da parte dos recursos de bens e serviços e somando-se às importações, conformará a oferta total da economia quanto o consumo intermediário das atividades econômicas que, somado à demanda final, comporá os usos de bens e serviços ou demanda total da economia (IBGE, 2015a, 2016a,c).

Desses dois conjuntos de informações, contudo, somente a produção é apresentada a preços básicos nas TRU. A parte relativa aos usos é apresentada anualmente a preços de consumidor. Para passarmos de preços de consumidor a preços básicos, devem ser excluídos margens de comércio e de transporte e impostos indiretos sobre produção, circulação e importação, líquidos de subsídios. Ademais, essa parte relativa aos usos considera tanto bens e serviços produzidos nacionalmente quanto importados. No que concerne a consumo intermediário e demanda final, portanto, dados a preços básicos e exclusivamente para bens e serviços produzidos nacionalmente estão disponíveis somente quando da divulgação completa das tabelas insumo-produto (IBGE, 2008, 2016b, 2018).

Cabe destacar que, se a nossa intenção é captar, em dado momento e para comparações em momentos distintos, a estrutura de produção de uma economia, a mensuração livre de margens de comércio e transporte e também de impostos indiretos parece servir melhor a esse propósito. Contudo, os montantes equivalentes às margens de comércio e transporte estarão integralmente alocados em atividades distintas nas tabelas insumo-produto e os impostos indiretos constituirão a passagem da oferta a preços básicos para preços de consumidor, sempre podendo ser recuperados a partir da produção total.

4.2 Mercadorias, produtos, atividades

Ao iniciarmos nossos estudos em teoria da produção, tratamos de exemplos com diferentes mercadorias, como em Sraffa (1960). Em Leontief (1985a), identificamos grandes agregados, comumente chamados na abordagem insumo-produto de setores ou indústrias, que convencionamos chamar de atividades, seguindo a nomenclatura oficial do IBGE (2008, 2016b, 2018), mas o resultado da produção ainda estava apresentado na forma de mercadorias e em termos físicos.

Quando o IBGE (2008, 2015a, 2016b,c, 2018) divulga os resultados para Matrizes Insumo-Produto (MIP) ou para as Tabelas de Recursos e Usos (TRU), aparece a distinção entre produtos e atividades. As matrizes para 2000 e 2005, por exemplo, apresentam uma lista de 110 produtos e 55 atividades econômicas. As matrizes de 2010 e 2015, seguindo o nível de desagregação adotado para as TRU a partir de 2010, apresentam uma lista de 127 produtos e 67 atividades econômicas.[1] No começo da lista pode-

[1] As TRU até 2009 vinham apresentando uma atividade a mais que as MIP, serviços

mos encontrar produtos agrícolas típicos, como arroz, trigo, milho em grão etc. Imagina-se que todos esses produtos seriam alocados na atividade denominada agricultura, inclusive o apoio à agricultura e a pós-colheita. No entanto, não seria surpreendente encontrarmos parte da produção de milho, por exemplo, alocada na atividade pecuária, uma vez que não há nada impedindo estabelecimentos que trabalham preponderantemente com produtos típicos da pecuária de auferirem parte da sua receita, contanto que minoritária para conservar sua classificação de atividade, com a produção de milho.[2]

Não é necessário, entretanto, que tenhamos uma lista de produtos maior do que a lista de atividades para que tal "problema" de classificação venha à tona.[3] Basta que produtos típicos de uma atividade sejam produzidos no âmbito de uma outra atividade, como as TRU reduzidas apresentadas pelo IBGE, em versão 12 produtos por 12 atividades, não deixam dúvidas. Nessas, seria possível encontrar, por exemplo, parte da produção típica da construção civil sendo produzida no âmbito da atividade agropecuária — 0,9% de acordo com a TRU de 2015 —, como é o caso da construção de currais e silos, que não exige a contratação de uma construtora.

Consequentemente, há a necessidade da adoção de uma hipótese para a alocação dos diferentes produtos entre as atividades. Definiremos mais adiante uma matriz de parcela de mercado, que alocará os produtos pelas atividades supondo que a mesma alocação é válida para a demanda final e para o consumo intermediário, e adotaremos a hipótese de tecnologia perten-

domésticos, agregada quando da construção das últimas. Para as matrizes de 2010 e 2015, tal atividade aparece desagregada, apesar de não registrar consumo intermediário, mas temos uma atividade e um produto a menos que os apresentados nas TRU, comércio e reparação de veículos, após fusão com os demais produtos de comércio por atacado e varejo.

[2]De fato, para os dados da matriz 2015, 5,5% da produção nacional de milho em grão foi realizada no âmbito da atividade denominada pecuária, inclusive o apoio à pecuária.

[3]Novamente, uma explicação didática para o chamado problema da classificação pode ser encontrada em Bêrni *et al.* (2011, cap. 4B).

cente à atividade (à indústria ou ao setor são denominações mais comuns), de modo que não fixamos as proporções da produção de cada produto de acordo com os agregados de atividade, mas, ao contrário, reclassificamos os produtos de acordo com as respectivas parcelas da produção realizadas no âmbito de cada atividade. Assim, caminharemos para um esquema atividade × atividade, às vezes entendido como mais realista ou mais próximo do proposto por Leontief (Guilhoto, 2011, p. 21–23), refletindo uma maior adequação à análise de relações intersetoriais (IBGE, 2008, 2016b, 2018) e, por isso mesmo, utilizado nas divulgações oficiais.

4.3 Tabelas insumo-produto para o Brasil

4.3.1 Importação das tabelas básicas

O IBGE disponibiliza um conjunto de tabelas básicas, sendo este suficiente para desenvolvermos todo o esquema insumo-produto apresentado até aqui. Um esquema resolvendo o consumo intermediário de insumos nacionais direta e indiretamente requeridos a partir de uma demanda final por bens finais produzidos nacionalmente, para começar, necessitaria de um conjunto de 3 tabelas:[4] a matriz de produção total, $\mathbf{V}$, que apresenta atividades nas linhas e produtos nas colunas; a matriz de consumo intermediário nacional, $\mathbf{U_n}$, produtos × atividades; e a matriz de demanda final, $\mathbf{F_n}$, apresentando produtos por componente da demanda. Para as matrizes de 2000 e 2005, são 110 produtos, 55 atividades e 6 componentes da demanda final: 1 vetor-coluna para exportações; 1 vetor-coluna para o consumo do governo geral;[5] 2 vetores para o macroagregado consumo, separando o consumo das

[4] Seguiremos, a partir daqui, a notação presente nas divulgações oficiais do IBGE (2008, 2016b, 2018).

[5] Nas divulgações mais recentes, com dados a partir de 2010, o IBGE voltou a utilizar o termo governo geral em detrimento do termo administração pública, encontrado nas divulgações de 2000 a 2009.

famílias do consumo das instituições sem fins de lucro a serviço das famílias (ISFLSF); 2 vetores para o investimento, separando a formação bruta de capital fixo da variação de estoque. Para as matrizes 2010 e 2015, são 127 produtos, 67 atividades e os mesmos 6 componentes da demanda final.

Se avançássemos para os importados, matrizes equivalentes seriam encontradas para consumo intermediário ($\mathbf{U_m}$ sendo apresentada na mesma estrutura produtos $\times$ atividades) e demanda final ($\mathbf{F_m}$ produtos $\times$ categorias de demanda final).

Da mesma planilha em que encontramos a matriz $\mathbf{V}$, importaremos, para as matrizes 2000 e 2005, também as informações relativas a impostos sobre produção e circulação, diferenciadas em 3 vetores com produtos nas linhas: IPI, ICMS e outros impostos menos subsídios; e, ainda, um vetor-coluna com impostos de importação atribuídos a cada produto. Para as matrizes 2010 e 2015, não temos a divisão dos impostos sobre produção e circulação em 3 vetores. No entanto, estão disponíveis matrizes com o detalhamento dos destinos de impostos sobre produtos nacionais e importados e, ainda, das margens de comércio e transporte, separadamente e também com a divisão para nacionais e importados, todas no mesmo formato de 127 produtos $\times$ 67 atividades para o consumo intermediário e 127 $\times$ 6 para a demanda final.

De uma outra planilha, que contém os componentes do valor adicionado, importaremos os dados relativos ao Valor Adicionado Bruto, por atividade econômica, bem como os relativos às suas subcategorias Remunerações do Trabalho (salários e contribuições sociais e para a previdência) e Rendimento Misto Bruto (ganhos de autônomos ou trabalhadores por conta própria), sendo que sempre poderemos recuperar, por resíduo, o Excedente Operacional Bruto (EOB).[6] Dados relativos a outros impostos sobre a produção, também disponibilizados por atividade, serão importados, além do

[6]Pelas definições efetuadas, o Excedente Operacional Bruto assim calculado também conterá as categorias "Outros impostos sobre a produção" e "Outros subsídios à produção" presentes nas TRU.

total de ocupações por atividade econômica, definido como vetor **o** no capítulo anterior. Essas informações se diferenciam somente pelo número de atividades entre as divulgações 2000/2005 e 2010/2015 e se mostrarão úteis para aplicações futuras.

Código para Scilab

4.3.2 Matrizes derivadas

A partir das tabelas básicas, desenvolveremos um conjunto de três matrizes derivadas que já entregariam um esquema de Leontief completo, nos levando da demanda final à produção total. As duas primeiras correspondem, de fato, a vetores-coluna. Uma vez que estamos trabalhando com uma matriz de produção, $\mathbf{V}$, atividades $\times$ produtos, temos duas formas de obter os totais produzidos, de acordo com essas duas formas de classificação. Para obtermos o total da produção classificada por atividade econômica, basta somarmos todos os elementos ao longo de cada linha da matriz $\mathbf{V}$, isto é, basta definirmos:

$$\mathbf{g} = \mathbf{V}\mathbf{i} \tag{4.1}$$

Similarmente, para obtermos o total da produção em termos de produtos, fazemos a soma de todos os elementos ao longo de cada coluna da matriz $\mathbf{V}$:

$$\mathbf{q} = (\mathbf{i}'\mathbf{V})' \tag{4.2}$$

Naturalmente, a soma dos elementos dos dois vetores tem que ser a mesma.

A já mencionada matriz de parcela de mercado (comumente chamada, mesmo na literatura em português, de matriz de *market-share*) servirá para alocarmos os diferentes produtos entre as atividades, de acordo com a parcela preenchida por cada atividade na produção de cada um dos produtos. Instrumentalmente, tal matriz serve para transformarmos matrizes classificadas em termos de produtos para a classificação por atividades e pode ser assim definida:

$$\mathbf{D} = \mathbf{V}\widehat{\mathbf{q}}^{-1} \tag{4.3}$$

De posse dessas três matrizes derivadas, já temos um vetor de produção total por atividade e podemos transformar as demandas para consumo intermediário e final, ambas classificadas por produto, para a classificação por atividade, bastando-nos realizar a pré-multiplicação pela matriz $\mathbf{D}$. Definindo a matriz de coeficientes técnicos, atividade × atividade, como:

$$\mathbf{A} = \mathbf{D}\mathbf{U_n}\widehat{\mathbf{g}}^{-1} \tag{4.4}$$

e um vetor de demanda final[7] reclassificado por atividade como:

$$\mathbf{e} = \mathbf{D}\mathbf{f_n} \tag{4.5}$$

o sistema de Leontief poderia ser apresentado nos seguintes termos:

$$\mathbf{A}\mathbf{g} + \mathbf{e} = \mathbf{g} \tag{4.6}$$

expressando a soma de consumo intermediário e demanda final, o que implica que:

$$\mathbf{e} = (\mathbf{I} - \mathbf{A})\mathbf{g} \tag{4.7}$$

e que, portanto:

$$\mathbf{g} = (\mathbf{I} - \mathbf{A})^{-1}\mathbf{e} \tag{4.8}$$

[7] Obtido pela soma de todos os componentes da demanda final, $\mathbf{f_n} = \mathbf{F_n}\mathbf{i}$. Naturalmente, poderíamos também calcular a matriz de demanda final reclassificada por atividade a partir de $\mathbf{E} = \mathbf{D}\mathbf{F_n}$.

O caminho sugerido pelo IBGE (2008, 2016b, 2018) passa pelo cálculo de mais uma matriz de transição, que corresponde a uma matriz de coeficientes técnicos nacionais, produto × atividade, definida como:

$$\mathbf{B_n} = \mathbf{U_n}\widehat{\mathbf{g}}^{-1} \tag{4.9}$$

e então pelo cálculo da matriz de coeficientes técnicos atividade × atividade, definida como:

$$\mathbf{A} = \mathbf{D}\mathbf{B_n} \tag{4.10}$$

Claro está que se trata da mesma matriz em (4.4), pela própria definição da matriz $\mathbf{B_n}$:

$$\mathbf{A} = \mathbf{D}\underbrace{\mathbf{U_n}\widehat{\mathbf{g}}^{-1}}_{\mathbf{B_n}} \tag{4.11}$$

No que tange à importação para consumo intermediário, poderíamos definir, analogamente, uma matriz $\mathbf{B_m}$, supondo que a produção nacional utilize insumos importados também em proporções fixas. Assim, teríamos

$$\mathbf{B_m} = \mathbf{U_m}\widehat{\mathbf{g}}^{-1} \tag{4.12}$$

E poderíamos, desde já, expressar uma matriz de coeficientes técnicos atividade × atividade ampliada, digamos, $\mathbf{A}^+$, a partir da soma do consumo intermediário de insumos nacionais e importados:

$$\mathbf{A}^+ = \mathbf{D}(\mathbf{B_n} + \mathbf{B_m}) \tag{4.13}$$

Seguindo a mesma lógica, poderíamos ainda definir vetores para os insumos primários, que expressam a diferença entre a demanda total e o custo total de cada atividade, por unidade de produção total, como em (3.11), de ambas as formas:

$$\mathbf{v} = \widehat{\mathbf{g}}^{-1}[\mathbf{g} - (\mathbf{i}'\mathbf{A}\widehat{\mathbf{g}})'] \tag{4.14}$$

$$\mathbf{v}^+ = \widehat{\mathbf{g}}^{-1}[\mathbf{g} - (\mathbf{i}'\mathbf{A}^+\widehat{\mathbf{g}})'] \tag{4.15}$$

preservando as propriedades encontradas para o sistema de preços, tanto para $\mathbf{v}'(\mathbf{I} - \mathbf{A})^{-1} = \mathbf{i}'$ quanto para $\mathbf{v}'^+(\mathbf{I} - \mathbf{A}^+)^{-1} = \mathbf{i}'$.

Quanto aos coeficientes diretos de trabalho, a única adaptação requerida se deve à definição de **g** como a produção total por atividade. Obtido o vetor **o**, de ocupações por atividade, teríamos:

$$\mathbf{l} = \widehat{\mathbf{g}}^{-1}\mathbf{o} \tag{4.16}$$

Código para Scilab

4.3.3 Exercícios iniciais com matrizes reais

Após a obtenção das matrizes, culminando na inversa de Leontief, talvez seja interessante a realização de alguns exercícios a fim de conferir relações fundamentais na análise insumo-produto, agora com matrizes reais para o Brasil. Uma primeira checagem pode consistir na comparação de alguns elementos da inversa de Leontief com os divulgados nas publicações oficiais do IBGE (2008, 2016b, 2018).

Uma comparação simples pode ser feita a partir da produção total obtida via inversa de Leontief, conferindo se o resultado de **Le** é igual ao vetor **g**. Para os totais para o ano de 2015, expressos em milhões de reais, teríamos $\mathbf{i'Le} = \mathbf{i'g} = 10.226.869$.

Após as devidas definições, poderíamos, sempre a partir do vetor de demanda final pós-multiplicado pela inversa de Leontief, recuperar os totais de impostos, salários, ocupações etc. Por exemplo, tendo definido o vetor **w** a partir da divisão do total das remunerações dos empregados em cada atividade pelo total da produção da mesma atividade, a massa de salários em um ano específico poderá ser recuperada a partir de $\mathbf{w'Le}$. Para o ano de 2015, temos $\mathbf{w'Le} = 2.672.020$, expressa em milhões de reais. Assim, descobrimos que esta corresponde a 51,8% do valor adicionado e 44,6% do PIB para esse ano. Para parcelas ajustadas a partir da inclusão do total do rendimento misto bruto, como uma medida grosseira a partir do sugerido pela Organização Internacional do Trabalho, teríamos 61,5% e 52,9%, respectivamente.

Do mesmo modo, poderíamos obter o total de ocupações para 2015: $\mathbf{l'Le} = 101.945.076$ postos de trabalho.[8] Ou o total do consumo intermediário de insumos importados: $\mathbf{i'DB_m Le} = 614.473$, também em milhões de reais. Exercícios dessa natureza servem ainda para que nos situemos com relação às tabelas apresentadas pelo IBGE, de modo a entendermos um pouco mais sobre a construção das matrizes insumo-produto.

No próximo capítulo serão apresentados alguns indicadores sintéticos, por atividade econômica, e faremos uma análise mais completa dos dados para as matrizes brasileiras. Por ora, e como uma preparação para tais indicadores, talvez seja interessante retomarmos o espírito de alguns exercícios do capítulo anterior, como o apresentado na equação (3.45), de modo a nos perguntarmos como a alteração de uma unidade na demanda final por uma atividade específica gera impactos ao longo da cadeia, o que pode ser feito, novamente, em termos de impostos, salários, ocupações etc.

Ainda sem apresentar um critério para a escolha, podemos eleger algumas atividades emblemáticas e nos perguntar, por exemplo, que diferença faria para o emprego se o mesmo milhão de reais fosse gasto em demanda final pelas atividades de agricultura, de abate e produtos de carne, ou de

[8] Seguiremos a convenção, conforme as TRU, de chamar de ocupações o que, na verdade, corresponde a postos de trabalho. Não estamos, portanto, entendendo ocupações como pessoas ocupadas, pois uma mesma pessoa poderia ocupar mais de um posto de trabalho. Por apego a velhos hábitos na literatura de insumo-produto, alternaremos os termos empregos e ocupações sempre tendo em mente esse significado mais amplo de postos de trabalho para empregados, empregadores e trabalhadores por conta própria.

fabricação de automóveis. Esses e outros exercícios estão apresentados no código para Scilab para os formatos com 55 e 67 atividades.

Alguns resultados ilustrativos sugerem, por exemplo, que cada milhão a mais de demanda final pela atividade de abate e produtos de carne em 2015 gera importação para consumo intermediário da ordem de 109 mil reais, enquanto cada milhão a mais de demanda final pela atividade de fabricação de automóveis gera importação para consumo intermediário da ordem de 274 mil reais. Ou que cada milhão de reais na demanda final pela agricultura gera aproximadamente 198 mil reais em salários, enquanto cada milhão de reais no abate e produtos de carne gera 370 mil em salários, diferença que diminui bastante ao somarmos salários e rendimento misto bruto gerados pelas demandas finais nas duas atividades, de aproximadamente 472 e 528 mil reais por milhão de demanda final, respectivamente.

Para as ocupações, um milhão de reais de demanda final, em 2015, geraria 23 ocupações se despendido na agricultura, 29 ocupações se despendido no abate e produtos de carne e 10 ocupações se despendido na fabricação de automóveis. No entanto, efetivamente, podemos constatar que a demanda final pela agricultura gerou, ao longo de toda a economia, em torno de 3,9 milhões de ocupações, enquanto 6 milhões de ocupações foram geradas nessa atividade em virtude da demanda final de todas as atividades somadas. Essa razão de 2:3 seria de quase 8:1 se tomássemos o exemplo da fabricação de automóveis: de um montante de 1,3 milhão de ocupações gerado pela demanda final por essa atividade, temos em torno de 170 mil ocupações na própria atividade.

Código para Scilab

4.3.4 Compatibilização das matrizes brasileiras

As derivações e exercícios apresentados até aqui para as matrizes brasileiras são perfeitamente adequados para tratarmos, separadamente, dos dados para 2000, 2005, 2010 e 2015. Todavia, os pares de matrizes 2000/2005 e 2010/2015 têm dimensões diferentes entre si. E se quiséssemos comparar os resultados entre todas essas matrizes? Como comparar diferentes atividades econômicas? As tentativas de compatibilização das matrizes, para que as comparações se tornassem possíveis, começaram tão logo a matriz de 2010 foi divulgada.[9]

Apesar dos inúmeros méritos de uma matriz que apresenta doze atividades a mais que o formato precedente e desagrega atividades que haviam se tornado demasiado agregadas para a análise insumo-produto,[10] algumas outras atividades foram fundidas, de modo que não podemos partir do princípio de que uma transformação de 67 para 55 atividades está disponível para as MIP 2010 e 2015.

[9] A MIP 2010 foi divulgada em 28 de setembro de 2016 e a MIP 2015 em 3 de agosto de 2018. O formato final para a agregação em 42 atividades aqui adotado segue a proposta do Grupo de Indústria e Competitividade da UFRJ. Agradeço a Patieene Alves Passoni pelas inúmeras discussões sobre a agregação possível para compatibilização das matrizes e pelos esclarecimentos acerca das opções tomadas no âmbito daquele grupo de pesquisa.

[10] Como era o caso de alimentos e bebidas, desmembrada em quatro atividades a partir de 2010.

Assim, uma inspeção detalhada da estrutura das atividades e um trabalho de criação de tradutores, expressos em matrizes de agregação na álgebra linear,[11] fazem-se necessários. Passaremos a essa análise, mas vale, desde já, deixar claro que a agregação torna possível somente a correspondência entre as atividades, sendo que há mais na passagem para o Sistema de Contas Nacionais na referência 2010 que mantém imperfeita qualquer comparação para matrizes estimadas com referências diferentes. Para os nossos propósitos, talvez a alteração mais importante seja a proveniente da reclassificação de parte da formação bruta de capital fixo, que antes era classificada como consumo intermediário e na nova referência passa a compor a demanda final.[12]

Um exemplo de agregação

Suponhamos um sistema econômico com 4 atividades, com o consumo intermediário apresentado numa matriz quadrada atividade × atividade e a produção total também classificada por atividade:

$$\mathbf{Q} = \begin{bmatrix} 2 & 3 & 4 & 3 \\ 1 & 1 & 5 & 2 \\ 4 & 4 & 4 & 1 \\ 2 & 2 & 3 & 3 \end{bmatrix} \tag{4.17}$$

[11] O "problema da agregação" e a mecânica para as matrizes de agregação é apresentada em Miller e Blair (2009, p. 160–162).

[12] "Alguns produtos computados como consumo intermediário na referência anterior do Sistema passaram a ser computados como formação bruta de capital fixo, atendendo à recomendação do SNA 2008. Incluem-se nessa mudança de tratamento os equipamentos militares (armas, tanques, submarinos e aviões) e a produção de *softwares*. As atividades de P&D e de Exploração e avaliação mineral passaram a ter uma produção imputada, estimada a partir de seus custos, destinada à formação bruta de capital fixo" (IBGE, 2016a, p. 79).

$$\mathbf{q} = \begin{bmatrix} 15 \\ 10 \\ 20 \\ 15 \end{bmatrix} \tag{4.18}$$

Se quísessemos, por algum bom motivo,[13] agregar as atividades 2 e 3, saberíamos que o vetor **q** seria reduzido de 4 para 3 linhas e que a nova atividade agregada apresentaria uma produção total de 30. Em termos de álgebra linear, uma representação dessa operação pode ser feita como se segue:

$$\begin{bmatrix} 1 & 0 & 0 & 0 \\ 0 & 1 & 1 & 0 \\ 0 & 0 & 0 & 1 \end{bmatrix} \begin{bmatrix} 15 \\ 10 \\ 20 \\ 15 \end{bmatrix} = \begin{bmatrix} 15 \\ 30 \\ 15 \end{bmatrix} \tag{4.19}$$

E para a matriz de consumo intermediário, qual deveria ser o procedimento? A mesma matriz de agregação que aparece pré-multiplicando o nosso vetor **q** deveria aparecer, agora, além de pré-multiplicando a matriz **Q**, também, através de sua transposta, pós-multiplicando-a, como a seguir:

$$\begin{bmatrix} 1 & 0 & 0 & 0 \\ 0 & 1 & 1 & 0 \\ 0 & 0 & 0 & 1 \end{bmatrix} \begin{bmatrix} 2 & 3 & 4 & 3 \\ 1 & 1 & 5 & 2 \\ 4 & 4 & 4 & 1 \\ 2 & 2 & 3 & 3 \end{bmatrix} \begin{bmatrix} 1 & 0 & 0 \\ 0 & 1 & 0 \\ 0 & 1 & 0 \\ 0 & 0 & 1 \end{bmatrix} = \begin{bmatrix} 2 & 7 & 3 \\ 5 & 14 & 3 \\ 2 & 5 & 3 \end{bmatrix} \tag{4.20}$$

Assim, após a agregação ser efetuada para a matriz de consumo intermediário e para o vetor de produção total (e também para o vetor ou matriz de demanda final, quando necessário), podemos recalcular os coeficientes técnicos e montar o esquema de Leontief em escala reduzida. Não há a necessidade de as atividades serem adjacentes para a realização da agregação e, comumente, num processo de compatibilização, a reordenação das

[13] Agregações geram vieses conhecidos (Miller e Blair, 2009, p. 165–167) e não devem ser efetuadas indiscriminadamente. Para fins de compatibilização, contudo, são indispensáveis e devem ser efetuadas parcimoniosamente, na medida das necessidades.

atividades também pode ser efetuada por meio da mesma matriz de agregação. Encerremos com um exemplo para a agregação das atividades 2 e 4 e, simultaneamente, reordenamento entre as atividades 1 e 3:

$$\begin{bmatrix} 0 & 0 & 1 & 0 \\ 0 & 1 & 0 & 1 \\ 1 & 0 & 0 & 0 \end{bmatrix} \begin{bmatrix} 15 \\ 10 \\ 20 \\ 15 \end{bmatrix} = \begin{bmatrix} 20 \\ 25 \\ 15 \end{bmatrix} \tag{4.21}$$

$$\begin{bmatrix} 0 & 0 & 1 & 0 \\ 0 & 1 & 0 & 1 \\ 1 & 0 & 0 & 0 \end{bmatrix} \begin{bmatrix} 2 & 3 & 4 & 3 \\ 1 & 1 & 5 & 2 \\ 4 & 4 & 4 & 1 \\ 2 & 2 & 3 & 3 \end{bmatrix} \begin{bmatrix} 0 & 0 & 1 \\ 0 & 1 & 0 \\ 1 & 0 & 0 \\ 0 & 1 & 0 \end{bmatrix} = \begin{bmatrix} 4 & 5 & 4 \\ 8 & 8 & 3 \\ 4 & 6 & 2 \end{bmatrix} \tag{4.22}$$

Código para Scilab

De volta à compatibilização das matrizes brasileiras

Naturalmente, no caso concreto para a economia brasileira, as matrizes de agregação são muito grandes para caberem na página de um livro. Assim, essas podem ser encontradas no código para Scilab disponibilizado, já com alguns exercícios testando os resultados da agregação a partir da utilização das matrizes de coeficientes técnicos e inversa de Leontief calculadas, agora, para 42 atividades econômicas.

A Tabela 4.1 apresenta as listas de atividades, conforme a nomenclatura do IBGE, para as versões com 67 e 55 atividades. Apresentamo-las somente para que se tenha uma ideia das escolhas não triviais envolvidas no processo de agregação, que fatalmente necessitam passar pelo escrutínio dos tradutores de acordo com a Classificação Nacional de Atividades Econômicas (CNAE 2.0 e 1.0, respectivamente, para as versões com 67 e 55 atividades) e pela pertinência das agregações de acordo com a natureza das atividades.

Tabela 4.1 – Lista para 67 e 55 atividades

1	Agricultura, inclusive o apoio à agricultura e a pós-colheita	1	Agricultura, silvicultura, exploração florestal
2	Pecuária, inclusive o apoio à pecuária	2	Pecuária e pesca
3	Produção florestal; pesca e aquicultura	3	Petróleo e gás natural
4	Extração de carvão mineral e de minerais não metálicos	4	Minério de ferro
5	Extração de petróleo e gás, inclusive as atividades de apoio	5	Outros da indústria extrativa
6	Extração de minério de ferro, inclusive beneficiamentos e a aglomeração	6	Alimentos e bebidas
7	Extração de minerais metálicos não ferrosos, inclusive beneficiamentos	7	Produtos do fumo
8	Abate e produtos de carne, inclusive os produtos do laticínio e da pesca	8	Têxteis
9	Fabricação e refino de açúcar	9	Artigos do vestuário e acessórios
10	Outros produtos alimentares	10	Artefatos de couro e calçados
11	Fabricação de bebidas	11	Produtos de madeira - exclusive móveis
12	Fabricação de produtos do fumo	12	Celulose e produtos de papel
13	Fabricação de produtos têxteis	13	Jornais, revistas, discos
14	Confecção de artefatos do vestuário e acessórios	14	Refino de petróleo e coque
15	Fabricação de calçados e de artefatos de couro	15	Álcool
16	Fabricação de produtos da madeira	16	Produtos químicos
17	Fabricação de celulose, papel e produtos de papel	17	Fabricação de resina e elastômeros
18	Impressão e reprodução de gravações	18	Produtos farmacêuticos
19	Refino de petróleo e coquerias	19	Defensivos agrícolas
20	Fabricação de biocombustíveis	20	Perfumaria, higiene e limpeza
21	Fabricação de químicos orgânicos e inorgânicos, resinas e elastômeros	21	Tintas, vernizes, esmaltes e lacas
22	Fabricação de defensivos, desinfestantes, tintas e químicos diversos	22	Produtos e preparados químicos diversos
23	Fabricação de produtos de limpeza, cosméticos/perfumaria e higiene pessoal	23	Artigos de borracha e plástico
24	Fabricação de produtos farmoquímicos e farmacêuticos	24	Cimento
25	Fabricação de produtos de borracha e de material plástico	25	Outros produtos de minerais não-metálicos
26	Fabricação de produtos de minerais não metálicos	26	Fabricação de aço e derivados
27	Produção de ferro-gusa/ferroligas, siderurgia e tubos de aço sem costura	27	Metalurgia de metais não ferrosos
28	Metalurgia de metais não-ferrosos e a fundição de metais	28	Produtos de metal - exclusive máquinas e equipamentos

Continua na próxima página

Tabela 4.1 – Lista para 67 e 55 atividades (continuação)

29	Fabricação de produtos de metal, exceto máquinas e equipamentos	29	Máquinas e equipamentos, inclusive manutenção e reparos
30	Fabricação de equipamentos de informática, produtos eletrônicos e ópticos	30	Eletrodomésticos
31	Fabricação de máquinas e equipamentos elétricos	31	Máquinas para escritório e equipamentos de informática
32	Fabricação de máquinas e equipamentos mecânicos	32	Máquinas, aparelhos e materiais elétricos
33	Fabricação de automóveis, caminhões e ônibus, exceto peças	33	Material eletrônico e equipamentos de comunicações
34	Fabricação de peças e acessórios para veículos automotores	34	Aparelhos/instrumentos médico-hospitalar, medida e óptico
35	Fabricação de outros equipamentos de transporte, exceto veículos automotores	35	Automóveis, camionetas e utilitários
36	Fabricação de móveis e de produtos de indústrias diversas	36	Caminhões e ônibus
37	Manutenção, reparação e instalação de máquinas e equipamentos	37	Peças e acessórios para veículos automotores
38	Energia elétrica, gás natural e outras utilidades	38	Outros equipamentos de transporte
39	Água, esgoto e gestão de resíduos	39	Móveis e produtos das indústrias diversas
40	Construção	40	Eletricidade e gás, água, esgoto e limpeza urbana
41	Comércio por atacado e varejo	41	Construção
42	Transporte terrestre	42	Comércio
43	Transporte aquaviário	43	Transporte, armazenagem e correio
44	Transporte aéreo	44	Serviços de informação
45	Armazenamento, atividades auxiliares dos transportes e correio	45	Intermediação financeira e seguros
46	Alojamento	46	Serviços imobiliários e aluguel
47	Alimentação	47	Serviços de manutenção e reparação
48	Edição e edição integrada à impressão	48	Serviços de alojamento e alimentação
49	Atividades de televisão, rádio, cinema e gravação/edição de som e imagem	49	Serviços prestados às empresas
50	Telecomunicações	50	Educação mercantil
51	Desenvolvimento de sistemas e outros serviços de informação	51	Saúde mercantil
52	Intermediação financeira, seguros e previdência complementar	52	Outros serviços
53	Atividades imobiliárias	53	Educação pública
54	Atividades jurídicas, contábeis, consultoria e sedes de empresas	54	Saúde pública
55	Serviços de arquitetura, engenharia, testes/análises técnicas e P&D	55	Administração pública e seguridade social
56	Outras atividades profissionais, científicas e técnicas		
57	Aluguéis não imobiliários e gestão de ativos de propriedade intelectual		
58	Outras atividades administrativas e serviços complementares		
59	Atividades de vigilância, segurança e investigação		
60	Administração pública, defesa e seguridade social		
61	Educação pública		
62	Educação privada		
63	Saúde pública		
64	Saúde privada		
65	Atividades artísticas, criativas e de espetáculos		

Continua na próxima página

Tabela 4.1 – Lista para 67 e 55 atividades (continuação)

66	Organizações associativas e outros serviços pessoais
67	Serviços domésticos

Apesar de indesejável, muitas vezes se torna inevitável para a compatibilização a agregação de atividades que julgamos importantes e sobre as quais gostaríamos de manter informações detalhadas a respeito. Esse foi o caso, por exemplo, da agregação das atividades de fabricação de máquinas e equipamentos mecânicos, eletrônicos, de informática e ópticos (fundida ainda com a manutenção, reparação e instalação dessas) com a fabricação de móveis e produtos de indústrias diversas, mantendo-se separada somente a fabricação de equipamentos elétricos e eletrodomésticos, ou ainda a agregação de todos os outros serviços prestados a empresas e famílias com os demais serviços de manutenção e reparação.

Na Tabela 4.2, tal proposta de agregação está apresentada, com alguma mescla das nomenclaturas utilizadas nas versões para 55 e 67 atividades e sinais de + quando há agregação das atividades da versão para 55 atividades, exceção feita aos exemplos do parágrafo anterior. A transição de 67 para 42 atividades pode ser compreendida pela análise pormenorizada das matrizes de agregação apresentadas para Scilab, assim como é verdade que um entendimento mais apurado da transição de 55 para 42 atividades deve ocorrer somente dessa forma.

Código para Scilab

Tabela 4.2 – Uma agregação para 42 atividades

1	Agricultura, silvicultura, exploração florestal + Pecuária e pesca
2	Petróleo e gás natural
3	Minério de ferro
4	Outros da indústria extrativa
5	Alimentos e bebidas
6	Produtos do fumo
7	Têxteis
8	Artigos do vestuário e acessórios
9	Artefatos de couro e calçados
10	Produtos de madeira - exclusive móveis
11	Celulose e produtos de papel
12	Impressão e reprodução de gravações
13	Refino de petróleo e coque
14	Biocombustíveis
15	Produtos químicos + Fabricação de resina e elastômeros + Produtos e preparados químicos diversos
16	Produtos farmacêuticos
17	Perfumaria, higiene e limpeza
18	Defensivos agrícolas + Tintas, vernizes, esmaltes e lacas
19	Artigos de borracha e plástico
20	Cimento + Outros produtos de minerais não-metálicos
21	Fabricação de aço e derivados
22	Metalurgia de metais não ferrosos
23	Produtos de metal - exclusive máquinas e equipamentos
24	Máquinas e equipamentos + Móveis e produtos das indústrias diversas
25	Eletrodomésticos e equipamentos elétricos
26	Automóveis, camionetas e utilitários + Caminhões e ônibus
27	Peças e acessórios para veículos automotores
28	Outros equipamentos de transporte
29	Eletricidade e gás, água, esgoto e limpeza urbana
30	Construção
31	Comércio
32	Transporte, armazenagem e correio
33	Alojamento e alimentação
34	Serviços de informação
35	Intermediação financeira e seguros
36	Serviços imobiliários e aluguel
37	Outros serviços prestados a empresas e famílias + Serviços de manutenção e reparação
38	Administração pública, defesa e seguridade social
39	Educação pública
40	Educação privada
41	Saúde pública
42	Saúde privada

4.3.5 Matrizes atualizadas e outras fontes de dados

Uma busca frequente entre os usuários de matrizes insumo-produto diz respeito à atualização das matrizes a partir de dados preliminares para as Contas Nacionais, como os das Tabelas de Recursos e Usos (TRU), com a necessária passagem do consumo intermediário e da demanda final para preços básicos e a aplicação de alguma regra de proporcionalidade para estimar a parcela produzida nacionalmente, como já notamos anteriormente.

Apesar de não nos ocuparmos da descrição detalhada das técnicas, estas consistem em tentativas de estimação das matrizes de passagem para margens de comércio e de transporte e para impostos indiretos, de modo que possamos fazer a transição para preços básicos, sempre em conjunto com a aplicação do método RAS (ou alguma variante) de balanceamento biproporcional de matrizes.

Matrizes atualizadas a partir dessas técnicas, por melhor que sejam a concepção e a aplicação, carregarão vieses com relação a uma matriz oficialmente divulgada pelo IBGE tomada como base e sempre distorcerão, em alguma medida, os montantes a preços básicos. Ainda assim, séries de dados anuais para as matrizes insumo-produto são úteis em diversas aplicações e, felizmente, há uma grande produção nacional recente que possibilita a geração dessas, a exemplo de Grijó e Bêrni (2006), Guilhoto e Sesso Filho (2005, 2010), Martinez (2014, 2016) e Passoni e Freitas (2018).

Assim, temos as seguintes fontes alternativas de dados anuais para matrizes insumo-produto brasileiras: (i) o sítio do Nereus,[14] grupo de pesquisa sediado na USP, que, seguindo a metodologia proposta em Guilhoto e Sesso Filho (2005, 2010), fornece matrizes de 1995 a 2009 para 42 atividades, de 2000 a 2009 para 56 atividades e de 2010 a 2018 para 68 atividades; (ii) o apêndice do texto para discussão de Martinez (2016), hospedado no sítio do Ipea,[15] que contém tabelas para 55 atividades de 2000 a 2009; e (iii) o sítio do Grupo de Indústria e Competitividade (GIC)[16] do Instituto de Economia da UFRJ, que disponibiliza matrizes com 67 atividades para o período de 2010 a 2018 e com 42 atividades para o período 2000-2018.

Além dessas estimativas produzidas no Brasil, matrizes nacionais para diversos países, inclusive o Brasil, foram estimadas no âmbito do projeto do

[14] https://www.usp.br/nereus

[15] https://ppe.ipea.gov.br/index.php/ppe/article/view/2044/1251

[16] https://www.ie.ufrj.br/index.php/gic

World Input-Output Database — WIOD,[17] no formato 35 × 35 atividades para 40 países entre os anos de 1995 e 2011 e no formato 56 × 56 para 43 países entre os anos de 2000 e 2014. Timmer *et al.* (2015) apresenta um guia para a utilização dessa base de dados, a qual apresenta também uma matriz que capta fluxos entre os países estudados (e para o resto do mundo não incluído no projeto) e ainda estimativas para emissão de gás carbônico, utilização de energia e estoque de capital, por atividade, as quais não estão presentes nas nossas matrizes oficiais.

A última versão da base de dados disponibilizada pela OECD — *Organisation for Economic Co-operation and Development*[18] — contempla 36 atividades econômicas para todos os países pertencentes à organização e mais 28 não membros, o que inclui o Brasil, totalizando 64 países, sendo que as matrizes mais atuais são disponibilizadas para os anos de 2005 a 2015. O projeto recente da Eurostat, órgão estatístico para a União Europeia, denominado FIGARO — *Full International and Global Accounts for Research in input-Output analysis*[19] — compila dados para 45 países de 2010 a 2019. Essa base utiliza a classificação da OECD para dados dos 16 principais parceiros comerciais da União Europeia, o que também inclui o Brasil, disponibilizando uma abertura para 30 atividades (17 atividades para as projeções dos dois anos mais recentes). Para os 27 membros da União Europeia somados a Reino Unido e Estados Unidos, a desagregação contempla 64 atividades (21 atividades para as projeções dos dois anos mais recentes).

[17]https://www.rug.nl/ggdc/valuechain/wiod

[18]https://www.oecd.org/sti/ind/input-outputtables.htm

[19]https://ec.europa.eu/eurostat/web/esa-supply-use-input-tables/data/database

Capítulo 5

Indicadores sintéticos

Uma óbvia dificuldade ao tratarmos de matrizes insumo-produto para economias reais está em resumir as informações encontradas, muitas das quais giram em torno dos elementos da inversa de Leontief. No caso das matrizes apresentadas no capítulo anterior, são 4489 elementos para a versão com 67 atividades e 3025 elementos para a versão com 55 atividades; na versão compatibilizada, 42×42, ainda restam 1764 elementos.

Desse modo, o trabalho de síntese e representação das informações não pode ser colocado em segundo plano. Apresentaremos, neste capítulo, medidas sintéticas baseadas nos multiplicadores, nas medidas de encadeamento para frente e para trás e no método da extração hipotética. Essas constituem as principais medidas encontradas em Miller e Blair (2009, caps. 6 e 12), mas não exaurem, de modo algum, a busca pelos indicadores sintéticos na análise insumo-produto. Indicadores adicionais podem ser encontrados em Guilhoto (2011) ou em Schuschny (2005), por exemplo, e referências à literatura relacionada serão realizadas no decorrer do capítulo.

5.1 Multiplicadores

Quando, no capítulo anterior, os primeiros exercícios com matrizes insumo-produto reais foram propostos, utilizamos o artifício de tomar uma unidade de demanda final por alguma atividade e analisar os impactos em termos de importações, salários, ocupações etc. Exercícios dessa natureza se baseiam na pós-multiplicação de um vetor formado por zeros, à exceção da atividade selecionada, para a qual temos um número 1 na linha adequada, pela inversa de Leontief. Para a segunda atividade, por exemplo, teríamos:

$$(\mathbf{I}-\mathbf{A})^{-1}\begin{bmatrix}0\\1\\0\\\vdots\\0\end{bmatrix} \tag{5.1}$$

o que, a rigor, significa que estamos selecionando somente a segunda coluna da matriz inversa de Leontief, exemplo que pode ser generalizado para qualquer atividade.

Quando selecionamos uma coluna qualquer da inversa de Leontief, podemos observar, portanto, o espraiamento daquela unidade de demanda final em termos da produção naquela atividade selecionada e em todas as outras, o que reflete os requisitos diretos e indiretos para consumo intermediário. E se quiséssemos somar todos os elementos dessa coluna selecionada para entendermos como a demanda final impacta a produção total ao longo da economia (na própria e em todas as outras atividades)? Continuando o exemplo, teríamos:

$$\begin{bmatrix}1 & 1 & \cdots & 1\end{bmatrix}(\mathbf{I}-\mathbf{A})^{-1}\begin{bmatrix}0\\1\\0\\\vdots\\0\end{bmatrix} \tag{5.2}$$

Generalizando e obtendo a mesma medida para todas as atividades econômicas, temos a expressão dos chamados multiplicadores de produção, os quais mensuram, portanto, quanto uma unidade de demanda final por cada atividade gera em termos de produção total, contabilizando todos os elos da cadeia:

$$\text{multiplicadores de produção: } \mathbf{i}'(\mathbf{I}-\mathbf{A})^{-1} \tag{5.3}$$

A expressão resulta num vetor-linha com tantos elementos quantas sejam as atividades, o qual pode ser utilizado como medida dos encadeamentos num sistema econômico, contabilizando as ligações para trás resultantes de uma unidade de demanda final; em outras palavras, contabilizando os requisitos diretos e indiretos resultantes da demanda final por cada atividade econômica.[1]

Assim, comparações entre os elementos desse vetor em termos de grau de encadeamento das atividades econômicas podem ser prontamente realizadas, com a ressalva de que estamos tratando, até aqui, dos encadeamentos a montante ou para trás (*backward linkages*) do sistema econômico.

Ainda seguindo os exercícios do capítulo anterior e dadas as definições para os vetores de coeficientes de salários (originais ou ajustados para incluir o rendimento misto bruto — $\mathbf{w}$ e $\mathbf{w_a}$), de impostos indiretos, $\mathbf{t_p}$, e de ocupações, $\mathbf{l}$, todos calculados por unidade de produção em cada atividade, poderíamos assim definir um conjunto de multiplicadores:[2]

[1] A contabilização somente dos requisitos diretos por unidade de produto, análoga à apresentada nos multiplicadores de produção e que pode ser expressa por $\mathbf{i}'\mathbf{A}$, foi pioneiramente efetuada por Chenery e Watanabe (1958) visando uma comparação entre países.

[2] Que poderia incluir outros multiplicadores, por exemplo, para o total do valor adicionado. No caso das *ocupações*, o mais comum é falar de um vetor $\mathbf{l}$ que contém coeficientes diretos de *trabalho* e chamar os multiplicadores obtidos via $\mathbf{l}'(\mathbf{I}-\mathbf{A})^{-1}$ de multiplicadores de *emprego*. Entretanto, devemos lembrar que estamos normalmente tratando de postos de trabalho, que convencionamos anteriormente chamar de ocupações, também aplicáveis a empregadores e trabalhadores por conta própria, além dos empregados, como é o caso para as tabelas nacionais.

$$\text{multiplicadores de salários: } \mathbf{w}'(\mathbf{I} - \mathbf{A})^{-1} \tag{5.4}$$

$$\text{multiplicadores de salários ajustados: } \mathbf{w}'_{\mathbf{a}}(\mathbf{I} - \mathbf{A})^{-1} \tag{5.5}$$

$$\text{multiplicadores de impostos: } \mathbf{t}'_{\mathbf{p}}(\mathbf{I} - \mathbf{A})^{-1} \tag{5.6}$$

$$\text{multiplicadores de ocupações: } \mathbf{l}'(\mathbf{I} - \mathbf{A})^{-1} \tag{5.7}$$

Multiplicadores para o Brasil em 2015

Façamos os cálculos para o conjunto dos cinco multiplicadores propostos para os últimos dados disponíveis para o Brasil, com 67 atividades para o ano de 2015. No que tange aos multiplicadores de produção, os maiores valores foram encontrados para as atividades 8 – Abate e produtos de carne, inclusive os produtos do laticínio e da pesca; 19 – Refino de petróleo e coquerias; e 9 – Fabricação e refino de açúcar, denotando elevados encadeamentos para essas atividades (valores destacados em negrito na Tabela 5.1). A interpretação é a seguinte: dado o incremento de um milhão de reais na demanda final pela atividade 8, 2 milhões e 511 mil reais são gerados em termos de valor bruto de produção em toda a economia brasileira (o que inclui o milhão de reais inicial de demanda final). Interpretando os demais multiplicadores para essa mesma atividade, teríamos o seguinte, para o mesmo milhão de reais de demanda final: 370 mil reais são gerados em salários, 528 mil em salários ajustados (ou seja, 158 mil em rendimento misto bruto), 234 mil em impostos indiretos e, finalmente, 29 ocupações são geradas em virtude desse milhão de reais em demanda final.

Outros destaques, ainda em termos de produção total, poderiam incluir, além das já mencionadas atividades de refino de petróleo e coquerias (2,4836) e de fabricação de açúcar (2,4088), as atividades de fabricação de biocombustíveis (2,3794), outros produtos alimentares (2,3555), fabricação de bebidas (2,2203), fabricação de produtos de limpeza, cosméticos/perfumaria e higiene pessoal (2,1856) e fabricação de automóveis, caminhões e ônibus, exceto peças (2,1800). Vale destacar que, por não contabilizar consumo intermediário, a atividade 67, serviços domésticos, apresenta um multiplicador da produção de 1, motivo pelo qual não mencionaremos essa atividade na análise dos demais multiplicadores.

Para os salários, os destaques ficam por conta da demanda final por educação pública (0,8630), atividades de vigilância, segurança e investigação (0,7621) e saúde pública (0,7567). Com a inclusão do rendimento misto bruto, os maiores multiplicadores para os salários ajustados continuam com essas atividades. Para as atividades relacionadas ao setor público, não é de se estranhar tais resultados, dada a própria forma de cálculo do valor adicionado factível a esse, pela ótica da renda, além da especificidade do setor público quanto à geração de lucro, quase que ausente diretamente. A interpretação para as atividades de vigilância, segurança e investigação, por exemplo, é a de que um milhão de demanda final por tais atividades resulta em 762 mil reais de salários em toda a economia brasileira.

No concernente aos impostos indiretos (sobre produção, circulação e importação, líquidos de subsídios), as atividades com maior potencial de arrecadação por unidade de demanda final são fabricação de produtos do fumo, com 619 mil reais a cada milhão de demanda final, fabricação de produtos de limpeza, cosméticos/perfumaria e higiene pessoal, com 618 mil reais a cada milhão de demanda final, e confecção de artefatos do vestuário e acessórios, com 480 mil arrecadados por milhão de reais na demanda final. Afora as especificidades da tributação sobre o fumo e as bebidas alcoólicas, que levam a fabricação de bebidas ao quarto posto, com 451 mil por unidade de demanda final, a atividade de fabricação de produtos de informática, produtos eletrônicos e ópticos, com 404 mil por milhão de demanda final, fecha a lista das cinco atividades com maior potencial de arrecadação.

Para as ocupações, as atividades de pecuária (53 ocupações a cada milhão de reais de demanda final), confecção de artefatos do vestuário e acessórios (38 ocupações), organizações associativas e outros serviços pessoais (34 ocupações), produção florestal, pesca e aquicultura (34 ocupações) e atividades artísticas, criativas e de espetáculos (33 ocupações) encabeçam a lista dos multiplicadores. Em conjunto com os serviços domésticos, a respeito dos quais não cabe falarmos em multiplicador (103 ocupações por milhão de reais, mas somente contabilizando a própria atividade), vale destacar aqui que tais atividades podem ser identificadas como de baixa remuneração ou de baixa produtividade,[3] o que torna forçoso lembrar que estamos tratando de ocupações pela mesma unidade de demanda final, sem levar em conta os pesos de cada atividade na demanda final ou na produção total.

Considerações acerca da ponderação dos multiplicadores de produção suscitaram um debate, em grande medida estéril, a respeito da adequação do uso de multiplicadores de produção para medir os encadeamentos em uma economia. O uso desses foi proposto por Yotopoulos e Nugent (1973) e um simpósio sobre sua adequação se seguiu em edição do QJE que contém as críticas de Laumas (1976), Boucher (1976), Riedel (1976) e Jones (1976), além da defesa de Yotopoulos e Nugent (1976). Os críticos acabam por advogar pelos conhecidos índices de poder de dispersão de Rasmussen[4] para medir encadeamentos para trás, a serem apresentados na próxima seção, sendo que Jones (1976) advoga também pelo uso da sensibilidade da dispersão para a medição de encadeamentos para frente (ou a jusante — *forward linkages*).

Laumas (1976), corretamente, ao chamar a atenção para o fato de que os multiplicadores são medidas não ponderadas, acaba por incorrer em erro ao acreditar que as medidas de Rasmussen seriam "devidamente ponderadas" (Laumas, 1976, p. 309). Como veremos, as medidas de Rasmussen-Hirschman para encadeamentos a montante são simplesmente normalizações dos multiplicadores de produção.

[3] A rigor, teríamos aqui uma medida de produtividade verticalmente integrada, como veremos na discussão que perpassa os Capítulos 8 e 9.

[4] Por vezes chamados de índices de Rasmussen-Hirschman; o trabalho pioneiro de Rasmussen (1956) foi citado por Hirschman (1958, p. 108) como exemplo para a obtenção de indicadores de encadeamentos a montante que consideram efeitos diretos e indiretos.

Tabela 5.1 – Multiplicadores para o Brasil em 2015, definidos entre (5.3) e (5.7)

	Atividade	i	w	w_a	t_p	l
1	Agricultura, inclusive o apoio à agricultura e a pós-colheita	1,7237	0,1976	0,4724	0,0990	23,5
2	Pecuária, inclusive o apoio à pecuária	1,7950	0,2900	0,6093	0,1153	**52,7**
3	Produção florestal; pesca e aquicultura	1,3636	0,1274	0,5074	0,1334	33,7
4	Extração de carvão mineral e de minerais não metálicos	1,8271	0,3582	0,4049	0,1798	12,0
5	Extração de petróleo e gás, inclusive as atividades de apoio	1,7061	0,2813	0,3117	0,0819	5,1
6	Extração de minério de ferro, inclusive beneficiamentos e a aglomeração	1,7853	0,2485	0,2811	0,0815	6,4
7	Extração de minerais metálicos não ferrosos, inclusive beneficiamentos	2,0507	0,3445	0,3797	0,1401	8,9
8	Abate e produtos de carne, inclusive os produtos do laticínio e da pesca	**2,5107**	0,3700	0,5278	0,2335	28,6
9	Fabricação e refino de açúcar	**2,4088**	0,3880	0,5536	0,2049	19,9
10	Outros produtos alimentares	2,3555	0,3528	0,4753	0,2427	18,6
11	Fabricação de bebidas	2,2203	0,3563	0,4070	0,4506	11,6
12	Fabricação de produtos do fumo	2,1772	0,2838	0,4209	**0,6185**	15,0
13	Fabricação de produtos têxteis	2,0236	0,4064	0,4929	0,3232	23,3
14	Confecção de artefatos do vestuário e acessórios	1,8614	0,4782	0,6116	**0,4797**	**37,8**
15	Fabricação de calçados e de artefatos de couro	2,0980	0,4678	0,5240	0,3902	23,0
16	Fabricação de produtos da madeira	1,9557	0,4041	0,5360	0,1996	25,1
17	Fabricação de celulose, papel e produtos de papel	2,0272	0,3426	0,3974	0,2041	10,8
18	Impressão e reprodução de gravações	1,8267	0,4673	0,5259	0,2342	16,4
19	Refino de petróleo e coquerias	**2,4836**	0,2052	0,2390	0,4031	5,1
20	Fabricação de biocombustíveis	2,3794	0,3531	0,4985	0,2944	17,5
21	Fabricação de químicos orgânicos e inorgânicos, resinas e elastômeros	2,0147	0,2414	0,2686	0,2203	5,9
22	Fabricação de defensivos, desinfestantes, tintas e químicos diversos	1,9968	0,3129	0,3481	0,2344	7,5
23	Fabricação de produtos de limpeza, cosméticos/perfumaria e higiene pessoal	2,1856	0,3660	0,4284	**0,6182**	12,1
24	Fabricação de produtos farmoquímicos e farmacêuticos	1,7656	0,3717	0,4125	0,3478	8,2
25	Fabricação de produtos de borracha e de material plástico	2,0235	0,3940	0,4292	0,2361	11,0
26	Fabricação de produtos de minerais não metálicos	2,1129	0,4420	0,4898	0,2532	14,9
27	Produção de ferro-gusa/ferroligas, siderurgia e tubos de aço sem costura	2,1479	0,3418	0,3819	0,1541	8,9
28	Metalurgia de metais não ferrosos e a fundição de metais	2,1284	0,3138	0,3499	0,1554	9,3
29	Fabricação de produtos de metal, exceto máquinas e equipamentos	1,9718	0,4408	0,5011	0,2136	14,4
30	Fabricação de equipamentos de informática, produtos eletrônicos e ópticos	1,6837	0,2723	0,3005	0,4039	7,1
31	Fabricação de máquinas e equipamentos elétricos	2,0685	0,4225	0,4578	0,3355	10,4
32	Fabricação de máquinas e equipamentos mecânicos	1,8753	0,4319	0,4635	0,2028	10,2
33	Fabricação de automóveis, caminhões e ônibus, exceto peças	2,1800	0,4080	0,4445	0,3471	9,6
34	Fabricação de peças e acessórios para veículos automotores	2,0757	0,4781	0,5111	0,2261	11,4
35	Fabricação de outros equipamentos de transporte, exceto veículos automotores	1,9199	0,3899	0,4184	0,2080	8,6
36	Fabricação de móveis e de produtos de indústrias diversas	1,8168	0,4011	0,4545	0,3788	18,4
37	Manutenção, reparação e instalação de máquinas e equipamentos	1,7488	0,3573	0,4437	0,1366	13,7
38	Energia elétrica, gás natural e outras utilidades	2,0857	0,2185	0,2400	0,3270	4,9
39	Água, esgoto e gestão de resíduos	1,5764	0,3842	0,4377	0,1070	12,6
40	Construção	1,7992	0,3686	0,5300	0,1278	20,3
41	Comércio por atacado e varejo	1,5387	0,4312	0,5239	0,0616	21,3
42	Transporte terrestre	1,9900	0,3992	0,4888	0,1728	16,8
43	Transporte aquaviário	1,7219	0,4173	0,4539	0,2249	7,6

Continua na próxima página

Tabela 5.1 – Multiplicadores para o Brasil em 2015, definidos entre (5.3) e (5.7) (continuação)

44	Transporte aéreo	1,8585	0,3670	0,3931	0,1518	7,2
45	Armazenamento, atividades auxiliares dos transportes e correio	1,5900	0,5065	0,5428	0,1124	12,2
46	Alojamento	1,6961	0,5363	0,6091	0,2033	24,9
47	Alimentação	1,8283	0,3633	0,5582	0,2046	29,5
48	Edição e edição integrada à impressão	1,7329	0,5167	0,5691	0,1032	14,4
49	Atividades de televisão, rádio, cinema e gravação/edição de som e imagem	1,7246	0,4214	0,4804	0,1050	11,1
50	Telecomunicações	1,8145	0,3050	0,3406	0,3217	8,5
51	Desenvolvimento de sistemas e outros serviços de informação	1,3759	0,4762	0,5508	0,0769	9,6
52	Intermediação financeira, seguros e previdência complementar	1,4859	0,3820	0,4039	0,1674	5,8
53	Atividades imobiliárias	1,1093	0,0386	0,0502	0,0126	1,4
54	Atividades jurídicas, contábeis, consultoria e sedes de empresas	1,4240	0,3882	0,5649	0,0864	12,7
55	Serviços de arquitetura, engenharia, testes/análises técnicas e P&D	1,4387	0,4206	0,5946	0,0922	11,9
56	Outras atividades profissionais, científicas e técnicas	1,9910	0,3678	0,4624	0,1237	12,6
57	Aluguéis não imobiliários e gestão de ativos de propriedade intelectual	1,4195	0,3268	0,3591	0,2599	10,5
58	Outras atividades administrativas e serviços complementares	1,3889	0,5690	0,6158	0,0863	23,0
59	Atividades de vigilância, segurança e investigação	1,2215	**0,7621**	**0,7955**	0,0673	23,5
60	Administração pública, defesa e seguridade social	1,4078	0,7157	0,7327	0,0418	10,6
61	Educação pública	1,2421	**0,8630**	**0,8742**	0,0222	16,2
62	Educação privada	1,3937	0,7132	0,7762	0,0511	25,6
63	Saúde pública	1,4646	**0,7567**	**0,7819**	0,0423	15,9
64	Saúde privada	1,5256	0,4349	0,6089	0,0756	18,6
65	Atividades artísticas, criativas e de espetáculos	1,5926	0,4390	0,6155	0,2290	33,1
66	Organizações associativas e outros serviços pessoais	1,6637	0,4250	0,6232	0,0767	**34,0**
67	Serviços domésticos	1,0000	1,0000	1,0000	0,0000	102,9

Código para Scilab

5.2 Medidas de encadeamento normalizadas

A busca por medidas de encadeamento normalizadas que nos permitissem a identificação de atividades-chave (setores-chave ou indústrias-chave são termos mais usuais), como em Rasmussen (1956, p. 135), encontrou em Hirschman (1958) um grande exemplo de aplicação. Interessado na forma pela qual a implantação de uma nova atividade induziria a implantação de outras atividades num sistema econômico, esse autor se debruçou sobre trabalhos que propunham medidas de ligação obtidas a partir da análise insumo-produto, concluindo, a partir de Chenery e Watanabe (1958), que algum ranqueamento das atividade em termos da combinação de ligações a montante e a jusante seria útil, mas que seriam mais adequadas medidas que levassem em conta os impactos diretos e indiretos a partir da inversa de Leontief, como as que ele encontrou no trabalho de um "economista dinamarquês" (Hirschman, 1958, p. 107–108) — referindo-se especificamente à medida de poder de dispersão encontrada em Rasmussen (1956, p. 128–129).

Considerando que a obtenção dos nossos multiplicadores de produção foi expressa simplesmente por $\mathbf{i}'(\mathbf{I}-\mathbf{A})^{-1}$, medidas normalizadas para esses, a partir da divisão de cada multiplicador pela média dos multiplicadores, podem ser representadas por:

$$\text{poder de dispersão: } n \times \frac{\mathbf{i}'(\mathbf{I}-\mathbf{A})^{-1}}{\mathbf{i}'(\mathbf{I}-\mathbf{A})^{-1}\mathbf{i}} \tag{5.8}$$

com n para o número de atividades. Essa é a medida conhecida como poder de dispersão e, como uma medida normalizada, o ranqueamento entre as atividades a partir desta tem que ser o mesmo que encontraríamos tomando os multiplicadores de produção como referência. A vantagem do uso dessa medida normalizada está em identificarmos facilmente quais atividades apresentam encadeamentos acima da média, com poder de dispersão maior que 1, e quais atividades apresentam encadeamentos abaixo da média, caso em que o poder de dispersão será inferior a 1.

Os encadeamentos para frente não foram trabalhados até aqui, pois, em um modelo usual de Leontief, pelo lado da demanda, a direção de causalidade típica implica encadeamentos a montante (Miller e Blair, 2009, p. 555). Por tratar-se de necessidades para determinada demanda final, os impactos para trás na cadeia são considerados mais confiáveis, sendo que uma demanda ampliada por insumos intermediários parece ser mais efetiva para induzir a produção a montante do que uma oferta ampliada de insumos poderia fazer com relação à produção a jusante.[5]

No entanto, a escolha de atividades-chave normalmente passa pela consideração de encadeamentos para trás e para frente, de modo que devemos apresentar aqui também medidas relativas à sensibilidade da dispersão, no espírito de Rasmussen (1956, p. 130). Por muito tempo foi usual, ao lado das somas dos elementos ao longo de cada coluna da inversa de Leontief para expressar encadeamentos para trás, proceder-se às somas dos elementos ao longo de cada linha para expressar os encadeamentos para frente, com a normalização adequada a ser realizada posteriormente. No entanto, dadas algumas insatisfações com o exercício assim efetuado, tem-se tornado mais comum reespecificar completamente um modelo de Ghosh (1958) pelo lado da oferta para o cálculo de tais indicadores.[6]

Obtivemos, na equação (4.4), nossa matriz de coeficientes técnicos a partir de $\mathbf{A} = \mathbf{DU_n}\widehat{\mathbf{g}}^{-1}$. Analogamente, se definíssemos

$$\mathbf{B} = \widehat{\mathbf{g}}^{-1}\mathbf{DU_n} \tag{5.9}$$

[5] Ver também Yotopoulos e Nugent (1976, p. 335) a esse respeito, além das considerações do próprio Hirschman (1958, p. 116), segundo as quais os encadeamentos a montante são mais nítidos e refletem pressões na demanda, enquanto os encadeamentos a jusante nunca podem ocorrer em sua "forma pura". Rasmussen (1956, p. 135), em sua definição de indústria-chave, considera somente sua medida normalizada a montante, o índice de poder de dispersão.

[6] Beyers (1976, p. 231) argumenta que estudos anteriores "calcularam medidas de encadeamentos para frente baseadas na intensidade dos encadeamentos para trás", enquanto Jones (1976, p. 327) é explícito ao afirmar que "as somas das linhas da inversa de Leontief [...] não fornecem uma medida dos encadeamentos para frente simétrica àquela fornecida pelas somas das colunas para os encadeamentos para trás". Ambos os autores sugerem medidas a partir da inversa de Ghosh (1958) como as aqui apresentadas. Miller e Blair (2009, cap. 12) apresentam a especificação completa do modelo de Ghosh, bem como comparações com o modelo de Leontief, e, ainda, os próprios indicadores de encadeamento.

sendo que a inversa de Ghosh seria dada por $\mathbf{G} = (\mathbf{I} - \mathbf{B})^{-1}$, poderíamos assim conceber uma medida normalizada dos encadeamentos para frente:

$$\text{sensibilidade da dispersão: } n \times \frac{(\mathbf{I} - \mathbf{B})^{-1}\mathbf{i}}{\mathbf{i}'(\mathbf{I} - \mathbf{B})^{-1}\mathbf{i}} \quad (5.10)$$

Representações gráficas para os encadeamentos no Brasil

Uma vez que tenhamos calculado as medidas de encadeamento para trás e para frente, no que concerne às 67 atividades disponíveis para o Brasil em 2015, podemos representá-las graficamente, como na Figura 5.1. Como podemos notar, não são muitas as atividades que, simultaneamente, apresentam encadeamentos acima da média tanto para trás quanto para frente. Essas dezenove atividades-chave estão identificadas em negrito na Tabela 5.2, que também traz resultados dos exercícios de extração hipotética (explicados na próxima seção) para o mesmo ano, inclusive no intuito de cruzarmos esses dois conjuntos de resultados.

Das atividades destacadas na seção anterior por apresentarem elevados multiplicadores de produção, somente a fabricação de biocombustíveis, a quarta atividade com mais encadeamentos a montante, também satisfaz o critério de apresentar encadeamentos a jusante acima da média. A primeira atividade classificada como atividade-chave, extração de carvão mineral e de minerais não metálicos (4), destaca-se muito mais pelo potencial de fornecer insumos, ou seja, pelos encadeamentos para frente, do que pelos encadeamentos para trás. O contrário ocorre com a atividade 20, fabricação de biocombustíveis, por exemplo.

Do trecho do gráfico que vai das atividades 16 a 22, o maior destaque fica para o refino de petróleo e coquerias, com grande potencial de encadeamentos para trás (segunda entre todas as atividades) e para frente (quinta entre todas as atividades), com um perfil bastante balanceado entre os dois tipos de encadeamentos — e isso serve para a comparação entre todas as 67 atividades. Merece destaque também a fabricação de químicos orgâni-

Figura 5.1 – Encadeamentos para o Brasil em 2015

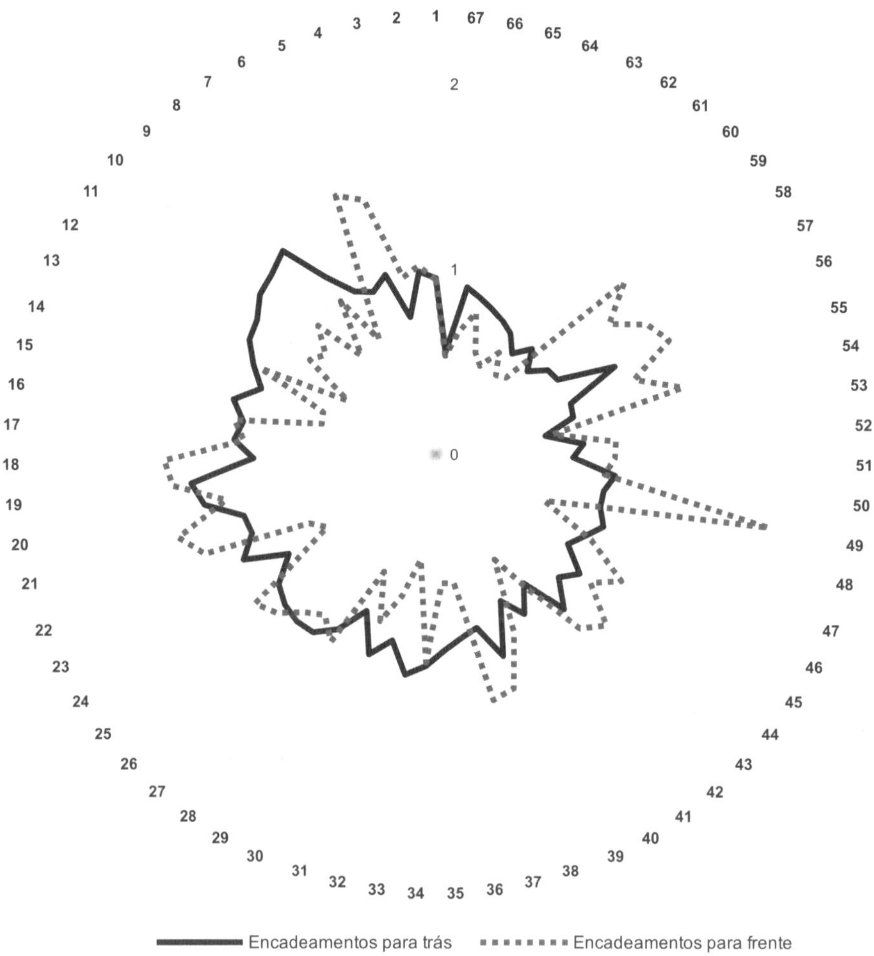

cos e inorgânicos, resinas e elastômeros, sobretudo pela sua capacidade de encadeamentos a jusante.

No grupo que vai das atividade 25 a 29, destaca-se a fabricação de produtos de borracha e de material plástico, mormente pelos impactos para frente, e fabricação de produtos de minerais não metálicos, com um perfil mais balanceado. Constituem ainda atividades-chave: 34 — Fabricação de peças e acessórios para veículos automotores —, 38 — Energia elétrica, gás natural e outras atividades —, 42 — Transporte terrestre —, 44 — Transporte aéreo — e 56 — Outras atividades profissionais, científicas e técnicas.

Figura 5.2 – Encadeamentos a montante: 2000, 2005, 2010 e 2015

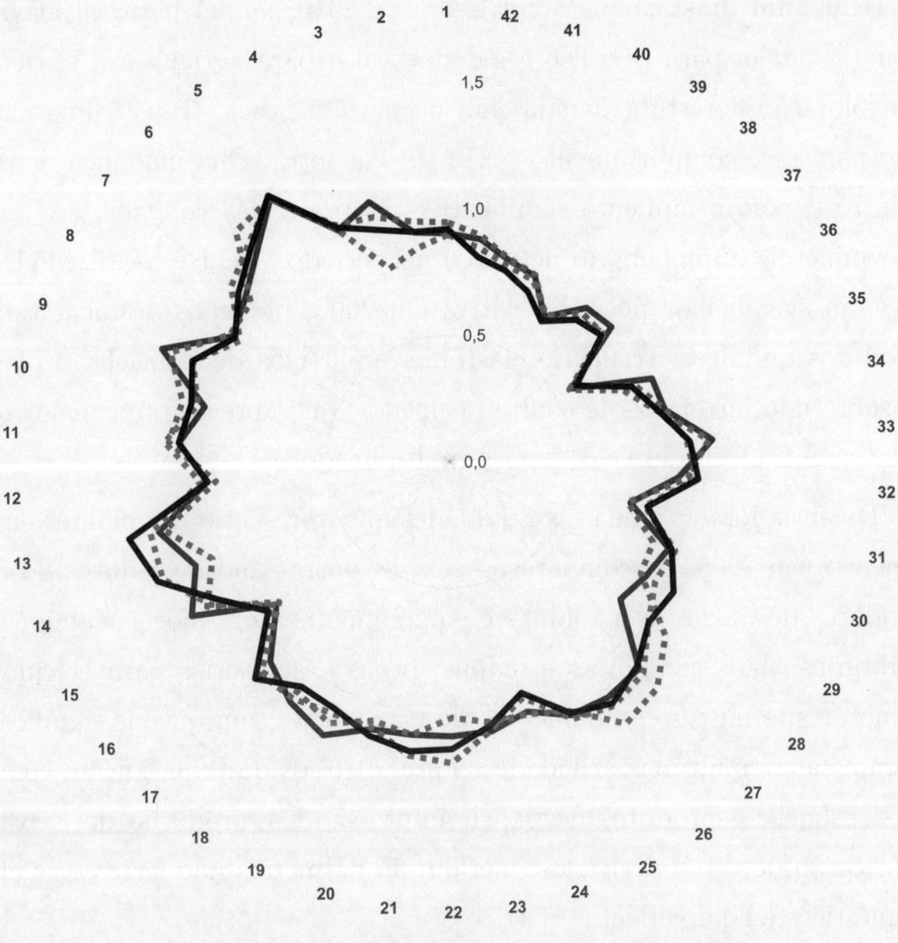

Voltando-nos somente para os encadeamentos para trás e tentando entender sua trajetória no período recente, podemos compará-los, após a compatibilização para 42 atividades sugerida anteriormente, para 2000, 2005, 2010 e 2015. Naturalmente, devemos continuar levando em conta as ressalvas apontadas na nota 12 do Capítulo 4 ao realizarmos tais comparações.

Minério de ferro figura na lista das atividades-chave para 2000 e 2005, com perda de importância relativa entre as duas matrizes, e deixa de ser considerada chave em 2010, com recuperação em 2015 insuficiente para recolocá-la na lista das atividades-chave. Os multiplicadores de produção se reduziram drasticamente entre 2005 e 2010 não só para tal atividade, como também para petróleo e gás natural e para agricultura, silvicultura e exploração florestal, somada com pecuária e pesca. Talvez uma explicação para esse comportamento possa ser encontrada na mudança de preços relativos, com o aumento significativo do preço das *commodities* (agrícolas, minerais e também do petróleo) no período. Dentre as atividades que tiveram sua melhor posição relativa em 2000, podemos destacar também produtos químicos, resinas e elastômeros; artigos de borracha e plástico; e, sobretudo, artefatos de couro e calçados, que apresentou a maior queda relativa e também do valor para o multiplicador de produção.

Diversas foram, ainda, as atividades que apresentaram maiores encadeamentos em 2005, na comparação com os outros anos: produtos do fumo; produtos de madeira; máquinas e equipamentos; automóveis camionetas e utilitários, mais caminhões e ônibus; peças e acessórios para veículos automotores; e outros equipamentos de transporte, com quedas significativas para essas três últimas atividades. Para 2010, os destaques ficam com têxteis; celulose e produtos de papel; impressão e reprodução de gravações; fabricação de aço e derivados; metalurgia de metais não ferrosos; e eletrodomésticos e equipamentos elétricos.

Finalmente, dentre os casos de melhora relativa nas medidas de encadeamento para o período observado, com os maiores valores para 2015, temos alimentos e bebidas; refino de petróleo e coque; biocombustíveis; perfumaria, higiene e limpeza; cimento e outros produtos de minerais não metálicos; eletricidade e gás, água, esgoto e limpeza urbana; e transporte, armazenagem e correio.

Código para Scilab

5.3 Extração hipotética

Após o trabalho de Cella (1984), houve uma retomada do método da extração hipotética como forma de mensurar a ordem de importância das atividades econômicas. Desde essa retomada, como exemplificam os trabalhos de Clements (1990), Clements e Rossi (1992), Guilhoto *et al.* (1994), Sonis *et al.* (1995) e Dietzenbacher e van der Linden (1997), várias medidas foram propostas, sempre na intenção de separar as medidas de encadeamentos para trás e para frente para a escolha de atividades-chave.[7] Manteremos a aplicação do método no nível mais simples possível, apesar de existirem possibilidades de extensão, como as apresentadas por Dietzenbacher e Lahr (2013).

Como sugerido pelo nome, o método trata da extração hipotética das atividades econômicas, uma a uma, e visa mensurar que diferença faria a ausência de cada uma das atividades para a produção total do sistema econômico, fornecendo-nos, assim, uma medida que mistura (ou considera conjuntamente) encadeamentos a montante e a jusante. Dado que os nossos objetivos aqui são relativamente modestos, contentaremo-nos com uma

[7] Desses trabalhos elencados, Clements e Rossi (1992), Guilhoto *et al.* (1994) e Sonis *et al.* (1995) fazem aplicações para o Brasil, enquanto Dietzenbacher e van der Linden (1997) traz uma aplicação para a comunidade europeia.

exposição mais simples, mensurando os impactos totais, deixando uma discussão mais profunda para as referências citadas acima.

Definamos uma matriz de extração, $\mathbf{X}_{(j)}$, a qual é similar a uma matriz identidade em todas as suas colunas, exceto a coluna relativa à atividade j selecionada para a extração hipotética, que será substituída por um vetor formado por zeros. Assim, a pré-multiplicação dessa matriz de extração por uma matriz quadrada da mesma dimensão transformará em zero todos os elementos ao longo da linha selecionada e a pós-multiplicação fará o mesmo ao longo da coluna relativa à atividade a ser extraída.

Uma vez que a extração hipotética da atividade visa excluir todo o consumo intermediário realizado pela atividade e também a produção de insumos dessa atividade para as demais, além da demanda final, faremos simplesmente:

$$(\mathbf{I} - \mathbf{X}_{(j)}\mathbf{A}\mathbf{X}_{(j)})^{-1}\mathbf{X}_{(j)}\mathbf{e} \tag{5.11}$$

para obtermos um vetor de produção total que exclua toda a influência da atividade selecionada na produção do sistema econômico.

Assim, para o cálculo da proporção da produção total que deixa de ser realizada ao extrairmos hipoteticamente cada atividade (uma medida de importância, portanto), faremos, para cada j, a seguinte operação:

$$\{\mathbf{i}'\mathbf{g} - \mathbf{i}'[(\mathbf{I} - \mathbf{X}_{(j)}\mathbf{A}\mathbf{X}_{(j)})^{-1}\mathbf{X}_{(j)}\mathbf{e}]\}/\mathbf{i}'\mathbf{g} \tag{5.12}$$

Extração hipotética para o Brasil em 2015

Conferindo os resultados do exercício de extração hipotética realizado para o Brasil em 2015, apresentados na Tabela 5.2, encontramos o comércio por atacado e varejo como atividade sem a qual a produção total mais cairia proporcionalmente: 15,83%. Mais uma vez, vale lembrar que não estamos tratando de atividades de igual tamanho, sendo que algumas constituem agregados maiores que as outras, o que deve ser levado em conta também na interpretação dos resultados de extração hipotética.

Tabela 5.2 – Redução percentual na produção decorrente da extração hipotética de cada atividade (atividades-chave em negrito) para o Brasil em 2015

1	Agricultura, inclusive o apoio à agricultura e a pós-colheita	5.07%
2	Pecuária, inclusive o apoio à pecuária	2,31%
3	Produção florestal; pesca e aquicultura	0,41%
4	**Extração de carvão mineral e de minerais não metálicos**	0,35%
5	Extração de petróleo e gás, inclusive as atividades de apoio	2,64%
6	Extração de minério de ferro, inclusive beneficiamentos e a aglomeração	0,91%
7	Extração de minerais metálicos não ferrosos, inclusive beneficiamentos	0,31%
8	Abate e produtos de carne, inclusive os produtos do laticínio e da pesca	5,73%
9	Fabricação e refino de açúcar	1,11%
10	Outros produtos alimentares	5,26%
11	Fabricação de bebidas	1,45%
12	Fabricação de produtos do fumo	0,31%
13	**Fabricação de produtos têxteis**	0,76%
14	Confecção de artefatos do vestuário e acessórios	1,07%
15	Fabricação de calçados e de artefatos de couro	0,72%
16	**Fabricação de produtos da madeira**	0,45%
17	**Fabricação de celulose, papel e produtos de papel**	1,42%
18	**Impressão e reprodução de gravações**	0,33%
19	**Refino de petróleo e coquerias**	6,06%
20	**Fabricação de biocombustíveis**	0,98%
21	**Fabricação de químicos orgânicos e inorgânicos, resinas e elastômeros**	2,30%
22	**Fabricação de defensivos, desinfestantes, tintas e químicos diversos**	1,33%
23	Fabricação de produtos de limpeza, cosméticos/perfumaria e higiene pessoal	0,84%
24	Fabricação de produtos farmoquímicos e farmacêuticos	0,98%
25	**Fabricação de produtos de borracha e de material plástico**	1,75%
26	**Fabricação de produtos de minerais não metálicos**	1,66%
27	**Produção de ferro-gusa/ferroligas, siderurgia e tubos de aço sem costura**	1,97%
28	**Metalurgia de metais não ferrosos e a fundição de metais**	1,03%
29	**Fabricação de produtos de metal, exceto máquinas e equipamentos**	1,62%
30	Fabricação de equipamentos de informática, produtos eletrônicos e ópticos	1,27%
31	Fabricação de máquinas e equipamentos elétricos	1,33%
32	Fabricação de máquinas e equipamentos mecânicos	2,03%
33	Fabricação de automóveis, caminhões e ônibus, exceto peças	3,02%
34	**Fabricação de peças e acessórios para veículos automotores**	1,30%
35	Fabricação de outros equipamentos de transporte, exceto veículos automotores	0,83%
36	Fabricação de móveis e de produtos de indústrias diversas	1,23%
37	Manutenção, reparação e instalação de máquinas e equipamentos	1,05%
38	**Energia elétrica, gás natural e outras utilidades**	3,54%
39	Água, esgoto e gestão de resíduos	0,95%
40	Construção	10,06%
41	Comércio por atacado e varejo	15,83%
42	**Transporte terrestre**	5,75%
43	Transporte aquaviário	0,32%
44	**Transporte aéreo**	0,68%
45	Armazenamento, atividades auxiliares dos transportes e correio	1,71%
46	Alojamento	0,40%
47	Alimentação	3,99%
48	Edição e edição integrada à impressão	0,35%
49	Atividades de televisão, rádio, cinema e gravação/edição de som e imagem	0,65%

Continua na próxima página

Tabela 5.2 – Redução percentual na produção decorrente da extração hipotética de cada atividade (atividades-chave em negrito) para o Brasil em 2015 (continuação)

50	Telecomunicações	2,45%
51	Desenvolvimento de sistemas e outros serviços de informação	1,59%
52	Intermediação financeira, seguros e previdência complementar	7,26%
53	Atividades imobiliárias	5,90%
54	Atividades jurídicas, contábeis, consultoria e sedes de empresas	2,41%
55	Serviços de arquitetura, engenharia, testes/análises técnicas e P&D	0,95%
56	**Outras atividades profissionais, científicas e técnicas**	1,76%
57	Aluguéis não imobiliários e gestão de ativos de propriedade intelectual	0,62%
58	Outras atividades administrativas e serviços complementares	2,75%
59	Atividades de vigilância, segurança e investigação	0,48%
60	Administração pública, defesa e seguridade social	9,88%
61	Educação pública	3,75%
62	Educação privada	1,51%
63	Saúde pública	2,57%
64	Saúde privada	3,01%
65	Atividades artísticas, criativas e de espetáculos	0,53%
66	Organizações associativas e outros serviços pessoais	2,36%
67	Serviços domésticos	0,61%

Na sequência, com queda da produção total de 10,06%, está a atividade de construção e com queda de 9,88% encontramos a atividade de administração pública, defesa e seguridade social, seguida de 7,26% de queda na produção caso excluíssemos a atividade de intermediação financeira, seguros e previdência complementar. Dessas quatro primeiras colocadas em ordem de importância, não ocorreu nenhuma coincidência com as atividades-chave, obtidas pelo critério de indicadores de encadeamento a montante e a jusante serem, simultaneamente, maiores que um (e destacadas em negrito na mesma Tabela 5.2).

Com uma queda na produção de 6,06%, a quinta maior, encontramos refino de petróleo e coquerias, identificada anteriormente como atividade-chave, a exemplo da atividade de transporte terrestre, sétima colocada, agora com perdas pela extração hipotética calculadas em 5,75% da produção total. Para a atividade de abate e produtos de carne, inclusive os produtos do laticínio e da pesca, teríamos uma perda de 5,73%, e, para outros produtos alimentares, perda de 5,26%.

Além desse conjunto de atividades identificadas com a produção de alimentos e bebidas (de 8 a 11), vale a pena ainda atentarmos para o conjunto de atividades-chave identificadas de 16 a 22, com elevada importância se encaradas como um bloco, principalmente pelo refino de petróleo e coquerias e pela fabricação de químicos orgânicos e inorgânicos, resinas e elastômeros; para o bloco de atividades-chave identificadas entre 25 e 29, capitaneado pela produção de ferro-gusa/ferroligas, siderurgia e tubos de metal sem costura; e ainda para o complexo formado pela fabricação de automóveis, caminhões e ônibus, exceto peças, e pela fabricação de peças e acessórios para veículos automotores. Ainda, ao integrarmos à administração pública as atividades de educação e saúde públicas, a perda pela extração hipotética passaria dos 16% do valor bruto da produção.

Código para Scilab

Capítulo 6

De volta aos multiplicadores keynesianos?

Um mal-entendido que atormenta macroeonomistas, quando confrontados com a análise insumo-produto, diz respeito à existência de vários multiplicadores keynesianos, tantos quantas sejam as atividades econômicas em questão. Neste capítulo, deve ficar claro que: (i) multiplicadores keynesianos e suas variantes podem (e devem) ser calculados a partir da análise insumo-produto; e que (ii) tais multiplicadores constituem exemplo de conceito macroeconômico por excelência, não sendo específicos a cada atividade, o que não significa que eles possam ser calculados independentemente da estrutura produtiva ou da composição dos gastos induzidos pela renda.[1]

Tal mal-entendido parece se originar da ideia de que, uma vez que possamos calcular, por exemplo, os assim chamados (na análise insumo-produto) multiplicadores de emprego (ocupações) para as diversas atividades do nosso sistema econômico, isso significa que estamos generalizando o multiplicador keynesiano de emprego, originalmente proposto por Kahn (1931), para n

[1] Após a confecção deste capítulo, alguns desdobramentos, inclusive no que tange à discussão mais recente, foram apresentados em Leite (2018).

atividades. Uma breve reflexão seria suficiente para lembrarmos que multiplicadores keynesianos tratam da relação entre diferentes componentes da demanda, uns considerados autônomos e outros induzidos pela renda, distinção não realizada até aqui.

Para recuperar a lógica dos multiplicadores keynesianos, temos que endogeneizar alguns componentes da demanda final — o primeiro candidato sendo, tipicamente, o consumo das famílias —, de modo a passarmos de um modelo aberto a um fechado, no sentido de Leontief. Na terminologia dos multiplicadores utilizados na análise insumo-produto (Miller e Blair, 2009, cap. 6), passaríamos de multiplicadores simples, como os apresentados no capítulo anterior, para multiplicadores totais, realizando o fechamento relativo ao consumo das famílias e acrescentado, assim, os efeitos induzidos aos já contabilizados efeitos diretos e indiretos.

6.1 Multiplicadores de emprego

A despeito de termos optado pela denominação multiplicadores de ocupações, em (5.7), as referências, tanto na macroeconomia quanto na análise insumo-produto, costumam ser feitas em termos de emprego, justificando a adoção dessa terminologia neste capítulo. Desde a exposição de Kahn (1931), estava clara a necessidade de computarmos os empregos gerados direta e indiretamente a partir dos componentes autônomos da demanda — os empregos "primários" — para, somente então, passarmos a computar os empregos associados, também direta e indiretamente, ao consumo induzido — os empregos "secundários". É a razão entre o total de empregos de uma economia (*i.e.*, o total de empregos gerados, seja por componentes autônomos ou por induzidos) e os empregos "primários", que deveríamos chamar, na macroeconomia keynesiana, de multiplicador de emprego.[2]

[2]Também Kurz (1985) considera que sua representação para o multiplicador de emprego num arcabouço sraffiano poderia tomar como ponto de partida tais definições

Ao tomarmos os componentes da demanda final separadamente, se destacarmos o vetor relativo ao consumo das famílias (e ISFLSF), por atividade, denominando-o $\mathbf{e_c}$, o multiplicador keynesiano de emprego poderia ser dado simplesmente por:

$$\varphi_l = \frac{\mathbf{l}'(\mathbf{I}-\mathbf{A})^{-1}\mathbf{e}}{\mathbf{l}'(\mathbf{I}-\mathbf{A})^{-1}(\mathbf{e}-\mathbf{e_c})} \tag{6.1}$$

Uma outra alternativa seria tomar, explicitamente, o consumo final em cada atividade como proporção do total do emprego,

$$\mathbf{c} = \frac{\mathbf{e_c}}{\mathbf{l}'\mathbf{g}} \tag{6.2}$$

o que nos autorizaria a reescrever o sistema de Leontief expresso em (4.6) como:[3]

$$\mathbf{Ag} + \mathbf{e} = \mathbf{g} \tag{6.3}$$

$$\mathbf{Ag} + (\mathbf{e}-\mathbf{e_c}) + \mathbf{e_c} = \mathbf{g} \tag{6.4}$$

$$\mathbf{Ag} + (\mathbf{e}-\mathbf{e_c}) + \mathbf{cl}'\mathbf{g} = \mathbf{g} \tag{6.5}$$

$$(\mathbf{e}-\mathbf{e_c}) = [\mathbf{I}-(\mathbf{A}+\mathbf{cl}')]\mathbf{g} \tag{6.6}$$

$$\mathbf{g} = [\mathbf{I}-(\mathbf{A}+\mathbf{cl}')]^{-1}(\mathbf{e}-\mathbf{e_c}) \tag{6.7}$$

Uma vez que tenhamos obtido a produção total a partir de uma inversa que inclui os coeficientes diretos de trabalho e os coeficientes de consumo final como proporção das ocupações, podemos reescrever a equação (6.1) como:

$$\varphi_l = \frac{\mathbf{l}'[\mathbf{I}-(\mathbf{A}+\mathbf{cl}')]^{-1}(\mathbf{e}-\mathbf{e_c})}{\mathbf{l}'(\mathbf{I}-\mathbf{A})^{-1}(\mathbf{e}-\mathbf{e_c})} \tag{6.8}$$

---

propostas por Kahn (1931). O cômputo das magnitudes envolvidas ao longo da cadeia também parece fazer parte do caminho seguido por Keynes (1929, 1933, 1936) rumo aos multiplicadores de renda. Para maiores detalhes sobre a construção dos conceitos de multiplicador envolvidos na macroeconomia e na análise insumo-produto, consultar Leite (2014).

[3] Uma derivação similar para o emprego pode ser encontrada em Trigg e Lee (2005). Para a renda, ver ten Raa (2005, p. 28).

A expressão $\mathbf{l}'[\mathbf{I} - (\mathbf{A} + \mathbf{c}\mathbf{l}')]^{-1}$, no numerador, representa os multiplicadores totais de emprego, levando em conta os impactos diretos, indiretos e induzidos, enquanto $\mathbf{l}'(\mathbf{I} - \mathbf{A})^{-1}$, no denominador, expressa, como antes, os multiplicadores simples de emprego, que levam em conta os impactos diretos e indiretos. Ao realizarmos a divisão elemento a elemento entre esses dois vetores de multiplicadores presentes na análise insumo-produto, ficamos, simplesmente, com o multiplicador keynesiano de emprego, ou seja, com a razão entre empregos totais e empregos direta e indiretamente requeridos pelos componentes autônomos de demanda:[4]

$$\{\mathbf{l}'[\mathbf{I} - (\mathbf{A} + \mathbf{c}\mathbf{l}')]^{-1}\}\widehat{[\mathbf{l}'(\mathbf{I} - \mathbf{A})^{-1}]}^{-1} = \begin{bmatrix} \varphi_l & \varphi_l & \cdots & \varphi_l \end{bmatrix} \tag{6.9}$$

Assim, reafirma-se o caráter macroeconômico dos multiplicadores keynesianos, desde que mantenhamos as proporções fixas entre as atividades para a cesta de consumo final. Destaca-se também que, ao contrário do observado para os multiplicadores de emprego na análise insumo-produto, para os quais temos o número de ocupações por unidade monetária de demanda final, os multiplicadores keynesianos constituem unidades puras de medida, uma vez que estamos dividindo o total de ocupações pelas ocupações geradas a partir dos gastos autônomos. Passemos aos multiplicadores keynesianos de renda, mais comumente encontrados na macroeconomia, para que possamos

[4]Curiosamente, tal constatação quando da divisão entre multiplicadores totais e simples (no contexto de multiplicadores de renda) surge no debate econômico como mera coincidência empírica ao confrontar-se os resultados incluindo efeitos induzidos com os obtidos a partir da inversa de Leontief, dadas as aproximações (por uma série de potências) disponíveis à época para o cálculo dessa (Moore e Petersen, 1955; Hirsch, 1959; Sandoval, 1967). Partindo daí, Sandoval (1967), Bradley e Gander (1969) e ten Raa e Chakraborty (1983), por exemplo, passam a buscar uma explicação formal para o fato, utilizando estratégias e demonstrações diferentes. Entretanto, nenhum desses estudos que esclarecem matematicamente tal relação menciona tratar-se do multiplicador keynesiano, incluindo nesse grupo, surpreendentemente, a segunda edição de Miller e Blair (2009). Por outro lado, os trabalhos de Miyazawa (1968, 1976) e, mais recentemente, Trigg e Lee (2005) e ten Raa (2005) fazem referências explícitas ao conceito.

compreender em mais detalhes o que compõe os multiplicadores.

Código para Scilab

6.2 Multiplicadores de renda

A exemplo do efetuado na seção anterior, poderíamos definir um multiplicador a partir da razão entre a renda total e aquela gerada a partir dos componentes autônomos de gasto. Antes disso cabe, contudo, um esclarecimento: utilizaremos os insumos primários como medida de renda, correspondendo à definição para o valor adicionado conforme (4.14), pela diferença entre a demanda total e o custo total de cada atividade, de modo que a soma dos componentes de demanda final produzidos nacionalmente (consumo das famílias, investimento, consumo do governo e exportações) seja igual à renda, que pode ser utilizada para pagamento de impostos e importações, além da utilização para consumo nacional e para quaisquer outras formas de gastos induzidos pela renda. Assim, de $\mathbf{v} = \widehat{\mathbf{g}}^{-1}[\mathbf{g} - (\mathbf{i}'\mathbf{A}\widehat{\mathbf{g}})']$, teríamos:

$$\mathbf{v}'(\mathbf{I} - \mathbf{A})^{-1}\mathbf{e} = \mathbf{i}'\mathbf{e} \tag{6.10}$$

Com a renda assim definida, o multiplicador keynesiano correspondente pode ser escrito como:

$$\varphi_v = \frac{\mathbf{v}'(\mathbf{I} - \mathbf{A})^{-1}\mathbf{e}}{\mathbf{v}'(\mathbf{I} - \mathbf{A})^{-1}(\mathbf{e} - \mathbf{e_c})} \tag{6.11}$$

Tomando as proporções da renda gastas em consumo, em cada atividade econômica, estamos calculando uma espécie de propensão média (e marginal, visto que não consideramos consumo autônomo até aqui) a consumir, desagregada por atividade:

$$\mathbf{a} = \frac{\mathbf{e_c}}{\mathbf{v}'\mathbf{g}} \tag{6.12}$$

A soma dessas propensões desagregadas, dada a definição de $\mathbf{v}$, pode ser dada por $\mathbf{v}'(\mathbf{I} - \mathbf{A})^{-1}\mathbf{a} = \mathbf{v}'\mathbf{La}$, de modo que o multiplicador pode ser expresso de maneira mais próxima à usualmente encontrada na macroeconomia, como o realizado por Miyazawa (1968, p. 42), a partir de:

$$\varphi_v = \frac{1}{1 - \mathbf{v}'\mathbf{La}} \tag{6.13}$$

donde se depreende que a estrutura de produção da economia, cristalizada nos coeficientes da inversa de Leontief, e a cesta de consumo, expressa no vetor de propensões a consumir, $\mathbf{a}$, são importantes para a definição do multiplicador.

Naturalmente, podemos proceder a uma derivação análoga à encontrada entre (6.3) a (6.7), de modo que a produção total seja representada por:

$$\mathbf{g} = [\mathbf{I} - (\mathbf{A} + \mathbf{av}')]^{-1}(\mathbf{e} - \mathbf{e_c}) \tag{6.14}$$

e, assim, o multiplicador de renda possa ser expresso por:

$$\varphi_v = \frac{\mathbf{v}'[\mathbf{I} - (\mathbf{A} + \mathbf{av}')]^{-1}(\mathbf{e} - \mathbf{e_c})}{\mathbf{v}'(\mathbf{I} - \mathbf{A})^{-1}(\mathbf{e} - \mathbf{e_c})} \tag{6.15}$$

Fazendo a divisão, elemento a elemento, como anteriormente, teríamos:

$$\{\mathbf{v}'[\mathbf{I} - (\mathbf{A} + \mathbf{av}')]^{-1}\}[\mathbf{v}'\widehat{(\mathbf{I} - \mathbf{A})^{-1}}]^{-1} = \begin{bmatrix} \varphi_v & \varphi_v & \cdots & \varphi_v \end{bmatrix} \tag{6.16}$$

que poderíamos representar resumidamente, nesse caso, sabendo que $\mathbf{v}'\mathbf{L} = \mathbf{i}'$, simplesmente por:

$$\mathbf{v}'[\mathbf{I} - (\mathbf{A} + \mathbf{av}')]^{-1} = \begin{bmatrix} \varphi_v & \varphi_v & \cdots & \varphi_v \end{bmatrix} \tag{6.17}$$

Desse modo, reforçamos a conclusão de que multiplicadores keynesianos são especificamente macroeconômicos, sendo que o "consumo das famílias reforça os efeitos da produção independentemente da fonte dos últimos. O multiplicador keynesiano age indiscriminadamente" (ten Raa, 2005, p. 30). Isso não significa que podemos prescindir do conhecimento da estrutura produtiva e da composição dos gastos. Afinal, "diferentes cestas de bens [...] requererão uma combinação diferente de produtos industriais e resultarão em valores diferentes para o emprego nas várias indústrias" (Leontief, 1944, p. 303), de modo que "um volume maior de investimento poderia estar associado a níveis menores de renda e emprego total" (Kurz, 1985, p. 135).

Ao lembrarmos que $\mathbf{v'L} = \mathbf{i'}$, por definição, estamos admitindo que a renda é igual à soma dos componentes de demanda final produzidos nacionalmente. Assim, poderíamos refazer uma derivação do multiplicador análoga à encontrada nos manuais de macroeconomia:

$$\mathbf{v'(I - A)^{-1}e = i'e} \tag{6.18}$$

Separando o consumo e considerando-o o único componente induzido do sistema econômico, teríamos:

$$\mathbf{v'(I - A)^{-1}e = i'(e - e_c) + i'e_c} \tag{6.19}$$

Substituindo o último $\mathbf{e_c}$ por $\mathbf{av'Le}$, dada a definição em (6.12),

$$\mathbf{v'Le = i'(e - e_c) + i'av'Le} \tag{6.20}$$

de modo que

$$\mathbf{v'Le - i'av'Le = i'(e - e_c)} \tag{6.21}$$

$$\mathbf{(1 - i'a)v'Le = i'(e - e_c)} \tag{6.22}$$

$$\mathbf{v'Le} = \left[\frac{1}{1 - \mathbf{i'a}}\right] \mathbf{i'(e - e_c)} \tag{6.23}$$

com o multiplicador entre colchetes, a soma dos gastos autônomos à direita e a renda do lado esquerdo da equação, lembrando que a propensão marginal a consumir está dada por $\mathbf{i'a = v'La}$.

Código para Scilab

6.3 Multiplicadores, supermultiplicadores e suas variações

Ao finalizarmos a seção anterior detalhando o processo de separação entre gastos autônomos e induzidos, deveria ficar clara a flexibilidade inerente ao cálculo dos multiplicadores — um tributo à flexibilidade do conceito —, desde que façamos a junção correta entre multiplicadores e multiplicandos, ou seja, desde que separemos consistentemente as porções autônomas e induzidas da demanda final (Samuelson, 1942).

Para a análise de flutuações cíclicas, o que necessitaria da especificação de defasagens entre as variáveis, ou para o estudo da determinação de emprego e renda em prazos mais longos, pode revelar-se particularmente apropriado definirmos uma propensão a investir, como em Samuelson (1942), Hicks (1950) ou Serrano (1995), por exemplo, os quais, apesar de apresentarem finalidades e arcabouços teóricos bastante distintos, tratam de um tema comum a macroeconomistas: a interação entre efeitos multiplicadores e aceleradores. A inclusão de tal propensão a investir numa análise que tipicamente considera os efeitos multiplicadores keynesianos somente a partir do consumo induzido deu origem aos chamados supermultiplicadores (Hicks, 1950; Serrano, 1995).[5]

[5]Não trataremos aqui das questões relacionadas às teorias macroeconômicas do crescimento. No caso do supermultiplicador sraffiano apresentado por Serrano (1995), há o

Assim como postulamos que o consumo seria completamente induzido, calculando $\mathbf{a} = \mathbf{e_c}/\mathbf{v'Le}$, poderíamos fazer o mesmo com o investimento, bastando-nos definir:

$$\mathbf{b} = \frac{\mathbf{e_i}}{\mathbf{v'Le}} \tag{6.24}$$

Logo, poderíamos reescrever (6.19) como:

$$\mathbf{v'(I - A)^{-1}e = i'(e - e_c - e_i) + i'(e_c + e_i)} \tag{6.25}$$

e, assim,

$$\mathbf{v'Le = i'(e - e_c - e_i) + i'av'Le + i'bv'Le} \tag{6.26}$$

ou

$$\mathbf{v'Le = i'(e - e_c - e_i) + i'(a + b)v'Le} \tag{6.27}$$

de modo a obtermos:

$$\mathbf{[1 - i'(a + b)]v'Le = i'(e - e_c - e_i)} \tag{6.28}$$

$$\mathbf{v'Le} = \left[\frac{1}{1 - \mathbf{i'(a + b)}}\right] \mathbf{i'(e - e_c - e_i)} \tag{6.29}$$

similarmente, com um (super)multiplicador entre colchetes e os gastos considerados autônomos (o que agora exclui os investimentos) à direita. Tal multiplicador poderia ser escrito, como antes, simplesmente a partir da razão entre o total da renda e a renda gerada pelos gastos autônomos:

$$\varphi_v = \frac{\mathbf{v'(I - A)^{-1}e}}{\mathbf{v'(I - A)^{-1}(e - e_c - e_i)}} \tag{6.30}$$

o mesmo valendo para o caso do emprego:

$$\varphi_l = \frac{\mathbf{l'(I - A)^{-1}e}}{\mathbf{l'(I - A)^{-1}(e - e_c - e_i)}} \tag{6.31}$$

propósito explícito de resolução do conhecido problema da instabilidade dinâmica harrodiana sem a necessidade de passar pelos ajustes na distribuição ou no grau de utilização da capacidade (Serrano e Freitas, 2007). Para os desenvolvimentos dessa análise em termos das condições de estabilidade e convergência, ver Freitas e Serrano (2015).

Não há, entretanto, nenhuma necessidade lógica de considerarmos *os totais* de consumo e investimento como induzidos. Uma vez que estamos trabalhando num contexto multissetorial, poderíamos destacar os gastos de consumo final para algumas atividades como autônomos, enquanto continuamos a tratar dos gastos em outras atividades como induzidos, o mesmo valendo para o investimento. Naturalmente, tal linha divisória é bastante sutil e institucionalmente determinada (pelas condições de crédito, por exemplo), de modo que devemos passar à análise do caso concreto para a economia brasileira.

Código para Scilab

6.3.1 Componentes autônomos e induzidos e multiplicadores para o Brasil

Dentre as 42 atividades compatibilizadas para fazermos a comparação entre as estruturas 2000/2005 e 2010/2015, o desafio consiste em elegermos, inicialmente no tocante ao consumo das famílias (e ISFLSF), quais dessas atividades poderiam apresentar autonomia relativa à renda. Evidentemente, uma linha divisória dessa natureza não pode ser traçada sem elevada dose de arbitrariedade. Ainda assim, talvez seja melhor traçá-la do que considerar o consumo como totalmente induzido.

Foram selecionadas, para compor a parcela do consumo considerada autônoma à renda, as atividades de 24 a 28 — as quais incluem máquinas e equipamentos, móveis, automóveis e autopeças em geral e outros equipamentos de transporte. Assim, em relação ao total do consumo para cada ano, a parcela autônoma representou 5,8% desse total em 2000, 6,3% em 2005, 6,8% em 2010 e 5,1% em 2015.

Para o investimento, a partir dos dados disponibilizados para as Contas Econômicas Integradas,[6] foram realizados os seguintes procedimentos para cada ano: (i) descontou-se o percentual da formação bruta de capital fixo (FBCF) sob responsabilidade do governo geral, indiscriminadamente, para todas as atividades econômicas — essa parcela correspondeu a 10,75% da FBCF total para 2000, 10,95% para 2005, 15,75% para 2010 e 12,72% para 2015; e (ii) retirou-se, somente para a atividade de construção, a parcela relativa ao investimento residencial, realizado pelas famílias e ISFLSF, correspondente a 27,19% da FBCF total para 2000, 25,85% para 2005, 29,52% para 2010 e 35,32% para 2015. Desse modo, o restante da FBCF, que inclui, naturalmente, a parcela sob responsabilidade das empresas financeiras e não financeiras e o total da produção de máquinas e equipamentos demandado pelo setor privado, foi considerado induzido, com os descontos supracitados constituindo o investimento tomado como autônomo.

Na Tabela 6.1 podemos avaliar que diferença faz, para os multiplicadores de renda e de emprego, considerarmos uma indução total ou parcial (conforme descrita acima) para os componentes de consumo e investimento. Vale lembrar ainda que exportações e consumo do governo geral foram considerados, como de praxe, completamente autônomos.

Chama a atenção, tomando somente o consumo como induzido, tanto parcial quanto totalmente, a queda nos multiplicadores de renda e emprego entre 2000 e 2010, com ligeira elevação em 2015. As alterações nos coeficientes da inversa de Leontief parecem possuir pouco poder explicativo nessa trajetória. Para o caso do consumo totalmente induzido, tomando-

[6]Mensurados a preços de consumidor, daí a necessidade de tomarmos as proporções.

Tabela 6.1 – Multiplicadores e supermultiplicadores para o Brasil

		2000		**2005**		**2010**		**2015**	
Indução	Componentes	φ_v	φ_l	φ_v	φ_l	φ_v	φ_l	φ_v	φ_l
total	C	2,26	2,40	2,07	2,24	2,04	2,18	2,14	2,21
	$C + I$	3,28	3,67	2,85	3,23	3,23	3,60	3,18	3,50
parcial	C	2,10	2,30	1,94	2,15	1,90	2,07	2,03	2,12
	$C + I$	2,57	2,88	2,32	2,61	2,35	2,57	2,41	2,54

se as propensões a consumir a partir da renda,[7] **a**, e os elementos em **v** como fixos para 2015, inversas de Leontief alternativas para 2000, 2005 e 2010 produziriam multiplicadores de renda aproximadamente iguais ao efetivamente encontrado para 2015. Por outro lado, é o comportamento das próprias propensões a consumir que explica a trajetória no multiplicador: a soma dessas propensões ($\mathbf{i'a}$) é de 0,56 para 2000, de 0,52 para 2005, de 0,51 para 2010 e de 0,53 para 2015.

Quando incluímos o investimento como totalmente induzido, explicação similar pode ser encontrada: $\mathbf{i'b}$ é de 0,14 para 2000, de 0,13 para 2005, de 0,18 para 2010 e de 0,15 para 2015.[8] Isso explicaria as direções, mas não os montantes totais das movimentações observadas. No caso de consumo e investimento como totalmente induzidos, a queda no multiplicador de renda, de 3,28 para 2,85 entre 2000 e 2005, tem o grosso da sua explicação na queda da propensão a consumir; já a recuperação entre 2005 e 2010 se deve ao au-

[7]Não faremos a mesma análise com relação aos coeficientes de emprego, pois estes resultam da divisão entre componentes de demanda, em termos monetários, e o total das ocupações, sendo que uma análise adequada necessitaria de deflacionamento, o mesmo valendo para os coeficientes diretos de trabalho.

[8]Se, por um lado, uma inferência a partir das alterações da inversa de Leontief não seria conclusiva acerca de possíveis efeitos provenientes das mudanças metodológicas que reclassificaram o que se considera investimento (apontadas na nota 12 do Capítulo 4), tais mudanças poderiam explicar, pelo menos em parte, o aumento da propensão a investir entre 2005 e 2010.

mento da propensão a investir de 0,13 para 0,18, o mesmo valendo para a posterior queda (de 3,23 para 3,18), com a propensão a investir passando de 0,18 para 0,15 entre 2010 e 2015, visto que a propensão a consumir estava aumentando. Uma vez que tanto o investimento residencial quanto o investimento do governo geral se elevam proporcionalmente entre 2005 e 2010, o aumento do multiplicador de renda é muito menor ao considerarmos consumo e investimento como parcialmente induzidos, mas continua entre 2010 e 2015, a despeito do aumento de importância do investimento residencial, na esteira do aumento da propensão a consumir com queda da parcela do consumo considerada autônoma.

Código para Scilab

Capítulo 7

Preços relativos, taxas de lucro e o sistema padrão

Após explorarmos alguns limites do esquema insumo-produto, devemos retomar a nossa discussão anterior sobre preços relativos e a repartição do excedente entre salários e lucros, bem como sobre a busca ricardiana pela medida invariável de valor e sua relação com o sistema padrão sraffiano.[1]

Uma vez que tenhamos assimilado a ideia da medição das necessidades diretas e indiretas de trabalho, traduzida nos multiplicadores de ocupações da análise insumo-produto, cabe procurarmos a relação entre esses e os preços relativos, recuperando também o conceito de taxa máxima de lucro a fim de relacioná-lo à taxa de lucro uniforme, necessária à reprodução do sistema e que prevaleceria no longo prazo caso as condições de concorrência fossem cumpridas. Devemos, para tal, retornar a uma equação fundamental apresentada como (1.12), de onde partiremos para a divisão do excedente entre salários e lucros:

$$\mathbf{p}'\mathbf{A}(1+r) + \mathbf{l}'w = \mathbf{p}' \tag{7.1}$$

[1]Para esse último tópico, ver Kurz e Salvadori (1993) e Bellino (2004). Além do encontrado entre os capítulos 3 e 6 do próprio Sraffa (1960), a exposição de Pasinetti (1977, cap. 5) trata de todos os tópicos discutidos no presente capítulo.

7.1 A relação entre salários e lucros

Da equação (7.1), podemos facilmente chegar a uma equação para determinação dos preços relativos, dados os salários médios e a taxa de lucros:

$$\mathbf{p}'[\mathbf{I} - \mathbf{A}(1 + r)] = \mathbf{l}'w \tag{7.2}$$

$$\mathbf{p}' = \mathbf{l}'[\mathbf{I} - \mathbf{A}(1 + r)]^{-1}w \tag{7.3}$$

Como sabemos, contudo, preços relativos e taxa de lucros são simultaneamente determinados, de modo que ainda não podemos estabelecer a relação entre salários e lucros. Ao tomarmos uma mercadoria (ou atividade) como numerário, digamos, a primeira, para estabelecermos tal relação, teríamos:

$$1 = \mathbf{l}'[\mathbf{I} - \mathbf{A}(1 + r)]^{-1} \begin{bmatrix} 1 \\ 0 \\ \vdots \\ 0 \end{bmatrix} w \tag{7.4}$$

de modo que:

$$w = 1/\{\mathbf{l}'[\mathbf{I} - \mathbf{A}(1 + r)]^{-1} \begin{bmatrix} 1 \\ 0 \\ \vdots \\ 0 \end{bmatrix}\} \tag{7.5}$$

Assim, poderíamos variar a taxa de lucros e analisar como se daria a variação do salário. Naturalmente, o exercício poderia ser estendido para todas as mercadorias ou atividades. Como veremos, alguma normalização para os salários se faz necessária para que os resultados se tornem inteligíveis. Via de regra, a normalização é feita de modo a tornar o excedente igual à unidade, para que w possa expressar a parcela de salários na renda. Entraremos em mais detalhes adiante, mas, por ora, fiquemos com o resumo de Gilibert (2006, p. 44): "Se igualarmos à unidade o total de trabalhadores e o produto líquido, w se torna a parcela de salários ricardiana".

Para variarmos a taxa de lucros e buscarmos os resultados em termos de parcela de salários na renda, necessitamos, contudo, do conhecimento acerca dos limites da taxa de lucros. O mínimo, por definição, seria obtido para $r = 0$. Esse corresponde ao caso em que todo o excedente é apropriado por salários ($w = 1$), o que, nos termos da equação (7.1), resultaria em:

$$\mathbf{p}'\mathbf{A} + \mathbf{l}' = \mathbf{p}' \tag{7.6}$$

$$\mathbf{l}' = \mathbf{p}'(\mathbf{I} - \mathbf{A}) \tag{7.7}$$

$$\mathbf{p}' = \mathbf{l}'(\mathbf{I} - \mathbf{A})^{-1} \tag{7.8}$$

ou seja, nesse caso particular os preços são proporcionais aos multiplicadores de ocupações, ou, em outras palavras, os preços são proporcionais aos valores-trabalho incorporados às mercadorias.[2]

No outro caso extremo, vamos recuperar a ideia da taxa máxima de lucros, que seria obtida quando a parcela de salários na renda (w) fosse zero. Assim, a equação (7.1) se tornaria:[3]

$$\mathbf{p}'\mathbf{A} = \mathbf{p}'\frac{1}{1+R} \tag{7.9}$$

sendo que a taxa máxima de lucros, R, pode ser obtida a partir do autovalor dominante de $\mathbf{A}$:

$$R = \frac{1-\lambda_d}{\lambda_d} \tag{7.10}$$

7.1.1 Salários e lucros num exemplo para três mercadorias

Podemos retomar o exemplo trazido por Pasinetti (1977) e aqui exposto nas Tabelas 2.5 e 3.6. Nele, a produção é apresentada em termos físicos e incluindo as ocupações por atividade, necessárias para os desenvolvimentos a seguir.

[2]Para uma discussão aprofundada desse resultado, nos termos da economia marxista, consultar Pasinetti (1977, apêndice ao cap. 5) e Hoffmann (2016, caps. 7, 11 e 12). O mesmo resultado pode ser obtido quando o vetor $\mathbf{l}'$ é um autovetor à esquerda de $\mathbf{A}$, o que equivale ao caso de composição orgânica do capital uniforme.

[3]A sequência abaixo já foi apresentada entre as equações (2.47) e (2.49).

Tabela 7.1 – Produção incluindo trabalhadores ocupados

	trigo	ferro	porcos	final	*total*
trigo	186	54	30	180	450
ferro	12	6	3	0	21
porcos	9	6	15	30	60
ocupações	18	12	30		60

Ao definirmos, como antes, $\mathbf{l} = \widehat{\mathbf{q}}^{-1}\mathbf{o}$, o total de ocupações, de 60, sempre poderá ser recuperado a partir de $\mathbf{l}'\mathbf{q}$. Uma definição especial para os coeficientes diretos de trabalho, que usaremos adiante, consiste em tomar as ocupações em cada atividade já como proporção do seu total, de modo que teríamos sempre $\mathbf{l}'\mathbf{q} = 1$. Tal definição é necessária para fazermos com que w represente a parcela de salários na renda. Em conjunto com a redefinição do produto líquido, atingiríamos a normalização anunciada para o caso geral. No caso específico dos exercícios efetuados a partir da equação (7.5), também se faz necessária uma normalização a partir do total das ocupações para a produção ensejada por uma unidade de demanda final para cada mercadoria / atividade.

Para o exemplo oferecido por Pasinetti (1977), $R = 48,25\%$. Variando a taxa de lucros entre zero e 48,25%, para cada uma das mercadorias como numerário, obtivemos, a partir da equação (7.5), a representação gráfica exposta na Figura 7.1. Podemos notar que a relação entre salários e lucros é não linear (a linha cheia mais clara demarca uma relação linear), com padrões diferenciados para as diferentes mercadorias tomadas como numerário. Partindo de uma economia sem lucros (o total do excedente indo para salários), reduções da parcela salarial resultam, inicialmente, numa elevação da taxa de lucros muito maior quando o numerário está em termos de porcos do que quando está em termos de trigo.

Figura 7.1 – Salários e lucros para três mercadorias como numerário

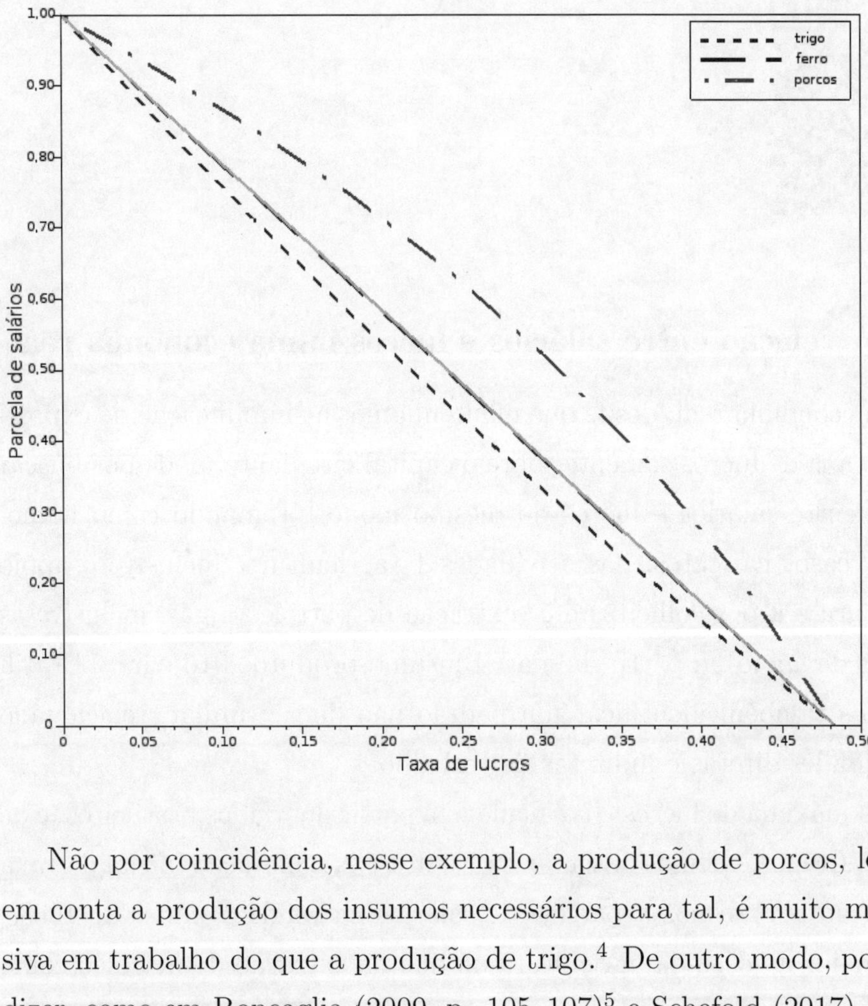

Não por coincidência, nesse exemplo, a produção de porcos, levando-se em conta a produção dos insumos necessários para tal, é muito mais intensiva em trabalho do que a produção de trigo.[4] De outro modo, poderíamos dizer, como em Roncaglia (2009, p. 105–107)[5] e Schefold (2017), que a intensidade do capital, medida pela tangente obtida pela razão $\frac{1-w}{r}$, diminui ao aumentarmos a taxa de lucros no caso do trigo, resultado tomado como típico pela teoria neoclássica, mas, contrariamente, aumenta com a elevação da taxa de lucros no caso da criação de porcos.

[4] A relação entre excedente e meios de produção também deve ser levada em conta nesse particular.

[5] As referências às figuras 6.1 e 6.2 estão invertidas na explicação de Roncaglia (2009, p. 106).

Código para Scilab

7.1.2 A relação entre salários e lucros numa economia real

Numa economia real, desde que mantenhamos a simplificação de expressarmos a taxa de lucros somente sobre o capital circulante, podemos buscar a relação entre salários e lucros do mesmo modo. Tomando como numerário dois casos caricatos, das atividades 1 (agricultura, inclusive o apoio à agricultura e a pós-colheita) e 5 (extração de petróleo e gás, inclusive as atividades de apoio), a partir da matriz insumo-produto 2010 para o Brasil, poderíamos também identificar um padrão não linear similar, relacionado às necessidades diretas e indiretas de trabalho.

A taxa máxima de lucros, R, calculada a partir dos dados brasileiros, é de 121,28%.[6] Como podemos observar na Figura 7.2, a elevação inicial da taxa de lucros, ao reduzirmos a parcela de salários na renda a partir de 100%, é muito maior no caso da agricultura do que na extração de petróleo como numerário. Isso ocorre por causa do movimento diferenciado dos preços relativos, que se dá em virtude da "desigualdade das proporções em que trabalho e meios de produção são empregados nas várias indústrias" (Sraffa, 1960, p. 12). Reduções na parcela salarial têm efeitos iniciais pequenos ao utilizarmos a extração de petróleo como numerário, no que concerne a um

[6] Em algumas aplicações torna-se mais apropriado calcularmos a taxa de lucros a partir de uma matriz de coeficientes técnicos que inclua as necessidades de importados para consumo intermediário, ou seja, a partir da matriz que definimos como $\mathbf{A}^{+}$. Nesse caso, o autovalor dominante seria de 0,5406 e encontraríamos $R = 84,99\%$.

Figura 7.2 – Salários e lucros para duas atividades como numerário em 2010

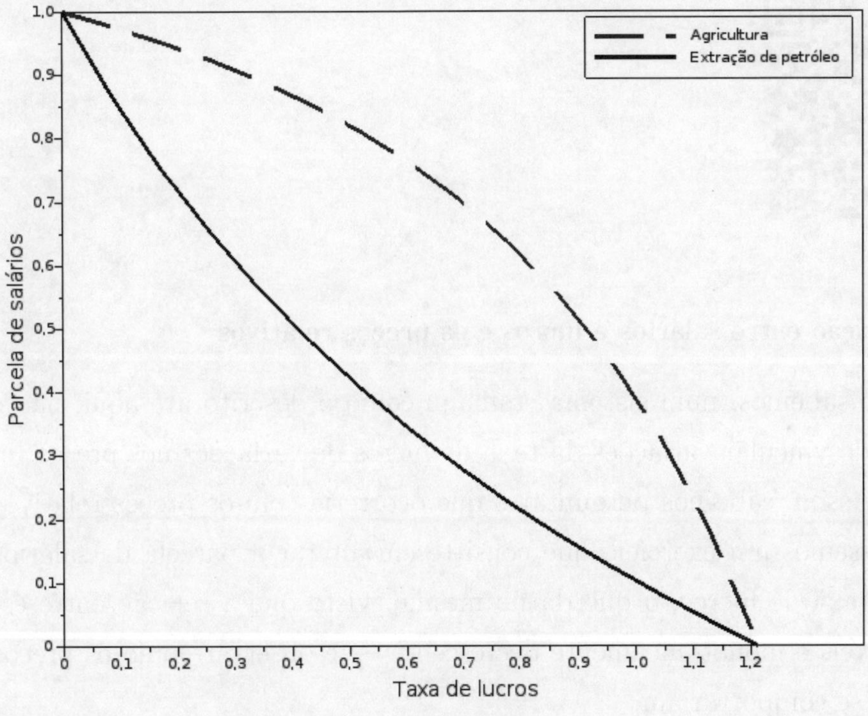

aumento da taxa de lucros, uma vez que se trata de uma atividade pouco intensiva em trabalho, de modo que a parcela do excedente inicialmente disponibilizada para os lucros é pequena em relação ao capital circulante utilizado (Sraffa, 1960, caps. 3 e 6). Similarmente ao efetuado para o nosso exemplo numérico, podemos dizer que a intensidade do capital é decrescente com relação à taxa de lucros no caso da extração de petróleo e é crescente no caso da agricultura.

Código para Scilab

A repartição entre salários e lucros e os preços relativos

Como sabemos, num sistema sraffiano como o descrito até aqui, não é possível desvincular variações da taxa de lucros de variações nos preços relativos. Assim, cabe-nos perguntar o que ocorreria com os preços relativos caso fizéssemos um exercício que consiste em alterar a parcela de salários — ou a taxa de lucros, o que dá no mesmo, visto que a relação entre essas variáveis é monotonicamente decrescente — e observar como os preços relativos se comportariam.

Para tal, tivemos que eleger um numerário que, pragmaticamente, dividisse as variações para cima e para baixo dos preços relativos em grupos relativamente balanceados e que também não estivesse longe da mediana dos multiplicadores de ocupações, tomados como referência para as necessidades diretas e indiretas de trabalho. Elegendo a atividade 18 (impressão e reprodução de gravações) como numerário e efetuando uma mudança da taxa de lucros de 78% para 61%, aproximadamente, fixando os multiplicadores de ocupações levando em conta essa última taxa de lucros, chegamos aos resultados apresentados na Figura 7.3.

Apesar de estarmos lidando com um sistema econômico simplificado, sem a consideração de estoques de capital fixo, algumas indicações sobre o funcionamento de uma economia real parecem ser apuradas e uma relação positiva entre as necessidades de trabalho e as variações nos preços relativos pode ser identificada, dando significado empírico às questões levantadas

Figura 7.3 – Variação dos preços relativos para uma queda dos lucros

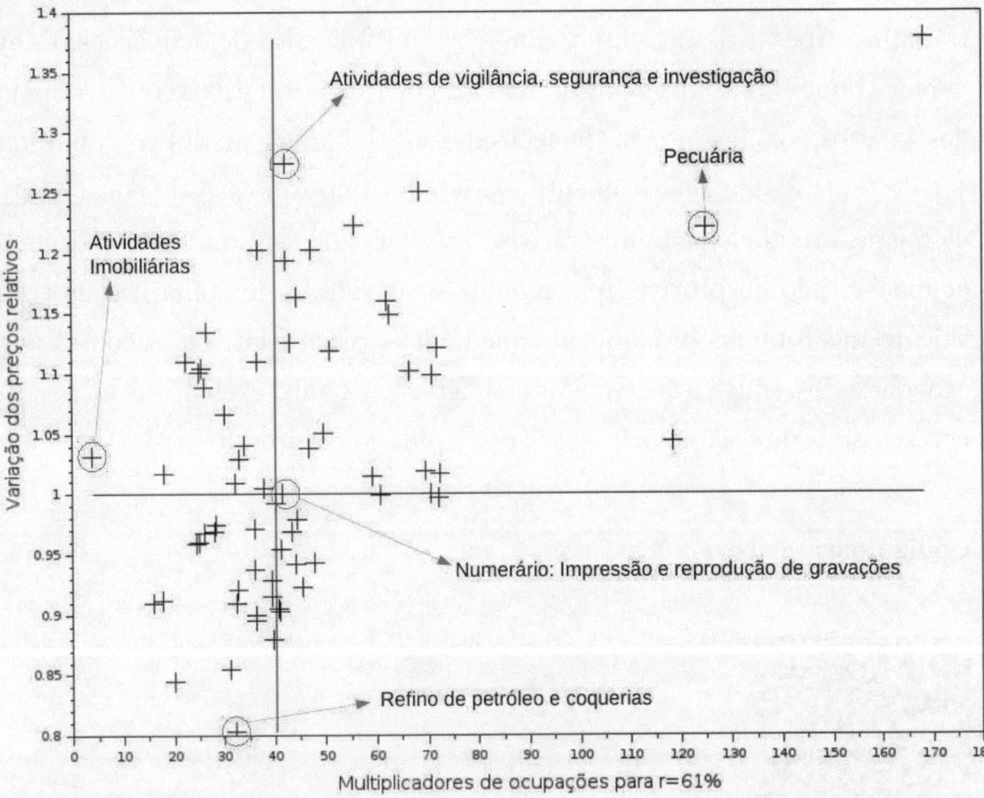

por Ricardo: para uma elevação na parcela de salários na renda, os preços relativos se elevam para atividades relativamente intensivas em trabalho e se reduzem caso contrário. Afora as grandes regularidades, cabe destacarmos algumas exceções e comportamentos extremos entre as atividades.

Como uma observação discrepante, encontramos a atividade de serviços domésticos, não destacada aqui por não constituir multiplicador propriamente dito, dada a já mencionada ausência de consumo intermediário. Com elevadíssimo multiplicador de ocupações, encontramos a pecuária, que apresentaria grande alta de preços relativos. Devemos destacar também as atividades de vigilância, segurança e investigação, que, apesar de apresentarem um multiplicador pouco acima da mediana, têm uma forte concentração das ocupações na própria atividade, notadamente intensiva em trabalho. Apesar de possuírem o menor multiplicador de ocupações, as atividades imobiliárias apresentam uma alta de preços relativos com o aumento dos salários, explicada pelas ligações dessa atividade com outras com intensidade de trabalho relativamente elevadas, como é o caso de construção e de outras atividades administrativas, as quais apresentam um montante de ocupações não desprezível relacionado às atividades imobiliárias. Por fim, vale destacar a mais pronunciada queda dos preços relativos, encontrada na atividade de refino de petróleo e coquerias, a qual apresenta a menor das necessidades diretas de ocupações por unidade de produto.

Código para Scilab

7.2 O sistema padrão sraffiano

E se fosse possível obtermos uma relação linear entre salários e lucros? Esse é o resultado entregue pelo sistema padrão sraffiano, o qual foi concebido para que ficássemos livres das complicações oriundas de variações nos preços relativos quando a distribuição de renda entre salários e lucros se alterasse. O único modo de atingir-se tal feito é a partir da construção de uma mercadoria composta que contenha "as mesmas mercadorias (combinadas nas mesmas proporções) que o agregado de seus meios de produção

— em outras palavras, tal que tanto o produto quanto os meios de produção sejam quantidades da própria mercadoria composta" assim construída (Sraffa, 1960, p. 19).

Tal mercadoria composta, independente dos preços relativos, pode ser obtida a partir do autovetor à direita associado ao autovalor dominante da matriz **A** de coeficientes técnicos, o que pode ser entendido como análogo ao vetor de preços de reprodução, autovetor similar, mas à esquerda, conforme discutido no Capítulo 2. Antes de realizarmos uma discussão mais técnica, entretanto, talvez seja útil apresentarmos o exemplo oferecido por Sraffa (1960, cap. IV) com um caminho mais intuitivo para a transformação do sistema original no sistema padrão. A partir da multiplicação das diferentes equações que compõem o sistema de produção por constantes selecionadas, Sraffa consegue construir sua mercadoria composta, de modo que "as várias mercadorias estão representadas entre seus meios de produção agregados *nas mesmas proporções* em que o estão entre seus produtos" (Sraffa, 1960, p. 19).

O exemplo de Sraffa

Uma forma relativamente intuitiva para entender as operações que nos levam ao sistema padrão é a partir da ideia, também oferecida por Sraffa (1960), de um conjunto de multiplicadores que transforma o sistema econômico, alterando suas proporções, sem, contudo, mudar seu funcionamento básico. Podemos passar de um sistema a outro simplesmente alterando as proporções do consumo intermediário e da produção total — ou seja, fazendo uma transformação linear do sistema de equações —, sem, contudo, alterar sua natureza:

> "Mas o sistema efetivo consiste das mesmas equações básicas do sistema padrão, somente em diferentes proporções; então, uma vez que os salários estejam dados, a taxa de lucros é determinada para ambos os sistemas, a despeito das proporções

> das equações em cada um deles. Proporções particulares, como as do sistema padrão, podem dar transparência a um sistema e tornar visível o que estava escondido, mas não podem alterar suas propriedades matemáticas" (Sraffa, 1960, p. 23).

Recentemente, como um dos subprodutos dos esforços de diversos pesquisadores em torno dos arquivos não publicados de Sraffa, que se encontram na *Wren Library, Trinity College*, em Cambridge, Sinha (2016) tem chamado a atenção para uma interpretação[7] da obra de Sraffa (1960) que passa por esse procedimento de transformação do sistema econômico efetivo. Nas palavras do próprio Sraffa:

> "Qualquer equação pode ser multiplicada (de ambos os lados) por números arbitrários, deixando o sistema inalterado. [...] [Assim,] o sistema transformado é equivalente ao original e, portanto, para qualquer dado valor de w, a solução que esse gera para r tem que ser a mesma gerada no sistema original: em particular, para w=0, esse tem que resultar no mesmo valor para r que o resultante no sistema original, isto é, R" [Sraffa, 1943, citado por Sinha (2016, p. 128)].

Retornando à obra de 1960, o exemplo fornecido no capítulo IV é o seguinte, contemplando "somente indústrias básicas", ferro, carvão e trigo, e incluindo as unidades de trabalho já como proporção do total (Sraffa, 1960, p. 19):

Sraffa (1960) sugere, então, que obtenhamos um sistema em escala reduzida a partir da multiplicação (tanto dos requisitos para consumo intermediário quanto da produção total) da indústria de carvão por $\frac{3}{5}$ e da indústria de trigo por $\frac{3}{4}$, mantendo a indústria de ferro inalterada. Assim, calculando

[7] O que não implica estarmos adotando a interpretação de Sinha (2016) para a obra de Sraffa. Apesar de concordarmos com a ênfase do autor em alguns pontos, suas principais conclusões não estão endossadas no material presente neste livro.

Tabela 7.2 – Exemplo do sistema efetivo

	ferro	carvão	trigo	final	*total*
ferro	90	50	40	0	180
carvão	120	125	40	165	450
trigo	60	150	200	70	480
ocupações	$\frac{3}{16}$	$\frac{5}{16}$	$\frac{8}{16}$		1

ainda a demanda final pela subtração da produção total de cada indústria pelo produzido para consumo intermediário em cada indústria, teríamos um sistema padrão dado por:

Tabela 7.3 – Exemplo do sistema padrão

	ferro	carvão	trigo	final	*total*
ferro	90	30	30	30	180
carvão	120	75	30	45	270
trigo	60	90	150	60	360
ocupações	$\frac{3}{16}$	$\frac{3}{16}$	$\frac{6}{16}$		$\frac{12}{16}$

Desse modo, os agregados do produzido em cada indústria para consumo intermediário (meios de produção) consistiriam no vetor $\begin{bmatrix} 150 & 225 & 300 \end{bmatrix}'$, a produção total poderia ser representada pelo vetor $\begin{bmatrix} 180 & 270 & 360 \end{bmatrix}'$ e a demanda final pelo vetor $\begin{bmatrix} 30 & 45 & 60 \end{bmatrix}'$. Em comum, as proporções entre as três indústrias seriam dadas sempre por 1 : 1,5 : 2, respectivamente para ferro, carvão e trigo, quer estivéssemos tratando da produção para consumo intermediário, da demanda final ou da produção total. Mas essas proporções são justamente dadas pelo autovetor à direita (ligado ao autovalor dominante) da matriz **A** de coeficientes técnicos.

Se utilizarmos os requisitos de trabalho para nos fornecer a escala desse sistema econômico, já levando em conta que as ocupações foram apresentadas como proporção do total, podemos constatar que $\mathbf{l}'\mathbf{q} = 1$. Pré-multiplicando o vetor $\mathbf{l}'$ pelas proporções encontradas e tomando seu recíproco, ficamos com um fator de escala, a ser utilizado para transformarmos as proporções num vetor de produção total. Todavia, como constatamos no total de ocupações da Tabela 7.3, restaram somente $\frac{12}{16}$ das ocupações ao realizarmos a transformação para o sistema em escala reduzida. Logo, o fator de escala tem que ser dado fazendo-se $\frac{12}{16}$ sobre a pré-multiplicação de $\mathbf{l}'$ pelas proporções encontradas.

Se com as ocupações do sistema original obteríamos um vetor de produção total dado por $\begin{bmatrix} 240 & 360 & 480 \end{bmatrix}'$, utilizando as ocupações do sistema padrão teríamos $\begin{bmatrix} 180 & 270 & 360 \end{bmatrix}'$, ou seja, justamente o vetor de produção total apresentado por Sraffa (1960, p. 19). É a partir da divisão de cada elemento desse vetor pelos elementos do vetor de produção total do sistema efetivo que podemos obter os multiplicadores encontrados por Sraffa (1960). Se definirmos $\mathbf{q}^*$ como o vetor de produção total do sistema padrão, estamos afirmando que os multiplicadores podem ser obtidos por meio de:

$$\hat{\mathbf{q}}^{-1}\mathbf{q}^* = \begin{bmatrix} \frac{1}{180} & 0 & 0 \\ 0 & \frac{1}{450} & 0 \\ 0 & 0 & \frac{1}{480} \end{bmatrix} \begin{bmatrix} 180 \\ 270 \\ 360 \end{bmatrix} = \begin{bmatrix} 1 \\ 0,6 \\ 0,75 \end{bmatrix} \tag{7.11}$$

de modo que a matriz de consumo intermediário do sistema padrão pode ser obtida por:

$$\begin{bmatrix} 90 & 50 & 40 \\ 120 & 125 & 40 \\ 60 & 150 & 200 \end{bmatrix} \begin{bmatrix} 1 & 0 & 0 \\ 0 & 0,6 & 0 \\ 0 & 0 & 0,75 \end{bmatrix} = \begin{bmatrix} 90 & 30 & 30 \\ 120 & 75 & 30 \\ 60 & 90 & 150 \end{bmatrix} \tag{7.12}$$

Não é difícil constatar que a taxa máxima de lucros seria dada por $R = \frac{1}{\lambda_d} - 1 = 20\%$, resultado obtenível também a partir da divisão de cada elemento da demanda final (excedente) pelos agregados dos meios de produção:

$$\begin{bmatrix} \frac{1}{150} & 0 & 0 \\ 0 & \frac{1}{225} & 0 \\ 0 & 0 & \frac{1}{300} \end{bmatrix} \begin{bmatrix} 30 \\ 45 \\ 60 \end{bmatrix} = \begin{bmatrix} 0,2 \\ 0,2 \\ 0,2 \end{bmatrix} \tag{7.13}$$

Código para Scilab

Resultados algébricos

Poderíamos partir da equação (7.1), pós-multiplicando todos os membros pelo vetor de produção total do sistema padrão:

$$\mathbf{p}'\mathbf{A}\mathbf{q}^* + r\mathbf{p}'\mathbf{A}\mathbf{q}^* + \mathbf{l}'\mathbf{q}^* w = \mathbf{p}'\mathbf{q}^* \tag{7.14}$$

Se considerássemos que não há pagamento de salários, teríamos a taxa máxima de lucros, R, e poderíamos escrever:

$$\mathbf{p}'\mathbf{A}\mathbf{q}^* + R\mathbf{p}'\mathbf{A}\mathbf{q}^* = \mathbf{p}'\mathbf{q}^* \tag{7.15}$$

de modo que:

$$R = \frac{\mathbf{p}'(\mathbf{I} - \mathbf{A})\mathbf{q}^*}{\mathbf{p}'\mathbf{A}\mathbf{q}^*} \tag{7.16}$$

Assim, não importando quais sejam os preços relativos, é a relação entre a demanda final (ou excedente) e o consumo intermediário (ou capital circulante) que define a taxa máxima de lucros, desde que adotemos a mercadoria padrão, $\mathbf{q}^*$. Poder-se-ia eliminar o vetor de preços relativos da equação (7.15), o que resultaria em:

$$\mathbf{A}\mathbf{q}^*(1 + R) = \mathbf{q}^* \tag{7.17}$$

$$\mathbf{Aq}^* = \frac{1}{1+R}\mathbf{q}^* \tag{7.18}$$

donde concluímos que $1/(1+R)$ é autovalor de $\mathbf{A}$ e que $\mathbf{q}^*$ é um autovetor à direita da mesma matriz,[8] entendendo também que, se a partir da mercadoria padrão, o vetor de produção total, $\mathbf{q}^*$, apresenta as mesmas proporções que o vetor de consumo intermediário, $\mathbf{Aq}^*$, essas mesmas proporções estariam presentes num vetor de demanda final,

$$(\mathbf{I} - \mathbf{A})\mathbf{q}^* = R\mathbf{Aq}^* \tag{7.19}$$

Passemos à reorganização da equação (7.14), de modo a obtermos, do lado esquerdo da equação, a renda nacional e apresentarmos, do lado direito, sua repartição entre lucros e salários:

$$\mathbf{p}'(\mathbf{I} - \mathbf{A})\mathbf{q}^* = r\mathbf{p}'\mathbf{Aq}^* + w\mathbf{l}'\mathbf{q}^* \tag{7.20}$$

Assim, adotando as convenções de que o total da demanda final é igual à unidade e de que o vetor de coeficientes de trabalho é definido pelas proporções do total de ocupações, o que nos leva a entender w como a parcela de salários na renda, teríamos:

$$\mathbf{p}'(\mathbf{I} - \mathbf{A})\mathbf{q}^* = 1 \tag{7.21}$$

$$\mathbf{l}'\mathbf{q}^* = 1 \tag{7.22}$$

$$1 = r\mathbf{p}'\mathbf{Aq}^* + w \tag{7.23}$$

$$r\mathbf{p}'\mathbf{Aq}^* = 1 - w \tag{7.24}$$

Multiplicando ambos os lados da equação por R, ficamos com:

$$rR\mathbf{p}'\mathbf{Aq}^* = R(1 - w) \tag{7.25}$$

[8]Mais uma vez, de acordo com os teoremas de Perron-Frobenius, o único autovetor capaz de entregar resultados com o mesmo sinal é o ligado ao autovalor dominante — ver nota 4 do Capítulo 2, página 31. Uma demonstração completa para essa passagem pode ser encontrada em Hoffmann (2016, p. 41-43).

Considerando que, de acordo com (7.16), $R\mathbf{p}'\mathbf{A}\mathbf{q}^* = \mathbf{p}'(\mathbf{I} - \mathbf{A})\mathbf{q}^*$, e que a definição adotada para a renda nacional em (7.21) é válida, ficamos simplesmente com a seguinte equação, apresentada por Sraffa (1960, p. 22), que estabelece uma relação linear entre salários e lucros:[9]

$$r = R(1 - w) \tag{7.26}$$

Samuelson (2000a), em seção de seu artigo intitulada "A irrelevância da 'mercadoria padrão' de Sraffa", sendo, portanto, insuspeito de defesa do uso desse artifício e tendo seu foco voltado a um ataque à teoria do valor trabalho, acaba por resumir as condições formais de uso do sistema padrão sraffiano:

> "O que é correto é somente que uma matriz quadrada, não negativa e indecomponível possui um único vetor característico à direita cujos elementos podem ser usados como pesos para formar uma cesta de bens de mercado, em termos dos quais é definido um salário real (*post factum*) que apresenta um *trade-off* linear com a taxa de lucros, ao longo de qualquer intervalo dessa última, onde a matriz em questão fornece a tecnologia competitiva viável para um sistema de produção-não-conjunta. Nenhuma palavra dessa última sentença pode ser omitida. E dessa sentença válida nenhum conforto para a teoria do valor trabalho pode ser colhido" (Samuelson, 2000a, p. 36).

7.2.1 O sistema padrão em mais um exemplo com três mercadorias

Façamos mais um exercício sobre o sistema padrão a partir do mesmo exemplo em termos físicos exposto na Tabela 7.1. Nesse, teríamos uma

[9] Além daquilo que se encontra em Pasinetti (1977), uma apresentação sucinta que nos traria até aqui pode ser acessada em Newman (1962).

matriz de consumo intermediário dada por:

$$\mathbf{Q} = \begin{bmatrix} 186 & 54 & 30 \\ 12 & 6 & 3 \\ 9 & 6 & 15 \end{bmatrix} \tag{7.27}$$

e vetores de demanda final, de produção total e de ocupações dados por:

$$\mathbf{f} = \begin{bmatrix} 180 \\ 0 \\ 30 \end{bmatrix} \quad \mathbf{q} = \begin{bmatrix} 450 \\ 21 \\ 60 \end{bmatrix} \quad \mathbf{o} = \begin{bmatrix} 18 \\ 12 \\ 30 \end{bmatrix} \tag{7.28}$$

de modo que, como usual, temos $\mathbf{l} = \widehat{\mathbf{q}}^{-1}\mathbf{o}$. Calculando a matriz de coeficientes técnicos, teríamos:

$$\mathbf{A} = \begin{bmatrix} 0,4133 & 2,5714 & 0,5 \\ 0,0267 & 0,2857 & 0,05 \\ 0,02 & 0,2857 & 0,25 \end{bmatrix} \tag{7.29}$$

Ao calcularmos o autovetor à direita de $\mathbf{A}$ (ligado ao autovalor dominante), encontrando as proporções da mercadoria padrão, e ajustarmos a escala de modo a preservar o mesmo número de ocupações do sistema efetivo, ficamos com:

$$\mathbf{q}^* = \begin{bmatrix} 435,57 \\ 35,59 \\ 44,48 \end{bmatrix} \tag{7.30}$$

Se definirmos uma demanda final para o sistema padrão como:

$$\mathbf{f}^* = (\mathbf{I} - \mathbf{A})\mathbf{q}^* \tag{7.31}$$

constatamos que:

$$\left(\widehat{\mathbf{q}^* - \mathbf{f}^*}\right)^{-1}\mathbf{f}^* = \begin{bmatrix} 0,4825 \\ 0,4825 \\ 0,4825 \end{bmatrix} \tag{7.32}$$

que é a taxa máxima de lucro, R, para esse sistema, obtenível por $(1-\lambda_d)/\lambda_d$.

Constatamos ainda, em consonância com o definido anteriormente, que $\mathbf{l}'\mathbf{q} = \mathbf{l}'\mathbf{q}^* = 60$. Ao redefinirmos o vetor de ocupações pelas suas proporções desse total, de modo que pudéssemos escrever $\mathbf{o}' = \begin{bmatrix} 18/60 & 12/60 & 30/60 \end{bmatrix}$, devemos obter $\mathbf{l}'\mathbf{q} = \mathbf{l}'\mathbf{q}^* = 1$.

Definindo ainda que o excedente, no sistema padrão, é igual à unidade, isto é, fazendo $\mathbf{p}'(\mathbf{I} - \mathbf{A})\mathbf{q}^* = 1$, constatamos que, conforme (7.16):

$$\frac{\mathbf{p}'(\mathbf{I} - \mathbf{A})\mathbf{q}^*}{\mathbf{p}'\mathbf{A}\mathbf{q}^*} = 0,4825 \qquad (7.33)$$

Alterando os preços relativos por meio da pós-multiplicação do vetor $\mathbf{p}'$ pelos vetores diagonalizados $\begin{bmatrix} 0,2 & 0,6 & 0,2 \end{bmatrix}$, $\begin{bmatrix} 0,1 & 0,9 & 0 \end{bmatrix}$ e $\begin{bmatrix} 0 & 0,7 & 0,3 \end{bmatrix}$, a título de exemplo, obteríamos, para o sistema padrão, o mesmo resultado equivalente à taxa máxima de lucro. Repetindo o exercício, com o vetor de produção total $\mathbf{q}$ ao invés de $\mathbf{q}^*$, teríamos taxas de lucro de 0,3550, 0,0697 e 0,3288, respectivamente.

Daí depreende-se que, no sistema efetivo, a razão entre excedente e meios de produção se altera com mudanças de preços relativos, portanto, é sensível a mudanças na distribuição. Tal razão, ao utilizarmos uma mercadoria composta que contenha as mesmas proporções entre meios de produção e excedente, *i.e.*, a mercadoria padrão, não pode se alterar, donde concluímos que a mercadoria padrão representa uma medida insensível a mudanças na distribuição entre salários e lucros.

Como mais uma demonstração da insensibilidade da distribuição a mudanças nos preços relativos, desde que: (i) utilizemos a mercadoria padrão e mantenhamos as condições, no sistema padrão, de excedente igual à unidade ($\mathbf{p}'(\mathbf{I} - \mathbf{A})\mathbf{q}^* = 1$); (ii) as ocupações sejam representadas como proporção do total; e (iii) consideremos que a escala do sistema padrão é a mesma do sistema efetivo ($\mathbf{l}'\mathbf{q}^* = 1$), poderíamos retomar a equação (7.2) e multiplicá-la por $\mathbf{q}^*$ de ambos os lados. Daí, teríamos:

$$\mathbf{p}'[\mathbf{I} - \mathbf{A}(1 + r)]\mathbf{q}^* = \mathbf{l}'\mathbf{q}^* w \qquad (7.34)$$

Assim, mantendo $\mathbf{l}'\mathbf{q}^* = 1$, estamos expressando w como a parcela dos salários no excedente, desde que estejamos utilizando a mercadoria padrão para medir o excedente:

$$\mathbf{p}'[\mathbf{I} - \mathbf{A}(1 + r)]\mathbf{q}^* = w \tag{7.35}$$

Ao fazermos $r = 0$, claro está que obtemos $w = 1$. Se as definições estiverem corretas, podemos realizar um exercício (disponibilizado no código para Scilab) fixando $r = R$, no qual obtemos $w = 0$ como resultado. Se tomássemos uma taxa de lucro igual a $R/2$, a parcela de salários na renda seria de 50%, e, se fizéssemos $r = R/4$, obteríamos um w de 75%, o que é outra forma de apresentar a relação linear entre w e r: $w = 1 - \frac{r}{R}$. Nada de novo acrescentaríamos com o exercício, entretanto, se utilizássemos somente os preços de reprodução pré-multiplicando o lado esquerdo da equação. O exercício serve justamente para demonstrarmos que, ajustando a escala do excedente e utilizando qualquer vetor de preços relativos, exatamente os mesmos resultados na relação entre a parcela de salários e a taxa de lucros são encontrados, uma vez que o excedente esteja expresso em termos da mercadoria composta descrita por Sraffa:

> "[...] A taxa de lucros aos vários níveis de w será $r = R(1 - w)$. Preços individuais se moverão em todas as direções com a variação de w, mas aqui, novamente, os preços não farão qualquer diferença: r é a razão entre duas quantidades da mesma mercadoria composta e pode de fato ser descoberta antes de sabermos quais serão aqueles preços. A taxa de lucros está embutida 'nas coisas' e nenhuma manipulação dos preços poderia jamais afetá-la" [Sraffa, 1955, citado por Sinha (2016, p. 148)].

Os resultados apresentados até aqui não se restringem a um sistema em termos físicos. Se expressássemos nosso sistema em valores monetários, como já fizemos no Capítulo 3, a partir do vetor de preços $\begin{bmatrix} 0,1 & 1 & 0,5 \end{bmatrix}$, também utilizado por Pasinetti (1977), teríamos:

$$\mathbf{Q} = \begin{bmatrix} 18,6 & 5,4 & 3 \\ 12 & 6 & 3 \\ 4,5 & 3 & 7,5 \end{bmatrix} \tag{7.36}$$

$$\mathbf{A} = \begin{bmatrix} 0,4133 & 0,2571 & 0,1 \\ 0,2667 & 0,2857 & 0,1 \\ 0,1 & 0,1429 & 0,25 \end{bmatrix} \tag{7.37}$$

Todos os resultados para as razões entre excedente e meios de produção se manteriam para um sistema padrão obtido a partir das matrizes em valores monetários, o mesmo valendo caso utilizássemos o vetor de preços de reprodução para a transformação das tabelas. Assim, a despeito dos preços relativos, inclusive no que concerne aos utilizados na construção de tabelas insumo-produto reais, a taxa máxima de lucros se mantém, o que suscitou interpretações da mercadoria padrão como equivalente a um sistema em termos físicos (já que independente dos preços relativos), como em Eatwell (1975), ou como solução para a busca ricardiana da medida invariável de valor, visto que essa é independente da distribuição.

Cabe a advertência, antes de fecharmos esta seção, de que a interpretação segundo a qual a mercadoria padrão expressa um sistema em termos físicos não é consensualmente aceita, como Kurz e Salvadori (1993) deixam claro. Tampouco a busca ricardiana pela medida invariável de valor pode ser integralmente dada como encerrada: a mercadoria padrão é insensível a mudanças na distribuição de renda, como demonstrado por Bellino (2004), satisfazendo a busca ricardiana por uma medida invariável de valor exclusivamente com relação aos impactos de mudanças na distribuição, sem, contudo, resolver o problema de uma medida invariável de valor em diferentes tempos e espaços (Kurz e Salvadori, 1993) ou fora do contexto de uma tecnologia dada (Roncaglia, 2009, p. 94).

Código para Scilab

7.2.2 Uma pequena aplicação para o Brasil

Estudaremos com mais detalhes, posteriormente, as consequências práticas advindas da existência de um sistema padrão, principalmente no que tange à produtividade do sistema econômico (Capítulo 9). Façamos aqui uma rápida aplicação, para as matrizes de 2000, 2005, 2010 e 2015, calculando as taxas máximas de lucro e as taxas efetivas nos respectivos sistemas padrão, conhecendo a parcela de salários na renda. Estimativas anteriores para essa taxa máxima de lucro para o Brasil foram similarmente realizadas por Silva (1987) e, com a inclusão do estoque de capital fixo, por Silva (1991). Testando variantes para a parcela de salários incluindo o rendimento misto bruto e, para o cálculo da taxa máxima de lucros, incluindo o consumo intermediário de insumos importados em nossa matriz de coeficientes técnicos, obtivemos, após agregação para 42 atividades econômicas, os resultados condensados na Tabela 7.4.

Para a taxa máxima de lucros, observa-se uma queda entre 2000 e 2005, seguida de recuperação entre 2005 e 2010 e nova queda entre 2010 e 2015, padrão encontrado para matrizes com ou sem a inclusão de insumos importados, sendo que a recuperação pode ser consistente com uma explicação parcial a partir das mudanças metodológicas apontadas anteriormente (nota 12 do Capítulo 4). No entanto, como a taxa máxima encontrada para 2010 supera a encontrada para 2000 no caso da matriz **A**, o que não ocorre

Tabela 7.4 – Taxas de lucro para o Brasil (em %)

Matriz	Parcela	2000 R	2000 r	2005 R	2005 r	2010 R	2010 r	2015 R	2015 r
A	w	117,95	70,21	112,46	67,56	120,17	70,13	114,41	64,57
	w_a		56,80		57,09		59,90		55,26
$\mathbf{A}^+$	w	85,09	50,64	82,73	49,70	84,43	49,27	76,79	43,34
	w_a		40,98		41,99		42,08		37,09

utilizando-se a matriz $\mathbf{A}^+$, podemos concluir por ligeira redução na taxa máxima de lucros concomitante a uma utilização mais intensiva de insumos importados. No tocante aos insumos nacionais, a elevação da taxa máxima de lucros seria quase a suficiente para compensar o aumento da parcela de salários na renda observado no período, o que não é verdade ao incluirmos os insumos importados. Não obstante, como a parcela do rendimento misto bruto no total da renda vinha se reduzindo ao longo do período, a parcela da renda ajustada é menor em 2010 do que em 2000, o que nos leva à constatação de uma (ligeira) elevação da taxa de lucros entre 2000 e 2005 e também (mais pronunciada) entre 2005 e 2010, mesmo ao levarmos em conta a inclusão dos insumos importados, relembrando que entre as duas últimas matrizes a explicação pode passar pelas mudanças metodológicas. A queda da taxa de lucros entre 2010 e 2015, que ocorre para qualquer medida utilizada, é ainda maior para as taxas efetivas do que para as taxas máximas, pois as parcelas de salários, com e sem ajuste, continuaram se elevando no período.

Código para Scilab

Capítulo 8

Subsistemas e integração vertical

Neste capítulo, trataremos de dois tópicos correlatos que, à primeira vista, parecem nos remeter a conceitos áridos e distantes da esfera aplicada. Entretanto, como tentaremos deixar claro, trata-se do oposto da verdade, pois a aplicabilidade dos conceitos é imediata e abrange variados usos, como servem de exemplo a medição da produtividade a partir de coeficientes de trabalho verticalmente integrados, a ser discutida no próximo capítulo, ou uma representação da mudança estrutural do ponto de vista dos subsistemas, como veremos no Capítulo 11.

8.1 Subsistemas

É num apêndice de menos de uma página que Sraffa (1960, p. 89) apresenta o conceito de subsistema, o qual, de acordo com Pasinetti (1988, p. 125), foi cunhado especificamente para analisar as quantidades de trabalho que entram direta e indiretamente na produção de cada mercadoria. A ideia é que possamos subdividir um sistema econômico em tantas partes quantas sejam as mercadorias compondo a demanda final. Se isolamos somente uma mercadoria, observamos como a demanda final exclusivamente destinada a tal mercadoria gera necessidades de trabalho na própria e nas outras atividades. Ou seja, ao montarmos um subsistema, podemos visualizar o espraiamento das unidades de trabalho requeridas direta e indiretamente em virtude da demanda final (produto líquido) daquela mercadoria específica. Desse modo:

> "Embora somente uma fração do trabalho de um subsistema esteja empregada na indústria que produz diretamente a mercadoria constituindo o produto líquido, desde que todas as outras indústrias meramente forneçam a reposição para os meios de produção utilizados, o todo do trabalho empregado pode ser reconhecido como direta e indiretamente envolvido na produção daquela mercadoria.
>
> Assim, num subsistema visualizamos de relance, como um agregado, a mesma quantidade de trabalho que obtemos como a soma dos termos de uma série quando rastreamos os sucessivos estágios de produção da mercadoria" (Sraffa, 1960, p. 89).

Um exemplo com três mercadorias, utilizado no Capítulo 3 e que se inicia na seção 3.3.4, parece particularmente apropriado para introduzirmos os subsistemas e esboçarmos uma representação gráfica. De fato, ao final daquele capítulo, chegamos a expressar um subsistema em particular sem que tenhamos utilizado tal denominação. Na equação (3.51), após termos introduzido três unidades na demanda final por ferro, chegamos ao total das ocupações a partir de $\mathbf{l}'(\mathbf{I}-\mathbf{A})^{-1}\mathbf{f} = 65,4545$. Posteriormente, na equação (3.53), isolamos a demanda final por essa mercadoria, ferro, e obtivemos as ocupações geradas na própria produção de ferro, além das geradas na produção de trigo e porcos. Poderíamos expressar a montagem daquele subsistema por meio de $\hat{\mathbf{l}}(\mathbf{I}-\mathbf{A})^{-1}\mathbf{f}_2$, já que se tratava da segunda mercadoria. Naquela equação, chegamos a:

$$\hat{\mathbf{l}}(\mathbf{I}-\mathbf{A})^{-1}\begin{bmatrix} 0 \\ 3 \\ 0 \end{bmatrix} = \begin{bmatrix} 1,0316 \\ 3,0593 \\ 1,3636 \end{bmatrix} \tag{8.1}$$

Assim, generalizando, poderíamos expressar as necessidades de trabalho em cada subsistema i a partir de:

$$\hat{\mathbf{l}}(\mathbf{I}-\mathbf{A})^{-1}\mathbf{f}_i \tag{8.2}$$

onde $\mathbf{f}_i$ está expressando a demanda final exclusivamente pela mercadoria i, sendo nulos os demais elementos do vetor $\mathbf{f}$.

De volta ao exemplo, teríamos ainda os subsistemas relativos às mercadorias 1 (trigo) e 3 (porcos):

$$\hat{\mathbf{l}}(\mathbf{I}-\mathbf{A})^{-1}\mathbf{f}_1 = \hat{\mathbf{l}}(\mathbf{I}-\mathbf{A})^{-1}\begin{bmatrix} 18 \\ 0 \\ 0 \end{bmatrix} = \begin{bmatrix} 15,5810 \\ 8,9644 \\ 8,1818 \end{bmatrix} \tag{8.3}$$

$$\hat{\mathbf{l}}(\mathbf{I}-\mathbf{A})^{-1}\mathbf{f}_3 = \hat{\mathbf{l}}(\mathbf{I}-\mathbf{A})^{-1}\begin{bmatrix} 0 \\ 0 \\ 15 \end{bmatrix} = \begin{bmatrix} 2,4190 \\ 3,0356 \\ 21,8182 \end{bmatrix} \tag{8.4}$$

Ao tomarmos o subsistema 3, relativo à demanda final por porcos, podemos afirmar, em termos aproximados, que, das 27 ocupações geradas em virtude da demanda final por essa mercadoria (ignorando-se a demanda final pelas outras duas mercadorias), 22 ocupações foram geradas na própria produção de porcos, 3 ocupações foram geradas na produção de ferro e 2 ocupações foram geradas na produção de trigo. Para o subsistema 1, as 18 unidades demandadas de trigo geraram 33 ocupações, assim divididas: 16 ocupações na produção do próprio trigo, 9 ocupações na produção de ferro e 8 ocupações na produção de porcos.

Somando-se todas as ocupações, conforme obtidas nos três subsistemas, teríamos que encontrar, novamente, o total dado por $\mathbf{l}'(\mathbf{I}-\mathbf{A})^{-1}\mathbf{f} = 65,4545$. Assim, estamos apenas reclassificando os totais ocupados em cada atividade, respectivamente, 19, 15 e 31, pelo critério da demanda final originária de tais ocupações.

Para um exemplo com apenas três subsistemas, pode parecer ocioso apresentarmos uma representação gráfica, uma vez que é perfeitamente factível percorrermos os nove elementos encontrados, analisando-os individualmente. Mas e no caso de uma economia real? Seria possível analisarmos os quase 4500 elementos obtidos a partir do sistema brasileiro para 67 atividades? Para nos familiarizarmos com esse tipo de representação, portanto, apresentamos a Figura 8.1, com os subsistemas para o emprego advindos do nosso exemplo.

Figura 8.1 – Subsistemas hipotéticos para o emprego

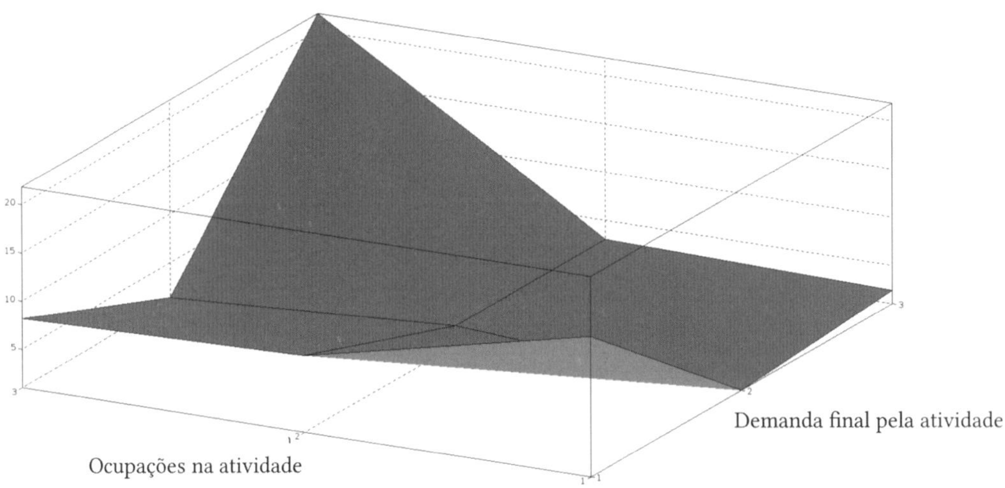

Nesse gráfico em três dimensões, podemos notar que o ponto mais alto é dado pelas 22 ocupações descritas anteriormente, as quais foram geradas em virtude da demanda final pela mercadoria 3 (porcos), na produção da própria mercadoria. Os eixos de um plano cartesiano tradicional estão descrevendo a demanda final por cada mercadoria (de 1 a 3), no eixo horizontal lateral, e as ocupações geradas na produção de cada uma dessas mercadorias, no eixo horizontal mais frontal. É pela altura dos pontos gerados no gráfico, no eixo vertical, que temos o número de ocupações geradas. Percorrendo a região encostada no eixo relativo à demanda final pela mercadoria 3, visualizamos as três ocupações geradas na produção de ferro e as duas geradas na produção de trigo. Movendo-nos para a frente do gráfico, para analisar as ocupações geradas pela demanda final por trigo, encontramos os dezesseis empregos gerados na produção do próprio trigo, os nove gerados na produção de ferro e os oito correspondentes à produção de porcos.

Código para Scilab

8.1.1 Subsistemas para o Brasil em 2010

Para economias reais, podemos expressar similarmente os subsistemas, desde que lembremos que estamos utilizando a classificação de atividades econômicas. Trata-se, portanto, de mensurar como a demanda final por uma determinada atividade se espraia em termos de empregos gerados na própria e em todas as outras atividades econômicas. Na notação que utilizamos anteriormente, basta substituirmos o vetor **f** pelo vetor **e** para expressar a demanda final classificada por atividade.

$$\hat{\mathbf{l}}(\mathbf{I} - \mathbf{A})^{-1}\mathbf{e}_i \tag{8.5}$$

Assim, para o Brasil em 2010, por exemplo, teríamos que calcular 67 subsistemas relativos ao emprego. Utilizando a mesma representação gráfica do nosso exemplo, chegaríamos à Figura 8.2. Chama a atenção, imediatamente, a cordilheira que se estende diagonalmente. De fato, trata-se da diagonal principal de uma matriz contendo os 67 subsistemas; ou seja, trata-se da demanda final por cada atividade gerando ocupações na própria atividade. O mais alto dos picos encontra-se na atividade 41 (comércio por atacado e varejo), apontando mais de 11 milhões de ocupações em virtude da demanda final por essa atividade. Esse pico demarca uma notória fileira na direção sudoeste-nordeste, a qual representa a geração de emprego no comércio em virtude da demanda final pelas mais variadas atividades.

Figura 8.2 – Subsistemas para o emprego no Brasil em 2010

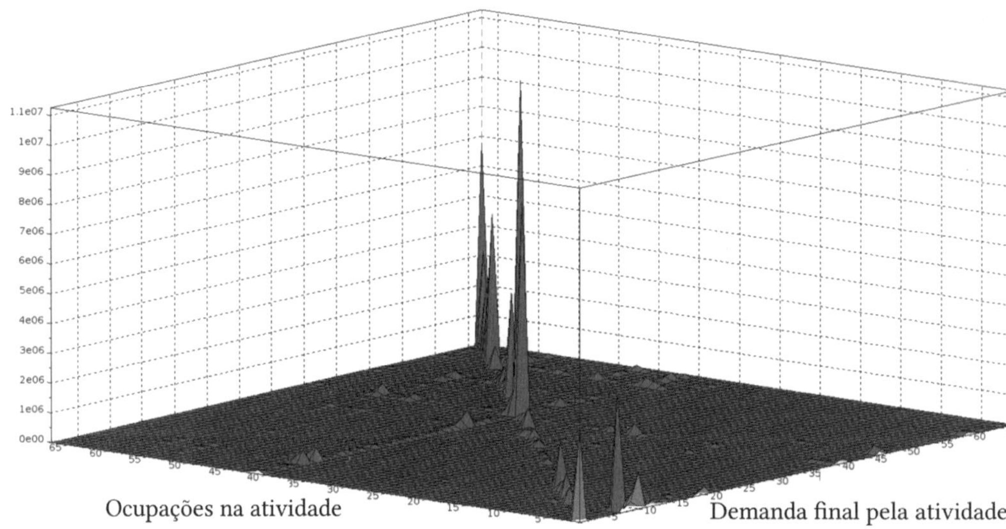

Similarmente, encostadas na parede sudeste, vemos como a demanda pelas diversas atividades se reflete no emprego agropecuário, com destaque para os impactos da demanda final pelo abate e produção de carne (subsistema 8) no que tange ao emprego na pecuária, com quase 3,9 milhões de ocupações, e para os impactos da demanda final pela fabricação e refino de açúcar (subsistema 9) e por outros produtos alimentares (subsistema 10) sobre o emprego na agricultura, com mais de 600 mil e 1,2 milhão de ocupações, respectivamente.

Ao contrário, no sentido sudeste-noroeste, podemos observar as atividades que se destacam em termos de espraiamento da sua demanda final gerando empregos por toda a economia. Nesse caso, podemos observar a demanda final por atividades industriais típicas (subsistemas 13 a 37) gerando empregos nos serviços, com destaque para a demanda final por automóveis, caminhões e ônibus (subsistema 33), visto que, dos mais de 1,8 milhão de ocupações geradas por sua demanda final, pouco mais de 10% está na própria atividade — com mais de meio milhão de empregos gerados no comércio.

A atividade de comércio também se destaca pela sua demanda final, pois, apesar de mais de 85% da geração de emprego estar concentrada na própria atividade, os quase 2 milhões de empregos restantes se espraiam gerando, por exemplo, quase 170 mil ocupações nas atividades jurídicas, contábeis, consultoria e sedes de empresas e quase 350 mil ocupações nas outras atividades administrativas e serviços complementares. Cabe mencionar, ainda no sentido sudeste-noroeste, a fileira puxada pela administração pública, defesa e seguridade social, subsistema cuja demanda final constitui mais de 7,5 milhões de empregos e que, apesar de concentrar mais de 5 milhões de ocupações na própria atividade, gera mais de 190 mil empregos na construção, mais de 280 mil no comércio, mais de 230 mil na alimentação e mais de 450 mil nas outras atividades administrativas e serviços complementares.

Código para Scilab

8.2 Integração vertical

A partir da mesma lógica que utilizamos para passar, entre os Capítulos 4 e 5, das tabelas insumo-produto completas para os indicadores sintéticos, poderíamos nos fazer pergunta similar: e se quisermos resumir as informações presentes nos diferentes subsistemas? Felizmente, a resposta agora nos é familiar e também passa pela agregação dos subsistemas, tal qual fizemos com os multiplicadores àquela altura. Ligando as "quantidades diretas e indiretas de trabalho de Sraffa com os 'requisitos diretos e indiretos' provenientes da matriz inversa de Leontief" (Pasinetti, 1988, p. 125), Pasinetti (1973) foi capaz de apresentar, em artigo seminal, a noção de integração vertical.

O processo de integração vertical, de acordo com o autor, costuma ser dado como certo sem que uma discussão apropriada da sua construção seja apresentada. O uso da noção, contudo, é tão pervasivo que está implícito nas argumentações dos economistas clássicos sobre a teoria do valor, no mecanismo walrasiano de eliminação do consumo intermediário da análise da produção e em todas as discussões keynesianas que envolvem magnitudes macroeconômicas (Pasinetti, 1973, p. 1).

Seguindo o relato de Pasinetti (1973, p. 5), apesar de, àquela altura, já entendermos bem o significado dos coeficientes ao longo de uma coluna da matriz inversa de Leontief, o significado das magnitudes verticalmente integradas ainda não estava claro.[1] Mas os coeficientes que nos permitem a transição para as magnitudes verticalmente integradas, no caso do trabalho, são dados justamente por:

$$\mathbf{l}'(\mathbf{I} - \mathbf{A})^{-1} \tag{8.6}$$

que é precisamente como definimos, na equação (5.7), os multiplicadores de

[1] Devemos ter em mente que estamos simplificando os resultados apresentados por Pasinetti (1973) na medida em que não estamos trabalhando com estoques de capital, o que não nos habilita a tratar de modelos dinâmicos, como no passo a mais proposto por Pasinetti (1988).

emprego. Nas palavras de Pasinetti (1973, p. 6), cada coeficiente do vetor linha resultante

> "expressa de uma maneira consolidada a quantidade de trabalho requerida direta e indiretamente em todo o sistema econômico para obter uma unidade física da mercadoria i como um bem final. Nós poderíamos chamá-lo de *coeficiente de trabalho verticalmente integrado* para a mercadoria i".

Se a identificação com os multiplicadores utilizados modernamente na análise insumo-produto é imediata, talvez não possamos dizer o mesmo acerca da interpretação econômica relacionada. Ainda mais quando ficamos alheios à ideia de subsistema. Deve-se notar que a agregação dos coeficientes de quaisquer subsistemas para o emprego resulta num coeficiente de trabalho verticalmente integrado, pois, por definição:

$$\mathbf{i}'\hat{\mathbf{l}}(\mathbf{I}-\mathbf{A})^{-1} = \mathbf{l}'(\mathbf{I}-\mathbf{A})^{-1} \tag{8.7}$$

Voltando a Pasinetti (1973, p. 6): "Um setor verticalmente integrado é, portanto, uma forma compacta de representar um subsistema, uma vez que sintetiza cada subsistema num único coeficiente de trabalho".

De um lado, a noção de integração vertical foi apresentada por Pasinetti (1973) de um ponto de vista mais teórico e com uma série de ramificações importantes, concluindo pela necessidade do entendimento de seu processo lógico para avançarmos na análise da mudança tecnológica. E, de fato, tal noção foi crucial para o desenvolvimento dos modelos teóricos dinâmicos apresentados por esse autor (Pasinetti, 1981, 1993), muito porque a análise multissetorial da produtividade poderia ser descrita mais sinteticamente e ao longo do tempo por meio dos coeficientes de trabalho verticalmente integrados.

Por outro lado, o próprio autor dedica um capítulo (Pasinetti, 1981, cap. 6) à adaptação empírica de um modelo pensado em termos verticalmente integrados a partir das matrizes insumo-produto empiricamente observáveis, destacando que, apesar de os dados não serem coletados pensando-se na análise verticalmente integrada, o são para a análise insumo-produto, de modo que a passagem de uma a outra pode ser realizada por procedimentos algébricos simples. Assim, retornaremos posteriormente ao uso desse conceito, tanto para a mensuração da produtividade do trabalho quanto para suas repercussões relativas à mudança estrutural.

8.2.1 Um exemplo de integração vertical

Para o exemplo utilizado na seção 8.1, enquanto os coeficientes diretos de trabalho ($\mathbf{l}$) seriam dados por:

$$\mathbf{l}' = \begin{bmatrix} 0,4 & 0,5714 & 1 \end{bmatrix} \tag{8.8}$$

os coeficientes de trabalho verticalmente integrados seriam dados por:

$$\mathbf{l}'(\mathbf{I} - \mathbf{A})^{-1} = \begin{bmatrix} 1,8182 & 1,8182 & 1,8182 \end{bmatrix} \tag{8.9}$$

Ou seja, os requisitos de emprego por unidade de demanda final seriam os mesmos para as três mercadorias,[2] enquanto as ocupações verticalmente integradas poderiam ser obtidas por:

$$\mathbf{l}'(\mathbf{I} - \mathbf{A})^{-1}\hat{\mathbf{f}} = \begin{bmatrix} 1,8182 & 1,8182 & 1,8182 \end{bmatrix} \begin{bmatrix} 18 & 0 & 0 \\ 0 & 3 & 0 \\ 0 & 0 & 15 \end{bmatrix} \tag{8.10}$$

$$\mathbf{l}'(\mathbf{I} - \mathbf{A})^{-1}\hat{\mathbf{f}} = \begin{bmatrix} 32,7273 & 5,4545 & 27,2727 \end{bmatrix} \tag{8.11}$$

[2]Isso ocorre porque o exemplo de Pasinetti (1977, p. 144) utiliza preços proporcionais aos valores-trabalho do sistema em termos físicos, de modo que $\mathbf{l}'\mathbf{L} = \begin{bmatrix} 0,1818 & 1,8182 & 0,9091 \end{bmatrix}$ e $\mathbf{p}' = \begin{bmatrix} 0,1 & 1 & 0,5 \end{bmatrix}$. Agradeço ao professor Rodolfo Hoffmann por ter chamado a minha atenção para esse ponto.

os quais, por sua vez, totalizariam novamente $\mathbf{l}'(\mathbf{I}-\mathbf{A})^{-1}\mathbf{f} = 65,4545$. Contraste-se com as ocupações efetivas em cada atividade e a ideia de reclassificação deve tornar-se clara:

$$\hat{\mathbf{l}}(\mathbf{I}-\mathbf{A})^{-1}\mathbf{f} = \begin{bmatrix} 0,4 & 0 & 0 \\ 0 & 0,5714 & 0 \\ 0 & 0 & 1 \end{bmatrix} \begin{bmatrix} 47,5791 \\ 26,3538 \\ 31,3636 \end{bmatrix} \tag{8.12}$$

$$[\hat{\mathbf{l}}(\mathbf{I}-\mathbf{A})^{-1}\mathbf{f}]' = \begin{bmatrix} 19,0316 & 15,0593 & 31,3636 \end{bmatrix} \tag{8.13}$$

Utilizando a mesma definição para o valor adicionado (insumos primários) presente em (3.11), já como proporção da produção, $\mathbf{v} = \hat{\mathbf{q}}^{-1}[\mathbf{q}-(\mathbf{i}'\mathbf{Q})']$, poderíamos também expressar o valor adicionado verticalmente integrado, ou seja, classificado pela demanda final, mostrando a diferença entre esse e o valor adicionado no âmbito de cada atividade. Lembrando que, por definição, $\mathbf{v}'\mathbf{L} = \mathbf{i}'$, o valor adicionado verticalmente integrado seria:

$$\mathbf{v}'(\mathbf{I}-\mathbf{A})^{-1}\hat{\mathbf{f}} = \begin{bmatrix} 18 & 3 & 15 \end{bmatrix} \tag{8.14}$$

Ou seja, a própria demanda final por atividade indicaria quanto se adiciona ao longo da cadeia, em oposição a:

$$[\hat{\mathbf{v}}(\mathbf{I}-\mathbf{A})^{-1}\mathbf{f}]' = \begin{bmatrix} 10,4674 & 8,2826 & 17,25 \end{bmatrix} \tag{8.15}$$

que é o valor adicionado em cada atividade, cujo total tem que resultar, naturalmente, nos mesmos 36.

Código para Scilab

8.2.2 Integração vertical e dados brasileiros

Nesta seção, as expressões apresentadas já utilizarão a nomenclatura adotada pelo IBGE para tratarmos da demanda final e da produção por atividade. Como vimos, não há nada que restrinja o processo de integração vertical ao cálculo dos requisitos de emprego, o que é verdade também para os subsistemas.[3] Os multiplicadores, definidos entre as equações (5.4) e (5.7), constituem, portanto, um processo de integração vertical. Voltando às ocupações, a última coluna da Tabela 5.1, por exemplo, nos traz os coeficientes de trabalho verticalmente integrados. Operações do tipo

$$\mathbf{l}'(\mathbf{I}-\mathbf{A})^{-1}\mathbf{e}_i \tag{8.16}$$

[3]A rigor, não há necessidade lógica de o processo de integração vertical ser realizado somente com vetores. Pasinetti (1973) também integra verticalmente as matrizes de coeficientes técnicos, de modo a reclassificar o consumo intermediário, que antes estava classificado a partir da produção total, também para termos da demanda final. No caso mais simples, sem capital fixo, fazendo $\mathbf{H}=\mathbf{A}(\mathbf{I}-\mathbf{A})^{-1}$, podemos reescrever $\mathbf{Ag}+\mathbf{e}=\mathbf{g}$ como $\mathbf{A}(\mathbf{I}-\mathbf{A})^{-1}\mathbf{e}+\mathbf{e}=\mathbf{g}$ ou como $\mathbf{He}+\mathbf{e}=\mathbf{g}$, o que resulta em $\mathbf{g}=(\mathbf{H}+\mathbf{I})\mathbf{e}$. Como sabemos que $\mathbf{g}=(\mathbf{I}-\mathbf{A})^{-1}\mathbf{e}$, conclui-se que $\mathbf{H}+\mathbf{I}=(\mathbf{I}-\mathbf{A})^{-1}$ e, portanto, que $\mathbf{H}=(\mathbf{I}-\mathbf{A})^{-1}-\mathbf{I}$. Essa última expressão para $\mathbf{H}$ corresponde à inversa de Leontief excluindo-se 1 de cada elemento da diagonal principal, de modo que qualquer pré-multiplicação da matriz $\mathbf{H}$ por um vetor de demanda final contabilizará somente o consumo intermediário, desconsiderando o impacto inicial dado pela própria demanda final. Também em Miller e Blair (2009, p. 252) podemos encontrar uma discussão acerca da adequação de considerarmos esse impacto inicial em alguns contextos específicos.

para cada uma das 67 atividades brasileiras nos renderiam o total das ocupações verticalmente integradas, ou seja, reclassificadas pelo critério da demanda final por determinada atividade. Mais sinteticamente, poderíamos obter as ocupações para todas as atividades simultaneamente ao diagonalizarmos o vetor de demanda final, pré-multiplicando-o pelos coeficientes de trabalho verticalmente integrados:

$$\mathbf{l}'(\mathbf{I}-\mathbf{A})^{-1}\hat{\mathbf{e}} \tag{8.17}$$

Poderíamos, portanto, obter cada um dos componentes do valor adicionado, como salários, lucros e impostos indiretos, de forma verticalmente integrada, ou seja, reclassificados pela demanda final em cada atividade, e mesmo outras medidas como emissões de gás carbônico ou uso de energia, caso estivessem disponíveis.[4] Algumas vezes, nosso interesse imediato sequer está em obter a reclassificação por atividade, como veremos na próxima seção. Contudo, a forma correta de obter as magnitudes verticalmente integradas é a partir do conhecimento das inter-relações entre as atividades econômicas, ou seja, mapeando-se os encadeamentos a montante da cadeia produtiva.

Esquema departamental kaleckiano como exemplo de integração vertical

Como mencionado anteriormente, os agregados macroeconômicos são comumente medidos em termos verticalmente integrados. Seria pouco ilustrativo do processo de integração vertical, todavia, tratarmos de salários e lucros agregados ou do total de ocupações numa economia em virtude do total da demanda final, por exemplo. Mais útil seria exemplificarmos o uso da integração vertical a partir de uma tabela, como no esquema (tri)departamental kaleckiano (Kalecki, 1968), deixando claro como vislumbrou-se o cálculo das magnitudes ali presentes.

[4]Como estão para os dados da WIOD em https://www.rug.nl/ggdc/valuechain/wiod.

Seguindo o próprio Kalecki (1968, p. 459), cada departamento inclui a produção necessária das respectivas matérias primas. Ou seja, salários e lucros pagos para a produção de todas as matérias-primas necessárias para a demanda final por cada categoria estão inclusos nos departamentos — reclassifica-se a categoria de rendimento de acordo com a categoria de demanda final, *i.e.*, integra-se verticalmente.

Naturalmente, para os dados brasileiros atuais,[5] sabendo-se que as matrizes de demanda final são apresentadas por categoria de demanda, não há dificuldades em obtermos a integração vertical dos salários pagos, direta e indiretamente, para a produção dos bens de capital, por exemplo. Esse será o nosso primeiro departamento e ignoraremos, por ora, a divisão entre consumo capitalista e consumo dos trabalhadores, crucial para o esquema teórico simplificado de Kalecki (1968), porém, desnecessariamente complicada para exemplificarmos a lógica da integração vertical.[6]

Para esse exercício, agregamos o consumo das famílias e das instituições sem fins de lucro a serviço das famílias e não utilizamos a variação de estoques, de modo que o investimento é igual à formação bruta de capital fixo. No entanto, o valor adicionado total, de quase 3,3 trilhões de reais, corresponde a mais de 99% do VAB apurado para 2010. Utilizando os salários como exemplo na equação abaixo, trabalhamos com a seguinte matriz de agregação para tomarmos os componentes da demanda final a constituírem o esquema tetradepartamental apresentado:

[5]Tentativa anterior de montar um esquema departamental kaleckiano (Young e Silveira, 1988), em virtude da limitação dos dados à época, teve que recorrer a simplificações de várias espécies, apesar de os autores considerarem que o procedimento correto passaria por um processo de integração vertical como o aqui apresentado.

[6]Daremos continuidade a esse exemplo, realizando a aludida separação, ao final do Capítulo 10.

$$\mathbf{w}'(\mathbf{I}-\mathbf{A})^{-1}\mathbf{E}\begin{bmatrix}1&0&0&0\\0&1&0&0\\0&0&1&0\\0&0&1&0\\0&0&0&1\\0&0&0&0\end{bmatrix} \tag{8.18}$$

Tabela 8.1 – Esquema tetradepartamental 2010 (em milhões de reais)

	I	*C*	*G*	*X*	*total*
Lucros	232.436,0	822.485,0	124.092,1	161.507,9	1.340.521,0
Salários	329.355,4	869.230,5	561.332,7	171.376,4	1.931.295,0
total	591.791,4	1.691.715,6	685.424,7	332.884,2	3.271.816,0

Contabilizando o rendimento misto bruto como salários (estamos utilizando o que chamamos anteriormente de salários ajustados, $\mathbf{w_a}$), a parcela de salários na renda, no agregado, é de 59%. Nos departamentos de produção de bens de consumo das famílias (C) e de produção para exportação (X), a parcela de salários na renda é inferior a 52%, enquanto é de quase 56% no departamento produtor de bens de capital (I), se aproximando de 82% no departamento produtor de bens de consumo do governo (G). Enquanto a Tabela 8.1 é apresentada em milhões de reais, a Tabela 8.2 mostra todas as magnitudes como proporções da renda total.

Tabela 8.2 – Esquema tetradepartamental 2010 (em proporções da renda)

	I	*C*	*G*	*X*	*total*
Lucros	7,1	25,1	3,8	4,9	41,0
Salários	10,1	26,6	17,2	5,2	59,0
total	17,2	51,7	20,9	10,2	100,0

Código para Scilab

Capítulo 9

Produtividade

Muitas são as maneiras pelas quais tentamos medir a produtividade,[1] mas há um fio condutor do qual não conseguimos escapar: estamos sempre pensando na razão entre produto e insumo. As complicações começam quando nos damos conta de que existe uma enormidade de definições alternativas correspondentes ao produto e outras tantas correspondentes aos insumos. Enquanto as medidas mais usuais costumam focar o valor adicionado e os insumos primários (mormente capital e trabalho), a abordagem sugerida até aqui possivelmente nos induziria ao uso da produção total, por atividade, confrontada com as necessidades de trabalho, ou ainda ao excedente gerado ante os insumos utilizados como consumo intermediário. Ao final deste capítulo, teremos explorado ambas as alternativas, a começar pelas medidas de produtividade do trabalho.

[1] O manual da OECD (2001) a respeito é bastante ilustrativo das diversas tentativas de mensuração, em geral, e o artigo de De Juan e Febrero (2000) é mais específico para o caminho que seguimos até aqui. O trabalho de Rampa (1981), disponibilizado como texto para discussão da Universidade de Cambridge, que, pela data de publicação, não é de fácil acesso, cobre com sobras toda a discussão efetuada neste capítulo — agradeço a Gabriel Brondino pela cópia, com a qual tive contato somente em versões mais avançadas deste material.

9.1 Produtividade do trabalho

9.1.1 Crescimento da produtividade num exemplo

Dando sequência ao exemplo utilizado no capítulo anterior, os coeficientes diretos de trabalho (l_i), isto é, o vetor das necessidades diretas de trabalho por unidade de produto, eram dados por:

$$\mathrm{l}' = \begin{bmatrix} 0,4 & 0,5714 & 1 \end{bmatrix} \tag{9.1}$$

Uma medida de produtividade do trabalho por atividade bastante utilizada consiste justamente no recíproco desses elementos ($1/l_i$), o que renderia a produção total de cada atividade no numerador e a quantidade de trabalho (insumo) requerida no denominador. A partir do vetor acima, podemos diferenciar dois tópicos: (i) as produtividades do trabalho são diferentes entre as atividades, de modo que a produção de trigo é mais produtiva que a produção de ferro, que, por sua vez, é mais produtiva que a produção de porcos — quanto maior é a intensidade do trabalho por unidade de produto, menos produtiva é a atividade; e (ii) quedas nos coeficientes (digamos, ao longo do tempo) de trabalho direto indicariam um aumento da produtividade do trabalho.

Não teríamos como afirmar até aqui, todavia, se o que teria ocorrido para uma suposta queda dos coeficientes diretos de trabalho se deveria a aumentos da produção, dada a quantidade de trabalho, ou a diminuições da quantidade de trabalho, dada a produção. Não teríamos também como saber se a estrutura de preços relativos ou a cesta de demanda final se mantiveram as mesmas, resultando em problemas de interpretação.

Assim, construiremos um exemplo com períodos 1 e 2 no qual preservaremos as ocupações em cada atividade e alteraremos a cesta de demanda final de modo a manter a consistência com a queda postulada de um coeficiente de trabalho específico.[2] Façamos com que somente o coeficiente da

[2]Tratemos das alterações como se fossem de quantidade e adiemos a discussão sobre deflacionamento e mudanças nos preços relativos para a próxima seção.

terceira atividade (produção de porcos) seja reduzido para 0,8. Teríamos, portanto:

$$\mathbf{l'}_{[1]} = \begin{bmatrix} 0,4 & 0,5714 & 1 \end{bmatrix} \tag{9.2}$$

$$\mathbf{l'}_{[2]} = \begin{bmatrix} 0,4 & 0,5714 & 0,8 \end{bmatrix} \tag{9.3}$$

O crescimento da produtividade poderia ser calculado, para cada coeficiente, a partir de $\frac{1/l_{i[2]}}{1/l_{i[1]}} - 1$, o que é o mesmo que $\frac{l_{i[1]}}{l_{i[2]}} - 1$. Matricialmente, a representação pode ser feita por:

$$\mathbf{l'}_{[1]}\hat{\mathbf{l}}'^{-1}_{[2]} - \mathbf{i'} = \begin{bmatrix} 0 & 0 & 0,25 \end{bmatrix} \tag{9.4}$$

indicando o crescimento de 25% na produtividade do trabalho relativa à terceira atividade. Para que as ocupações em todas as atividades permaneçam constantes, precisamos aumentar a produção total de porcos nos mesmos 25%. Com isso, calculando-se a demanda final a partir deste novo vetor de produção total, teríamos:

$$\mathbf{f}_{[2]} = (\mathbf{I} - \mathbf{A}_{[1]})\hat{\mathbf{q}}_{[1]} \begin{bmatrix} 1 \\ 1 \\ 1,25 \end{bmatrix} = \begin{bmatrix} 17,2159 \\ 2,2159 \\ 20,8807 \end{bmatrix} \tag{9.5}$$

lembrando que a demanda final original era dada por $\mathbf{f'}_{[1]} = \begin{bmatrix} 18 & 3 & 15 \end{bmatrix}$, o que deixa claro que houve um ajuste na cesta de demanda final. Deve-se notar ainda que estamos utilizando a mesma matriz de coeficientes técnicos e, por conseguinte, também a inversa de Leontief, do período 1:

$$\mathbf{A}_{[1]} = \begin{bmatrix} 0,4133 & 0,2571 & 0,1 \\ 0,2667 & 0,2857 & 0,1 \\ 0,1 & 0,1429 & 0,25 \end{bmatrix} \tag{9.6}$$

$$\mathbf{L}_{[1]} = (\mathbf{I} - \mathbf{A}_{[1]})^{-1} = \begin{bmatrix} 2,1640 & 0,8597 & 0,4032 \\ 0,8715 & 1,7846 & 0,3542 \\ 0,4545 & 0,4545 & 1,4545 \end{bmatrix} \tag{9.7}$$

Desse modo, não estamos supondo a ocorrência de mudanças na matriz **A** de coeficientes técnicos, mas somente uma redução em um dos coeficientes diretos de trabalho no vetor **l**, mantidas constantes as ocupações. Ou seja, deve ficar claro que, por hipótese, as ocupações ficaram constantes precisamente porque supomos um crescimento da produção de porcos de igual magnitude ao crescimento da produtividade nessa atividade — o que não necessita ser o caso no mundo real.

O que também não conseguimos captar até aqui é como mudanças da produtividade numa atividade se espraiam para as demais, ou mesmo, em alguns casos, se um aumento de produtividade em uma atividade proveniente de uma redução da intensidade direta do trabalho não estaria disfarçando uma transferência de mão de obra para outra atividade, como no caso dos processos de terceirização. Essas são críticas recorrentes quando pensamos na produtividade medida pelos coeficientes diretos de trabalho (OECD, 2001; De Juan e Febrero, 2000; Fevereiro, Bastos e Freitas, 2016), mas que encontram solução quando passamos a tratar dos coeficientes de trabalho verticalmente integrados como medida de produtividade (De Juan e Febrero, 2000; Costa Jr. e Teixeira, 2010; Dias e Gonçalves, 2015; Fevereiro, Bastos e Freitas, 2016).

Seguindo com o nosso exemplo, os coeficientes de trabalho verticalmente integrados para o primeiro período seriam dados por:

$$\mathbf{l}'_{\mathbf{v}[1]} = \mathbf{l}'_{[1]}(\mathbf{I} - \mathbf{A}_{[1]})^{-1} = \begin{bmatrix} 1,8182 & 1,8182 & 1,8182 \end{bmatrix} \tag{9.8}$$

Ainda mantendo a hipótese de que os coeficientes técnicos de produção permanecem os mesmos, os coeficientes de trabalho verticalmente integrados para o período 2 seriam:

$$\mathbf{l}'_{\mathbf{v}[2]} = \mathbf{l}'_{[2]}(\mathbf{I} - \mathbf{A}_{[1]})^{-1} = \begin{bmatrix} 1,7273 & 1,7273 & 1,5273 \end{bmatrix} \tag{9.9}$$

denotando que os ganhos de produtividade ao tomarmos as atividades verticalmente integradas (reclassificadas por unidade de demanda final), apesar de concentrarem-se na atividade verticalmente integrada proveniente da demanda final por porcos (o que inclui o consumo intermediário necessário para tal), difundem-se para as demais atividades verticalmente integradas. Analogamente a (9.4), o crescimento da produtividade verticalmente integrada pode ser dado a partir de:

$$\mathbf{l}'_{\mathbf{v}[1]}\hat{\mathbf{l}'}^{-1}_{\mathbf{v}[2]} - \mathbf{i}' = \begin{bmatrix} 0,0526 & 0,0526 & 0,1905 \end{bmatrix} \tag{9.10}$$

E se supuséssemos, diferentemente do realizado até aqui, mudanças exógenas também nos elementos da matriz **A** de coeficientes técnicos? Mantendo o formato do exercício proposto, não haveria qualquer indicativo de tal mudança nas medidas de produtividade a partir dos coeficientes diretos de trabalho.[3] Contudo, teríamos repercussões na produtividade medida a partir de coeficientes de trabalho verticalmente integrados. A fim de avaliar a natureza dessas repercussões, acrescentemos mais uma etapa ao nosso exercício.

Façamos com que, na atividade 1, o uso de trigo como insumo para a produção do próprio trigo sofra uma redução. Para uma produção total de trigo de 47,6 unidades, 19,7 unidades eram utilizadas como consumo intermediário na produção do próprio trigo. Suponhamos que a produção de trigo permaneça constante, mas que sejam necessárias 3 unidades a menos como consumo intermediário, as quais agora comporão a demanda final por trigo. Desse modo, teríamos as seguintes matrizes de coeficientes técnicos e inversa de Leontief:

$$\mathbf{A}_{[2]} = \begin{bmatrix} 0,3503 & 0,2571 & 0,1 \\ 0,2667 & 0,2857 & 0,1 \\ 0,1 & 0,1429 & 0,25 \end{bmatrix} \tag{9.11}$$

[3] Apesar de mudanças na cesta de demanda final serem inevitáveis para mantermos as hipóteses do exercício.

$$\mathbf{L}_{[2]} = (\mathbf{I} - \mathbf{A}_{[2]})^{-1} = \begin{bmatrix} 1,9042 & 0,7565 & 0,3548 \\ 0,7669 & 1,7430 & 0,3347 \\ 0,4000 & 0,4329 & 1,4444 \end{bmatrix} \tag{9.12}$$

Recalculando os coeficientes de trabalho verticalmente integrados para o período 2 e as novas taxas de crescimento da produtividade, teríamos:

$$\mathbf{l}'_{\mathbf{v}[2]} = \mathbf{l}'_{[2]}(\mathbf{I} - \mathbf{A}_{[2]})^{-1} = \begin{bmatrix} 1,5199 & 1,6449 & 1,4886 \end{bmatrix} \tag{9.13}$$

$$\mathbf{l}'_{\mathbf{v}[1]}\hat{\mathbf{l}'}^{-1}_{\mathbf{v}[2]} - \mathbf{i}' = \begin{bmatrix} 0,1963 & 0,1054 & 0,2214 \end{bmatrix} \tag{9.14}$$

Ao compararmos os resultados em (9.10) e (9.14) podemos notar que os ganhos de produtividade provenientes da economia de apenas um insumo em somente uma atividade foram difundidos por todas as atividades verticalmente integradas. Mais uma vez, apesar de os ganhos terem uma concentração maior na atividade originária da mudança tecnológica, não é só a demanda final por trigo que apresenta ganhos de produtividade, mas, na ordem da maior para a menor difusão, ganhos foram também observados nas atividades verticalmente integradas relativas ao ferro e aos porcos. Longe de ser uma surpresa, se há um incremento tecnológico na produção do trigo, uma vez que as demais atividades também o demandam como insumo, ocorrem efeitos de transbordamento ao longo das cadeias.

Código para Scilab

9.1.2 Economias reais, deflacionamento e ocupações

Como temos procedido já há alguns capítulos, chegamos ao momento de aplicar o cálculo da produtividade aos dados brasileiros. Entretanto, há algumas decisões cruciais a serem tomadas que envolvem: (i) o período para análise; e (ii) a técnica de deflacionamento. Apesar de a primeira escolha parecer mais trivial, talvez uma justificativa deva recair sobre as dúvidas lançadas sobre o comportamento da produtividade do trabalho no período entre 2010 e 2015, anos das duas últimas matrizes oficialmente divulgadas, também considerando que, no período, o ciclo de crescimento do produto deu sinais claros de esgotamento enquanto o emprego continuou apresentando vitalidade até 2014. Desvendar o enigma, como foi apresentado pelos jornais à época, requer uma análise sobre a mudança estrutural (a ser realizada no Capítulo 11), complementando a análise sobre a produtividade que se segue.

Qualquer que fosse o período tomado, contudo, necessitaríamos realizar o deflacionamento das matrizes, uma vez que o número de ocupações é, por definição, uma variável real, enquanto as medidas de produto são apresentadas em valores monetários — os dados das TRU são disponibilizados sempre a preços correntes e a preços do ano anterior. A evolução da produtividade, portanto, pressupõe a padronização dos dados para preços de um mesmo ano tomado como base. Considerando que esta é a primeira vez que necessitaremos realizar um procedimento de deflacionamento de matrizes, convém uma digressão para explicá-lo.[4]

[4] A escolha do período 2010-2015, a despeito da queda do emprego entre 2014 e 2015 e das objeções em virtude de possível inadequação em razão da crise, levantadas pelos colegas da UFRJ, foi aqui efetuada também para mantermos a análise circunscrita aos dados oficialmente divulgados pelo IBGE. Ao longo da confecção deste material, inúmeras discussões foram realizadas com Patieene Alves Passoni, a quem agradeço novamente, a partir de estimativas preliminares e sobre técnicas alternativas de deflacionamento utilizando matrizes disponibilizadas por ela, que foram estimadas no âmbito de projeto de pesquisa do Grupo de Indústria e Competitividade (GIC/IE-UFRJ) partindo da proposta de Grijó e Bêrni (2006), utilizando uma variante do método RAS desenvolvida em

Deflacionamento de matrizes

A forma mais comum de deflacionar-se tabelas insumo-produto consiste num procedimento chamado de duplo deflacionamento (*double deflation*), como apresentado, por exemplo, em Miller e Blair (2009, p. 157–160). Longe de estar isento de críticas, como as apresentadas por Dietzenbacher e Hoen (1998, p. 112–114), trata-se de procedimento de relativa simplicidade na aplicação e que entrega alguns resultados desejáveis, como a manutenção das principais identidades contábeis, por atividade, entre as tabelas insumo-produto.

Em linhas gerais, se temos um vetor de produção por atividade para 2015 a preços correntes e a preços do ano anterior, a divisão de cada elemento do último por cada elemento do primeiro nos renderá um vetor de variação no índice de preços, também por atividade:

$$\delta_{[15p14]} = \hat{\mathbf{g}}_{[15]}^{-1}\mathbf{g}_{[15p14]} \tag{9.15}$$

Assim, a matriz de coeficientes técnicos poderia ser apresentada como se segue, após o devido encadeamento das variações de preços:

$$\mathbf{A}_{[15p10]} = \hat{\delta}_{[15p10]}(\mathbf{D}_{[15]}\mathbf{U}_{\mathbf{n}[15]})\left(\widehat{\hat{\delta}_{[15p10]}\mathbf{g}_{[15]}}\right)^{-1} \tag{9.16}$$

Desse modo, deflacionando a produção total e o consumo intermediário, podemos expressar o procedimento de duplo deflacionamento comumente efetuado (Miller e Blair, 2009, p. 157). Alternativamente, deflacionando

Junius e Oosterhaven (2003) e Temurshoev, Miller e Bouwmeester (2013), levando ainda em conta as recomendações de Dietzenbacher e Hoen (1998). Mais detalhes sobre a construção das matrizes anuais a preços correntes e deflacionadas, para o período entre 2000 e 2015, podem ser encontrados em sua tese de doutoramento (Passoni, 2019). Pretende-se justificar aos poucos a opção por seguir um caminho mais simples de deflacionamento e omitir técnicas que impunham um grande conjunto de matrizes estimadas preliminarmente em bases anuais, a exemplo de deflacionamentos elemento a elemento, presentes em versões anteriores do livro.

diretamente a matriz de produção nacional ($\mathbf{V}$), teríamos os vetores de produção total, por atividade ($\mathbf{g}$) e por produto ($\mathbf{q}$):

$$\mathbf{V}_{[15p10]} = \hat{\delta}_{[15p10]}\mathbf{V}_{[15]} \tag{9.17}$$

$$\mathbf{g}_{[15p10]} = \mathbf{V}_{[15p10]}\mathbf{i} \tag{9.18}$$

$$\mathbf{q}_{[15p10]} = (\mathbf{i}'\mathbf{V}_{[15p10]})' \tag{9.19}$$

de maneira a expressar a matriz de coeficientes técnicos a partir de:

$$\mathbf{A}_{[15p10]} = \hat{\delta}_{[15p10]}(\mathbf{D}_{[15]}\mathbf{U}_{\mathbf{n}[15]})\hat{\mathbf{g}}^{-1}_{[15p10]} \tag{9.20}$$

Escrevendo a matriz de demanda final em termos de atividades como

$$\mathbf{E}_{[15p10]} = \hat{\delta}_{[15p10]}\mathbf{D}_{[15]}\mathbf{F}_{\mathbf{n}[15]} \tag{9.21}$$

mantém-se a identidade:

$$\mathbf{g}_{[15p10]} = \mathbf{A}_{[15p10]}\mathbf{g}_{[15p10]} + \mathbf{e}_{[15p10]} \tag{9.22}$$

No que concerne aos importados, ao entendermos que a aplicação do mesmo vetor de deflacionamento obtido a partir da produção nacional pode não garantir resultados plausíveis[5] e sensíveis, por exemplo, a variações cambiais, cabe a nós calcularmos deflatores análogos a partir da importação total, tudo sendo reclassificado por atividade a partir das mesmas matrizes de *market-share* da produção nacional, uma vez que os totais de importados estão classificados por produto.[6] Novamente, após o encadeamento dos índices obtidos para todos os anos de interesse, obtendo-se um $\delta_{m[15p10]}$ no presente caso, procedimentos similares podem ser implementados, de modo

[5]Referências também serão feitas a alguns resultados, na seção 9.2.2, mostrando as consequências teóricas da adoção do mesmo deflator para nacionais e importados.

[6]Alguma dificuldade computacional a mais se impõe nesse caso em virtude de surgirem elementos nulos nos vetores de importação total por atividade.

a chegarmos a uma matriz de coeficientes técnicos incluindo os insumos importados dada por:

$$\mathbf{A}^{+}_{[15p10]} = [\hat{\delta}_{[15p10]}(\mathbf{D}_{[15]}\mathbf{U}_{\mathbf{n}[15]}) + \hat{\delta}_{m[15p10]}(\mathbf{D}_{[15]}\mathbf{U}_{\mathbf{m}[15]})]\hat{\mathbf{g}}^{-1}_{[15p10]} \tag{9.23}$$

Como veremos a seguir, nossa aplicação para os cálculos de produtividade foi realizada a partir desse tipo de procedimento de duplo deflacionamento. No entanto, uma vez que tivéssemos acesso a tabelas anuais completas, procedimentos que levassem em conta as variações de preços elemento a elemento, e não somente a especificidade por atividade propiciada pelo duplo deflacionamento, poderiam ser utilizados, inclusive pelo maior potencial de captar o que de fato ocorreu na passagem dos anos, dadas as diferenças entre variações de preços para consumo intermediário e para demanda final. Por isso mesmo, não teríamos como garantir *a priori* a manutenção de uma identidade como a apresentada em (9.22). Uma abordagem heurística, lançando mão do balanceamento de matrizes via RAS, foi proposta por Dietzenbacher e Hoen (1998). Uma solução para o problema de falta de aditividade entre os produtos pode ser encontrada em Reich (2008).

Não lidaremos, contudo, com tópicos tão avançados a esse respeito e nos contentaremos com um procedimento de duplo deflacionamento, que rende, para boa parte das aplicações almejadas, resultados próximos aos de um deflacionamento elemento a elemento de relativa simplicidade, com correção para a inflação total de cada grupo de matrizes (produção total, consumo intermediário e demanda final, separadamente para nacionais e importados), apesar de o resultado final desse último não contar com a manutenção das principais identidades contábeis justamente em virtude da falta de aditividade.

Em procedimentos de deflacionamento elemento a elemento há ainda, fatalmente, informação incompleta na passagem de alguns anos. Considerando que podem ocorrer entradas específicas com elementos nulos num ano intermediário, sem produção nacional, consumo intermediário ou demanda final de nacionais ou importados registrado para um elemento específico, mesmo que essas não ocorram no ano inicial ou no ano final, alguma convenção sempre precisa ser adotada para essa falta de informação.

Neste ponto, versões anteriores deste livro incluíam a adoção de uma estratégia puramente aplicada, consistindo na estimativa das medidas de produtividade considerando dois procedimentos alternativos de deflacionamento e comparando os resultados. Em virtude de alguma complexidade computacional e de resultados razoavelmente próximos, decidiu-se por apresentar somente o procedimento mais simples, de duplo deflacionamento, nesta versão final.

Código para Scilab

Ocupações e trabalho uniforme

Até aqui, conseguimos lidar com os coeficientes diretos de trabalho e com as operações adequadas para recuperar os totais de ocupações, seja no agregado, para a produção em cada atividade ou sua reclassificação a partir das magnitudes verticalmente integradas, ou mesmo para fazer comparações como na discussão sobre multiplicadores. Fizemos ainda exercícios que trataram de mudanças na distribuição entre salários e lucros e ali os coeficientes de trabalho também jogaram um papel importante. Para falar em produtividade, contudo, talvez se torne inevitável a menção à hipótese de que estamos considerando o trabalho indiferenciado, uniforme, de modo que a produtividade de cada indivíduo ocupando cada posto de trabalho não se diferencia da produtividade dos demais indivíduos nos diversos postos de trabalho.

De um ponto de visto teórico, não há dificuldade em supor que utilizamos uma escala que equalize quantidades de trabalho incorporadas a partir das diferentes produtividades. Seguindo o próprio Sraffa (1960, p. 10), "supomos que o trabalho seja uniforme em qualidade ou, o que resulta no mesmo, assumimos que quaisquer diferenças em qualidade foram reduzidas a diferenças equivalentes em quantidade tal que cada unidade de trabalho receba o mesmo salário".

Mas, do ponto de vista aplicado, uma escala como essa simplesmente não estaria disponível e qualquer tentativa de estimá-la teria que contar com hipóteses pouco plausíveis e/ou muito arbitrárias. Assim, devemos levar em conta que as comparações para a produtividade entre atividades econômicas efetuadas daqui para a frente implicitamente supõem trabalho uniforme, sem a consideração de características individuais que porventura pudessem diferenciar o trabalho qualitativamente e de como elas se distribuem, quando, na prática, sabemos que a estrutura das ocupações é bastante diferenciada entre as atividades.

De volta à produtividade do trabalho

Feitas as devidas considerações sobre deflacionamento e trabalho uniforme, podemos retornar à medição da produtividade, agora para a economia brasileira. Começando pelos coeficientes de trabalho direto, tomemos seus recíprocos ($1/l_i$) para destacarmos as maiores e menores produtividades por atividade, para 2010 (Tabela 9.1). Muito acima da média, encontra-se a atividade de refino de petróleo e coquerias, cujo coeficiente de trabalho direto indica que precisávamos somente de 1 ocupação para gerar 10 milhões de reais de produção total em 2010. Na atividade de menor produtividade, serviços domésticos, os mesmos 10 milhões de reais requereriam quase 1700 ocupações. Destacam-se ainda as atividades de extração de petróleo e gás e de extração de minério de ferro, que necessitariam, respectivamente, de 5 e 6 ocupações para gerar o mesmo produto.[7]

Tabela 9.1 – Coeficientes de trabalho diretos e verticalmente integrados (VI) para o Brasil em 2010

	Atividade	Diretos	VI
1	Agricultura, inclusive o apoio à agricultura e a pós-colheita	41,3	47,6
2	Pecuária, inclusive o apoio à pecuária	89,6	102,4
3	Produção florestal; pesca e aquicultura	51,2	58,3
4	Extração de carvão mineral e de minerais não metálicos	9,4	17,5
5	Extração de petróleo e gás, inclusive as atividades de apoio	0,5	6,1
6	Extração de minério de ferro, inclusive beneficiamentos e a aglomeração	0,6	5,6
7	Extração de minerais metálicos não ferrosos, inclusive beneficiamentos	3,2	12,2
8	Abate e produtos de carne, inclusive os produtos do laticínio e da pesca	4,6	54,9
9	Fabricação e refino de açúcar	5,1	33,1
10	Outros produtos alimentares	7,2	32,5
11	Fabricação de bebidas	3,0	16,4
12	Fabricação de produtos do fumo	1,4	26,1
13	Fabricação de produtos têxteis	15,4	30,8
14	Confecção de artefatos do vestuário e acessórios	36,1	48,9
15	Fabricação de calçados e de artefatos de couro	20,0	36,8
16	Fabricação de produtos da madeira	22,3	40,7
17	Fabricação de celulose, papel e produtos de papel	3,5	17,2
18	Impressão e reprodução de gravações	12,2	21,4
19	Refino de petróleo e coquerias	0,1	6,9
20	Fabricação de biocombustíveis	3,6	31,3
21	Fabricação de químicos orgânicos e inorgânicos, resinas e elastômeros	1,0	9,3
22	Fabricação de defensivos, desinfestantes, tintas e químicos diversos	2,0	12,5
23	Fabricação de produtos de limpeza, cosméticos/perfumaria e higiene pessoal	7,0	19,4
24	Fabricação de produtos farmoquímicos e farmacêuticos	2,4	10,8
25	Fabricação de produtos de borracha e de material plástico	6,4	16,4
26	Fabricação de produtos de minerais não metálicos	9,8	20,5
27	Produção de ferro-gusa/ferroligas, siderurgia e tubos de aço sem costura	1,5	12,2
28	Metalurgia de metais não ferrosos e a fundição de metais	3,1	14,7
29	Fabricação de produtos de metal, exceto máquinas e equipamentos	10,2	19,1
30	Fabricação de equipamentos de informática, produtos eletrônicos e ópticos	2,7	10,2
31	Fabricação de máquinas e equipamentos elétricos	4,2	14,9
32	Fabricação de máquinas e equipamentos mecânicos	4,5	14,6
33	Fabricação de automóveis, caminhões e ônibus, exceto peças	1,2	12,3
34	Fabricação de peças e acessórios para veículos automotores	4,6	15,0
35	Fabricação de outros equipamentos de transporte, exceto veículos automotores	3,3	12,4
36	Fabricação de móveis e de produtos de indústrias diversas	16,9	28,3
37	Manutenção, reparação e instalação de máquinas e equipamentos	12,5	20,4
38	Energia elétrica, gás natural e outras utilidades	0,9	5,8
39	Água, esgoto e gestão de resíduos	12,9	20,0
40	Construção	17,5	27,1

Continua na próxima página

[7] Não custa lembrar que as magnitudes divulgadas pelo IBGE estão em milhões de reais. Fizemos as comparações com 10 milhões de reais neste parágrafo por conveniência expositiva.

Tabela 9.1 – Coeficientes de trabalho diretos e verticalmente integrados (VI) para o Brasil em 2010 (continuação)

41	Comércio por atacado e varejo	27,5	33,5
42	Transporte terrestre	15,8	23,8
43	Transporte aquaviário	5,5	13,1
44	Transporte aéreo	2,5	10,5
45	Armazenamento, atividades auxiliares dos transportes e correio	10,5	17,9
46	Alojamento	25,1	34,3
47	Alimentação	34,3	46,0
48	Edição e edição integrada à impressão	7,5	16,2
49	Atividades de televisão, rádio, cinema e gravação/edição de som e imagem	5,8	16,3
50	Telecomunicações	1,5	11,0
51	Desenvolvimento de sistemas e outros serviços de informação	9,2	14,3
52	Intermediação financeira, seguros e previdência complementar	3,0	8,6
53	Atividades imobiliárias	1,2	2,1
54	Atividades jurídicas, contábeis, consultoria e sedes de empresas	13,2	18,2
55	Serviços de arquitetura, engenharia, testes/análises técnicas e P&D	11,3	16,6
56	Outras atividades profissionais, científicas e técnicas	7,1	17,9
57	Aluguéis não imobiliários e gestão de ativos de propriedade intelectual	11,4	16,6
58	Outras atividades administrativas e serviços complementares	28,3	33,4
59	Atividades de vigilância, segurança e investigação	34,7	37,5
60	Administração pública, defesa e seguridade social	10,6	16,0
61	Educação pública	23,9	28,9
62	Educação privada	31,8	37,5
63	Saúde pública	15,1	23,6
64	Saúde privada	19,2	28,6
65	Atividades artísticas, criativas e de espetáculos	39,8	45,7
66	Organizações associativas e outros serviços pessoais	35,8	45,5
67	Serviços domésticos	168,1	168,1

Dentre as atividades com mais baixas produtividades, encontramos, nessa ordem, a pecuária, a produção florestal, pesca e aquicultura e a agricultura. Na indústria de transformação, poderíamos destacar ainda a confecção de artefatos do vestuário e acessórios e, nos serviços, destacam-se as atividades artísticas, criativas e de espetáculos, as organizações associativas e outros serviços pessoais, as atividades de vigilância, segurança e investigação, os serviços de alimentação e, por fim, a educação privada. Todas essas atividades de indústria e serviços listadas necessitavam, em 2010, de mais de 30 ocupações por milhão de reais de produção.

Ao calcularmos as medidas de produtividade verticalmente integradas o quadro se altera um pouco para as atividades de maior produtividade: atividades imobiliárias, necessitando de 2 ocupações por milhão de reais de demanda final, e as atividades de extração de petróleo e gás, de extração de minério de ferro e de energia elétrica, gás natural e outras utilidades, necessitando, cada uma, de 6 ocupações, ao longo de toda a cadeia produtiva, por milhão de reais de demanda final, são os destaques entre as atividades verticalmente integradas.

Não por coincidência, os serviços domésticos continuam apresentando a necessidade de 168 ocupações por milhão de reais de demanda final após a integração vertical — essa atividade não apresenta consumo intermediário. Após essa atividade, os destaques para as menores produtividades por atividade verticalmente integrada ficam com pecuária, com 102 ocupações por milhão de reais de demanda final, produção florestal, pesca e aquicultura, com 58 ocupações por unidade de demanda final, e abate e produtos de carne, inclusive os produtos do laticínio e da pesca, com 55 ocupações verticalmente integradas. Confecção de artefatos do vestuário e acessórios, agricultura, alimentação, atividades artísticas, criativas e de espetáculos e organizações associativas e outros serviços pessoais, todas com mais de 45 ocupações ao longo da cadeia por milhão de reais de demanda final, completam os destaques com menores produtividades para o trabalho verticalmente integrado.

Após situarmos as produtividades do trabalho relativas entre as atividades, cabe discutirmos o crescimento da produtividade entre 2010 e 2015. Para tal, faremos a apresentação dos resultados obtidos pelo procedimento de duplo deflacionamento descrito anteriormente. Utilizando equações como (9.4) e (9.10), calculamos as taxas de crescimento e constatamos que, tanto para as atividades quanto para suas contrapartes verticalmente integradas, boa parte dos maiores avanços se encontra justamente em atividades com baixos níveis de produtividade: fabricação de produtos do fumo registrou o maior crescimento para a produtividade do trabalho verticalmente integrada (40,4%), o que ganha ainda mais destaque ao notarmos que houve queda na produtividade direta estimada (taxa de crescimento de $-3,3\%$). Inversamente, fabricação de produtos de limpeza, cosméticos/perfumaria e higiene pessoal e fabricação de produtos de informática, produtos eletrônicos e ópticos, ambas com crescimento de 45,3% para a produtividade direta, apresentaram também altas taxas (14,8% e 30,2%, respectivamente) para o crescimento da produtividade verticalmente integrada. Ainda para as atividades verticalmente integradas, elevados crescimentos foram registrados para a fabricação e refino de açúcar (38,1%) e para telecomunicações (31,4%). Seja para a produtividade direta ou para a verticalmente integrada, agricultura, pecuária e produção florestal, pesca e aquicultura registram taxas de crescimento entre 27% e 44%.

Também foram observadas variações negativas no período. Em relação aos coeficientes de trabalho direto, grandes quedas na produtividade ocorreram na fabricação de automóveis ($-32,7\%$), na fabricação de produtos têxteis ($-29,7\%$) e na fabricação de bebidas ($-19,6\%$). No que tange aos coeficientes verticalmente integrados, $-20,4\%$ para energia elétrica, gás natural e outras utilidades, $-19,4\%$ para fabricação de produtos têxteis e pouco acima de -15% para fabricação de automóveis, caminhões e ônibus, exceto peças e para atividades artísticas, criativas e de espetáculos. As taxas de crescimento da produtividade direta do trabalho (PDT) e da produtividade do trabalho verticalmente integrada (PTVI), para todas as 67 atividades econômicas, são exibidas na Figura 9.1.

A obtenção de medidas desagregadas para a produtividade, dado o ainda grande volume de informação, nos leva a uma questão mais imediata: qual deveria ser o critério de ponderação se quiséssemos obter uma medida de produtividade agregada? Se ponderássemos as taxas de crescimento pelas produtividades relativas de 2010, obteríamos uma taxa de crescimento de 5,2% para a produtividade direta e de apenas 0,9% para a produtividade verticalmente integrada. Calculando, já para os agregados, o crescimento relativo da produção total *vis-à-vis* o total de ocupações, também encontraríamos uma taxa de crescimento de 0,9%.

Figura 9.1 – Crescimento da produtividade do trabalho entre 2010 e 2015

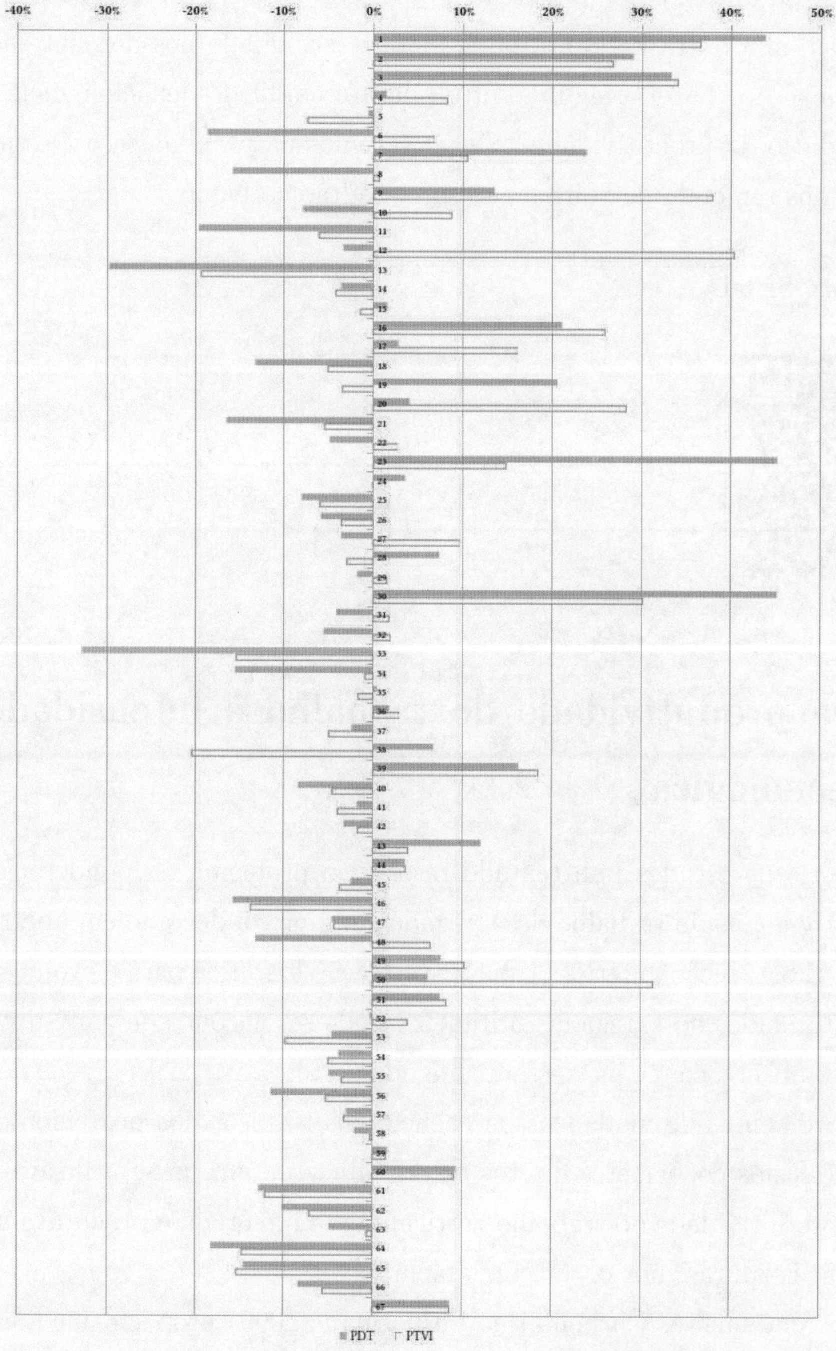

Dada a divergência de resultados, abre-se margem para as possibilidades de obtenção de uma medida devidamente ponderada para a produtividade global. Mas uma outra pergunta pode ainda ter rondado nosso debate ao longo desta seção: haveria alguma forma de prescindir do deflacionamento para a medição da produtividade? Como veremos na próxima seção, essas perguntas nos remetem de volta ao sistema padrão sraffiano.

Código para Scilab

9.2 Da produtividade do trabalho à intensidade tecnológica

Uma série de estudos tem tentado resolver o problema da ponderação das produtividades do trabalho desagregadas, o qual foi deixado em aberto ao finalizarmos a seção anterior. Uma investigação empírica para a evolução das produtividades desagregadas britânicas pode ser encontrada em Gupta e Steedman (1971), com o interessante adendo da tentativa de separação dos efeitos provenientes de mudanças de coeficientes técnicos dos provenientes de mudanças nos coeficientes diretos de trabalho. Assim, já se utilizava a noção de produtividade do trabalho verticalmente integrada e procurava-se por mudanças "puras" nos coeficientes técnicos.

Mais recentemente, Garbellini e Wirkierman (2009) propõem medidas desagregadas partindo dessa noção e também oferecem uma medida, potencialmente agregada, para mudanças nos coeficientes técnicos, similar à utilizada mais adiante, em estudo aplicado aos dados italianos. Garbellini e Wirkierman (2014) calculam ainda medidas de produtividade do trabalho hiperverticalmente integradas, seguindo Pasinetti (1988), e efetuam ponderação similar à apresentada na seção anterior para chegar a um crescimento agregado da produtividade do trabalho.

Finalmente, Yagi (2012), trabalhando a partir da ideia de uma mercadoria padrão dinâmica (Pasinetti, 1981, 1993), chega a uma medida da produtividade social do trabalho pensada em termos físicos. Para tal, une-se a noção de coeficiente de trabalho verticalmente integrado (Pasinetti, 1973) à mercadoria padrão de Sraffa (1960). Na próxima seção, introduziremos tal medida apresentada por Yagi (2012), que consiste numa agregação baseada no sistema padrão sraffiano, inicialmente dando prosseguimento ao nosso exemplo e, posteriormente, aplicando-a para os dados brasileiros.

9.2.1 Produtividade do trabalho e sistema padrão

Vertendo a nomenclatura para os nossos termos, Yagi (2012) necessita de algumas definições para o cálculo da produtividade social do trabalho, como os coeficientes de trabalho padrão, $\mathbf{l}^*$, suas contrapartidas verticalmente integradas ($\mathbf{l_v}^*$) e, ainda, uma demanda final com as proporções da mercadoria padrão, $\mathbf{f}^*$, essa calculada como de praxe. Para os coeficientes diretos de trabalho, o que necessitamos é de uma divisão pela quantidade total de trabalho no sistema econômico, no período inicial:

$$\mathbf{l}^* = (\frac{1}{\mathbf{l}_\mathbf{v}'\mathbf{f}})\mathbf{l} \tag{9.24}$$

Os coeficientes verticalmente integrados obtidos a partir daí seriam os padrão:

$$\mathbf{l}_\mathbf{v}^* = [\mathbf{l}^{*\prime}(\mathbf{I} - \mathbf{A})^{-1}]' \tag{9.25}$$

ao passo que a demanda final padrão seria dada por:

$$\mathbf{f}^* = (\mathbf{I} - \mathbf{A})\mathbf{q}^* \tag{9.26}$$

O detalhe estaria na definição da produção total padrão, que seria específica para cada período. Como antes, considerando 1 como o período inicial e 2 como o final, $\mathbf{q}^*$ teria que ser definido de modo que:

$$\mathbf{l}^{*\prime}_{[1]}\mathbf{q}^*_{[1]} = \mathbf{l}^{*\prime}_{[1]}\mathbf{q}_{[1]} = \mathbf{l}^{*\prime}_{\mathbf{v}[1]}\mathbf{f}^*_{[1]} = \mathbf{l}^{*\prime}_{\mathbf{v}[1]}\mathbf{f}_{[1]} = 1 \tag{9.27}$$

$$\mathbf{l}^{*\prime}_{[2]}\mathbf{q}^*_{[2]} = \mathbf{l}^{*\prime}_{[2]}\mathbf{q}_{[2]} = \mathbf{l}^{*\prime}_{\mathbf{v}[2]}\mathbf{f}^*_{[2]} = \mathbf{l}^{*\prime}_{\mathbf{v}[2]}\mathbf{f}_{[2]} = \frac{\mathbf{l}'_{[2]}\mathbf{q}_{[2]}}{\mathbf{l}'_{[1]}\mathbf{q}_{[1]}} = \frac{\mathbf{l}'_{\mathbf{v}[2]}\mathbf{f}_{[2]}}{\mathbf{l}'_{\mathbf{v}[1]}\mathbf{f}_{[1]}} \tag{9.28}$$

A medida de produtividade agregada proposta por Yagi (2012, p. 247), que também leva em conta teorias estabelecidas sobre os números-índice, pode ser definida por:

$$\Lambda = \sqrt{\frac{\mathbf{l}^{*\prime}_{\mathbf{v}[1]}\mathbf{f}^*_{[2]}}{\mathbf{l}^{*\prime}_{\mathbf{v}[2]}\mathbf{f}^*_{[1]}} \frac{\mathbf{l}'_{\mathbf{v}[1]}\mathbf{f}_{[1]}}{\mathbf{l}'_{\mathbf{v}[2]}\mathbf{f}_{[2]}}} \tag{9.29}$$

e, como essa foi definida com o período 2 como base, sua taxa de crescimento é dada por:

$$\rho = 1 - 1/\Lambda \tag{9.30}$$

Pode-se perceber que estamos tratando de uma ponderação dos totais de trabalho do sistema econômico, similar a medidas conhecidas para números-índice, ponderação essa que utiliza uma alteração na demanda final do sistema padrão sraffiano para, dada a evolução das produtividades do trabalho verticalmente integradas (efetiva e padrão), captar o crescimento da produtividade social do trabalho. Deve ficar claro que a medida de produtividade somente aponta crescimento se houver alguma alteração na técnica — seja nos coeficientes diretos de trabalho em $\mathbf{l}$, seja na matriz $\mathbf{A}$ de coeficientes técnicos. Caso a matriz de coeficientes técnicos fosse a mesma para os dois períodos, as proporções do sistema padrão permaneceriam as mesmas; e, se os coeficientes diretos de trabalho também fossem os mesmos, qualquer mudança nas ocupações em virtude da demanda final seria contrabalançada, resultando num crescimento nulo para a produtividade, como o esperado de uma medida de produtividade apropriada. E, ainda mais importante, a medida, por ser baseada no sistema padrão sraffiano, é insensível a quaisquer alterações que se devam exclusivamente a mudanças nos preços relativos.

Dando continuidade ao nosso exemplo, somente a partir da mudança proposta nos coeficientes diretos de trabalho, teríamos um crescimento da produtividade social do trabalho estimada em 7,4%, a comparar-se com as taxas desagregadas encontradas em (9.10), e, após a mudança estipulada em um dos coeficientes técnicos de produção, um crescimento de 14,3%, a comparar-se com as taxas apresentadas em (9.14).

Mas como separar, na prática, com tudo mudando ao mesmo tempo, alterações nos coeficientes de trabalho das alterações nos coeficientes técnicos de produção?[8] Existe algum índice representativo para mudanças nos coeficientes técnicos de produção? Veremos, na próxima seção, que sim e que, de fato, já trabalhamos com uma variante para essa medida que, no nosso exemplo, apresentou um crescimento de 9,7% entre os períodos 1 e 2, em virtude da redução hipotética do uso do trigo como consumo intermediário.

Código para Scilab

[8] Uma vez que continuamos a depender de razões entre unidades monetárias de produto e quantidades requeridas de trabalho, vale ressaltar que não podemos prescindir do deflacionamento para o cômputo dessa medida de produtividade.

Produtividade social do trabalho e mais sobre deflacionamento para o Brasil

Podemos aplicar a medida de produtividade social do trabalho de Yagi (2012) para o Brasil. Mas qual a influência do deflacionamento para esse tipo de medição? Como já discutido, nenhuma medida de produtividade do trabalho pode abrir mão do processo de deflacionamento, mas que tipo de potencial distorção está em jogo, afinal? Mudanças nos preços relativos sempre são suspeitas quando tratamos de estratégias de deflacionamento, porém, como veremos mais adiante, existe uma alternativa, exclusivamente no que tange a alterações nos coeficientes técnicos de produção, independente dos preços relativos. Como já adiantamos, tal alternativa está ligada ao sistema padrão sraffiano.

Assim, qual seria o procedimento de deflacionamento que preservaria as características de tal medida independente dos preços relativos? Ou, do outro lado, por que procedimentos de deflacionamento diferentes gerariam resultados diferentes para uma medida supostamente independente dos preços relativos? A resposta está ligada à relação entre os preços daquilo que é produzido para consumo intermediário e os preços daquilo que é produzido para demanda final.

A depender do procedimento de deflacionamento empreendido, tal relação pode se alterar e, com isso, também a medição da produtividade. Claro está, ao multiplicar coeficientes de trabalho verticalmente integrados por um vetor de demanda final, que a forma como deflacionamos os preços dos diferentes produtos ou atividades pode afetar os resultados pelos seus efeitos sobre os preços relativos. Menos clara poderia estar a ideia de que isso afetaria a própria matriz **A** de coeficientes técnicos[9] e, por essa via, a relação entre preços de consumo intermediário e de demanda final.

[9] Conforme apontado na equação (3.7).

Pelo menos em termos teóricos, pareceria mais robusto tratarmos como iguais os preços de tudo o que é produzido por cada atividade, não importando seu uso. Empiricamente, todavia, não é incomum que ocorram discrepâncias nas variações desses dois conjuntos de preços. O deflacionamento elemento a elemento seria, supostamente, o mais capaz de resolver esse tipo de problema. Entretanto, ao desequilibrarmos a identidade entre produção e soma de consumo intermediário e demanda final ficamos sujeitos a mudanças ilegítimas na medição da produtividade,[10] e nenhum ajuste proposto deve ser capaz de dirimir nossas dúvidas a respeito desse tipo de medição.

Sendo assim, continuamos a aplicar somente o duplo deflacionamento por atividade, que, apesar de mais simples, é capaz de manter inalterada a relação entre os preços daquilo que é produzido para consumo intermediário e os preços daquilo que é produzido para demanda final,[11] preservando os resultados teoricamente mais robustos que apresentaremos a seguir, apesar do custo associado a utilizarmos uma estratégia empiricamente mais frágil.

Voltando às estimativas para o crescimento da produtividade social do trabalho conforme proposta de Yagi (2012), teríamos um crescimento da produtividade de 1,9%, o que é compatível com queda na produtividade medida somente na matriz **A** de coeficientes técnicos, como veremos na próxima seção.

[10] Pois, como veremos, a relação entre excedente e produção total é crucial para o cálculo de tal medida.

[11] O que não significa que manter essa relação inalterada seja o objetivo para toda e qualquer aplicação.

Código para Scilab

9.2.2 Taxa máxima de lucro e intensidade tecnológica

Diversas são as tentativas de medição da mudança tecnológica, de modo que captá-la a partir de alterações nos coeficientes técnicos de produção se constitui em alternativa desde Leontief, não escapando do apanhado levado a cabo por Domar (1961). Partindo do princípio de que o objetivo é economizar no uso de insumos, são esperadas reduções nos coeficientes da matriz **A** de coeficientes técnicos, sendo que o "índice de mudança estrutural de Leontief" seria obtido por uma média ponderada (pelos valores dos insumos correspondentes) das reduções relativas em cada um dos coeficientes (Domar, 1961, p. 726–727).

Uma outra alternativa, porém, que passa pela utilização do autovalor dominante (λ_d) ligado àquela matriz de coeficientes técnicos ($\mathbf{A}$), pode ser entendida como potencialmente mais robusta, uma vez que se pode afirmar, a partir de um dos teoremas de Perron-Frobenius para matrizes não negativas (ainda que redutíveis), que o autovalor dominante da matriz **A** de coeficientes técnicos é uma função contínua e não decrescente de cada elemento dessa matriz.[12] Assim, algumas medidas relacionadas têm sido sugeridas na literatura.

Numa série de trabalhos, Sánchez-Chóliz (1987, 1989, 1990) argumenta a favor de uma medida global de produtividade, reforçando a necessidade de

[12]Conforme os apêndices matemáticos de Pasinetti (1977, p. 275) e de Kurz e Salvadori (1995, p. 512).

obtermos uma medida independente dos preços relativos[13] e da composição do produto, ou seja, que reflita unicamente as relações técnicas de produção. Somente após percorrer diversas medidas alternativas para a produtividade, conclui pela utilização da taxa máxima de lucro: "A razão padrão de Sraffa, R, é o melhor indicador de progresso técnico, uma vez que tem validade no longo prazo e transcende os limites de cada sistema" (Sánchez-Chóliz, 1989, p. 152).

Na mesma linha, mas sem se referir explicitamente a uma medida de produtividade, encontramos Marengo (1992). Para esse autor, também se justifica a busca por um indicador independente da composição da demanda final e dos preços relativos, e variações na intensidade agregada da demanda por bens intermediários constituem "interessante indicador dos efeitos de mudanças tecnológicas e/ou organizacionais sobre o sistema produtivo" (Marengo, 1992, p. 49). E é justamente sugerido o "uso dos autovalores máximos das matrizes de coeficientes diretos de insumo-produto" como um desses indicadores, precisamente por "possuírem a propriedade desejável de serem independentes tanto dos preços relativos quanto da composição da demanda final; portanto, refletindo somente as características estruturais do sistema produtivo, conforme descrito pela matriz insumo-produto" (Marengo, 1992, p. 52).

Ainda naquele ano, também encontraríamos o trabalho de Dietzenbacher (1992) sugerindo o uso dos autovalores dominantes das matrizes de coeficientes técnicos: "o autovalor dominante λ pode ser usado como um indicador geral de encadeamentos", de modo que "um valor maior para o autovalor dominante indica encadeamentos mais fortes tanto para a frente quanto para trás" (Dietzenbacher, 1992, p. 423).

Se retrocedêssemos ao trabalho anterior de Rampa (1981), não citado por Marengo (1992) ou por Dietzenbacher (1992), nos depararíamos com

[13] Ao contrário do que ocorre em qualquer medida a partir de uma função de produção agregada.

um cenário mais abrangente e com foco na produtividade. De acordo com Garbellini e Wirkierman (2009):

> "Em Rampa (1981), podemos encontrar medidas desagregadas para a produtividade do trabalho ao nível dos subsistemas complementadas por uma medida puramente tecnológica (independente dos preços relativos e da composição do produto líquido) da intensidade do uso de mercadorias intermediárias, obtida pela atribuição de uma interpretação particular para o máximo autovalor associado à matriz de coeficientes interindustriais".

De fato, o trabalho de Rampa (1981) sugere o indicador para a produtividade aqui apresentado após passar pelos coeficientes de trabalho verticalmente integrados e caracterizar o autovalor dominante "como um indicador escalar do 'peso' médio para o uso de insumos intermediários no sistema" (Rampa, 1981, p. 12), destacando, dentre as propriedades desse indicador, que "$\lambda^*(\mathbf{A})$ é independente dos preços. Ou seja, o autovalor máximo de $\mathbf{A}$ é o mesmo [...] para qualquer sistema de preços", de modo que "podemos calcular um índice puramente tecnológico partindo de dados expressos em termos de valor" (Rampa, 1981, p. 13). Nos nossos termos, λ_d é apresentado como "uma medida geral do peso dos insumos intermediários", enquanto $1 - \lambda_d$ "é uma medida geral daquilo que 'sobra' para os usos finais" (Rampa, 1981, p. 13).[14]

Vale lembrar que a independência da taxa máxima de lucros (R) ante os preços relativos permeou nossa discussão ao longo de toda a seção 7.2. Da equação (7.16) podemos chegar ao índice aqui sugerido, que corresponde ao excedente como proporção do produto total padrão. Por corresponder a

[14]Há ainda, como um próximo passo, a exposição de indicadores específicos para cada atividade verticalmente integrada a partir dos subsistemas sraffianos (Rampa, 1981, p. 14).

$1-\lambda_d$, sabemos que é um indicador que varia entre zero e um para qualquer matriz produtiva, conforme nossa condição de viabilidade em (2.17) exige.

$$1-\lambda_d = \frac{\mathbf{p}'(\mathbf{I}-\mathbf{A})\mathbf{q}^*}{\mathbf{p}'\mathbf{q}^*} \tag{9.31}$$

Diretamente em termos da taxa máxima de lucros, o mesmo índice pode ser expresso por:

$$1-\lambda_d = \frac{R}{1+R} \tag{9.32}$$

Assim como o efetuado para a apresentação dos resultados na Tabela 7.4, devemos ressaltar que, no mais das vezes, para o objetivo de medir uma mudança na intensidade tecnológica da economia, devemos considerar a relação entre o excedente e o total dos insumos utilizados, nacionais e importados. Desse modo, trata-se de utilizar o autovalor dominante associado à matriz $\mathbf{A}^+$ ao invés do associado à matriz $\mathbf{A}$.

É importante frisar que tal medida de produtividade, ao contrário das medidas tradicionais que descendem do resíduo de Solow, além de independente dos preços relativos e da composição do excedente, também é pensada para não depender do próprio nível (ou taxa de crescimento) do produto. Todavia, se temos como ignorar as mudanças nos preços relativos, vale lembrar que diferentes graus de utilização da capacidade podem dar origem a diferentes coeficientes técnicos, conforme calculados a partir das tabelas de recursos e usos, a menos que levemos ao extremo a hipótese de retornos constantes à escala. Diferentes *mark-ups* também refletem diferentes capacidades de barganha dos diversos setores institucionais da economia (famílias, empresas, governo, resto do mundo), no que tange à aquisição de bens finais, *vis-à-vis* à situação prevalecente para a aquisição de bens intermediários, o que possivelmente guarda relação com o nível de renda vigente.

Alguns resultados

Começando pelo exercício sugerido ao longo de todo o capítulo, a medida de intensidade tecnológica obtida a partir do autovalor dominante cresceu

$9,7\%$ entre os períodos 1 e 2, como já adiantado. Completando o quadro, tivemos, continuando com a comparação após a redução no consumo intermediário de trigo para a produção de trigo, um crescimento da produtividade social do trabalho de $14,3\%$, medida conforme a sugestão de Yagi (2012). Se lembrarmos que, antes da alteração nos coeficientes técnicos, isto é, mudando somente os coeficientes diretos de trabalho, o crescimento apontado era de $7,4\%$, as medições parecem consistentes, apesar de não haver qualquer aditividade possível entre as diferentes métricas.

Passando aos dados para o Brasil, voltemo-nos ao duplo deflacionamento por atividade, aplicando-o indiscriminadamente para nacionais e importados, por ser esse o único caso em que *o deflacionamento não altera* a medida de intensidade tecnológica. Ao calcularmos, portanto, índices de intensidade tecnológica baseados nos autovalores dominantes associados às matrizes $\mathbf{A}$ e $\mathbf{A}^{+}$, respectivamente, encontramos 0,5348 e 0,4340 para 2015, *independentemente* de estarmos calculando-os com as matrizes deflacionadas ou a preços correntes. Com indicadores correspondentes de 0,5481 e 0,4594 para 2010, obtivemos taxas de crescimento da intensidade tecnológica de $-2,4\%$ considerando somente os insumos nacionais e de $-5,5\%$ ao considerarmos insumos nacionais e importados. Ainda assim, a produtividade social do trabalho, que leva em conta alterações tanto na matriz $\mathbf{A}$ como no vetor $\mathbf{l}$, avançou $1,9\%$ para o mesmo conjunto de dados deflacionados duplamente por atividade.

Devemos observar, em concordância com a equação (9.32), que a taxa máxima de lucro e o indicador para a intensidade tecnológica são positiva e monotonicamente relacionados. Assim, conforme apresentado na Tabela 7.4, poderíamos afirmar que ocorreu uma queda na taxa geral de lucros da economia brasileira no período 2010–2015, considerando ainda que a participação dos salários na renda, original ou ajustada, aumentou nesse período.

Podemos fazer uma comparação com os resultados obtidos a partir das matrizes disponibilizadas pelo Grupo de Indústria e Competitividade (GIC--UFRJ),[15] cuja base de dados (versão com 42 atividades) abrange os anos das quatro últimas matrizes nacionais oficiais (2000-2015). Em virtude da nossa opção de detalhar o tratamento somente para as matrizes divulgadas pelo IBGE, apresentaremos os resultados sem discutir como chegamos a eles. Já considerando o consumo intermediário de insumos nacionais e importados, ou seja, calculando-se os autovalores dominantes para as matrizes $\mathbf{A}^{+}$, sem que tenha sido empreendido qualquer processo de deflacionamento, confirma-se queda de produtividade de magnitude similar entre 2010 e 2015, estimada em $-5,0\%$ para esse conjunto de dados.

A Figura 9.2 apresenta o índice de intensidade tecnológica para todo o período, com a base fixada em 100 para o ano inicial. Considerando o pico atingido em 2007, foi captado um crescimento de $4,0\%$ da intensidade tecnológica com relação a 2000, totalmente revertido até 2013 e agravado até 2015, quando observamos um nível $1,3\%$ abaixo daquele observado em 2000.

Figura 9.2 – Índice de intensidade tecnológica, Brasil, 2000–2015

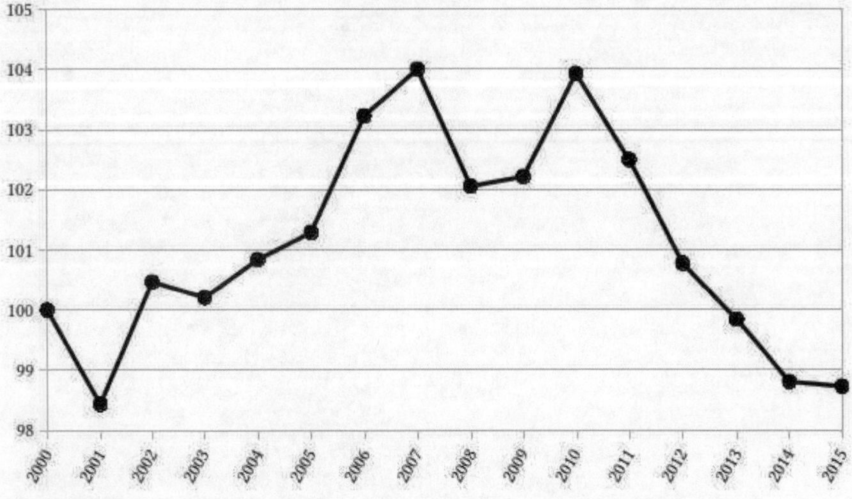

[15]https://www.ie.ufrj.br/index.php/gic

Capítulo 10

Matrizes inter-relacionais de renda e sua distribuição

Ao tocarmos em mudanças na distribuição de renda, no Capítulo 7, tratamos da intricada relação entre alterações na parcela de salários na renda e seus reflexos na taxa de lucros e na direção das mudanças nos preços relativos. Não tratamos, contudo, dos possíveis impactos das mudanças distributivas sobre emprego e renda, o que nos remeteria à temática dos multiplicadores, exposta no Capítulo 6.

Neste capítulo, traçaremos os impactos de mudanças distributivas sobre a renda agregada a partir de uma aplicação relativamente simples das matrizes inter-relacionais de renda de Miyazawa, utilizando somente duas categorias de rendimento, salários e lucros, num arcabouço que pode ser estendido para um número indeterminado de categorias, com a limitação imposta somente pela disponibilidade dos dados exigidos.

Apesar de os trabalhos seminais de Miyazawa nos remeterem aos anos 1960 — tomemos Miyazawa (1968, 1976) como exemplos —, diversas aplicações recentes, inclusive para o Brasil, têm sido realizadas (Santos e Haddad, 2007; Moreira, Almeida, Guilhoto e Azzoni, 2008; Tavares e Araújo Jr., 2014), além de haver uma coletânea de artigos não tão remota em homenagem à sua obra (Hewings *et al.*, 1999). Ainda, Miller e Blair (2009, p. 271–277) dedicam uma seção às matrizes inter-relacionais de renda de Miyazawa.

10.1 Matrizes inter-relacionais de renda

Partindo do efetuado no Capítulo 6, podemos recordar a derivação de uma expressão alternativa para a determinação do vetor de produção total. Tomemos uma variante da definição em (6.12) para propensões médias a consumir por atividade, de modo a tratarmos do valor adicionado mensurado para a economia, $\mathbf{y}$, ao invés da definição especial para $\mathbf{v}$ (insumos primários), que foi aqui utilizada por facilitar o entendimento em diversas ocasiões, especialmente na derivação do multiplicador keynesiano. A medição do valor adicionado dessa maneira visa uma melhor aproximação para a divisão entre salários e lucros em nossa aplicação empírica, já que a definição de insumos primários engloba as importações. Todavia, a elaboração original de Miyazawa (1976) é feita em cima de $\mathbf{v}$, como ficará claro em citação na sequência da exposição. Dito isso, teríamos:

$$\mathbf{a} = \frac{\mathbf{e_c}}{\mathbf{y'g}} \tag{10.1}$$

Podemos agora retomar a análise mais simplificada possível a partir de Miyazawa (1968, 1976), contendo somente um grupo de renda e um vetor de consumo ($\mathbf{e_c}$):

$$\mathbf{g} = \mathbf{Ag} + \mathbf{e} = \mathbf{Ag} + (\mathbf{e} - \mathbf{e_c}) + \mathbf{e_c} \tag{10.2}$$

$$\mathbf{g} = \mathbf{Ag} + (\mathbf{e} - \mathbf{e_c}) + \mathbf{ay'g} \tag{10.3}$$

De modo que:

$$\mathbf{g} = (\mathbf{I} - \mathbf{A} - \mathbf{ay'})^{-1}(\mathbf{e} - \mathbf{e_c}) \tag{10.4}$$

A partir daí, Miyazawa (1976, p. 5) reescreve o primeiro termo entre parênteses como:

$$(\mathbf{I} - \mathbf{A} - \mathbf{ay}')^{-1} = \{[\mathbf{I} - \mathbf{ay}'(\mathbf{I} - \mathbf{A})^{-1}](\mathbf{I} - \mathbf{A})\}^{-1} \tag{10.5}$$

que pode ser expressa também por:

$$(\mathbf{I} - \mathbf{A} - \mathbf{ay}')^{-1} = \{(\mathbf{I} - \mathbf{ay}'\mathbf{L})(\mathbf{I} - \mathbf{A})\}^{-1} \tag{10.6}$$

a qual, por sua vez, utilizando uma conhecida propriedade sobre o produto de matrizes inversas, pode ser reescrita como:

$$(\mathbf{I} - \mathbf{A} - \mathbf{ay}')^{-1} = (\mathbf{I} - \mathbf{A})^{-1}(\mathbf{I} - \mathbf{ay}'\mathbf{L})^{-1} = \mathbf{L}(\mathbf{I} - \mathbf{ay}'\mathbf{L})^{-1} \tag{10.7}$$

Logo, podemos obter $\mathbf{g}$ por meio de

$$\mathbf{g} = \mathbf{L}(\mathbf{I} - \mathbf{ay}'\mathbf{L})^{-1}(\mathbf{e} - \mathbf{e_c}) \tag{10.8}$$

A exemplo do realizado na equação (6.13), um multiplicador keynesiano pode ser exibido, agora com o adendo de sua contraparte kaleckiana, desde que definamos a parcela de salários na renda como $\Omega = (\mathbf{w}'_\mathbf{a}\mathbf{g})/(\mathbf{y}'\mathbf{g})$.

$$\varphi_y = \frac{1}{1 - \mathbf{y}'\mathbf{La}} = \frac{1}{1 - [\Omega\mathbf{y}'\mathbf{La_w} + (1 - \Omega)\mathbf{y}'\mathbf{La_k}]} \tag{10.9}$$

De fato, Miyazawa (1976) parte de multiplicadores keynesianos, no caso mais simples, e mostra até onde multiplicadores kaleckianos poderiam nos levar, concluindo pela sua expressão mais geral, que trata da interação entre os rendimentos das duas categorias, o que torna a renda e a produção total dependentes da estrutura de demanda final e, também por essa via, da distribuição de renda. Em suas palavras:

> "Esse multiplicador de renda multissetorial é uma característica distintiva de nosso modelo. Na análise insumo-produto convencional, na qual a demanda de consumo é inteiramente exógena, a produção nas várias indústrias apresenta diferentes

> valores dependendo das proporções da demanda final; mas, no que concerne ao valor adicionado setorial, a renda tem o mesmo valor da demanda final e não depende das proporções da demanda final. Em oposição, como está evidente em (1.19) de nosso modelo, os rendimentos (tanto a renda total quanto as rendas de cada grupo) têm diferentes valores dependendo das proporções da demanda final, e isso se deve ao fato de que nosso modelo leva em conta explicitamente a estrutura da distribuição de renda" (Miyazawa, 1976, p. 10).

Isso não quer dizer que mudanças na distribuição de renda não façam efeito num multiplicador de inspiração kaleckiana, mas, "mesmo se introduzirmos fatores de distribuição de renda de maneira macroeconômica, como nos modelos de Kalecki ou Kaldor, o resultado keynesiano anterior não é modificado [... , visto que chegaríamos a um] escalar representando uma média ponderada das propensões a consumir de cada grupo de renda" (Miyazawa, 1976, p. 11).

> "Assim, a fim de concluir que os valores da renda diferem dependendo das proporções da demanda final autônoma é necessário introduzir não somente a estrutura da demanda de consumo, mas também a estrutura da distribuição de renda" (Miyazawa, 1976, p. 12).

Digamos que seja possível, então, separar o consumo dos trabalhadores ($\mathbf{e_{cw}}$) do consumo dos capitalistas ($\mathbf{e_{ck}}$), a exemplo do efetuado por Kalecki (1968).[1] Da equação (10.1), temos duas definições que se complementam:

$$\mathbf{a_w} = \frac{\mathbf{e_{cw}}}{\mathbf{w'_a g}} \tag{10.10}$$

[1] De fato, faremos uma ilustração a partir de dados da Pesquisa de Orçamentos Familiares (POF) 2008-2009, tomando, como uma aproximação, as categorias de empregadores em comparação com os demais empregados e trabalhadores por conta própria e realizando ajustes de modo a preservar o vetor de consumo por atividade obtido na MIP 2010 (já a preços básicos, diferentemente dos microdados da POF) e as proporções do

$$\mathbf{a_k} = \frac{\mathbf{e_{ck}}}{(\mathbf{y} - \mathbf{w_a})'\mathbf{g}} \tag{10.11}$$

Se utilizarmos uma definição especial para as seguintes matrizes, ao não as grafarmos com letras maiúsculas:

$$\ddot{\mathbf{a}} = \left[\begin{array}{cc} \mathbf{a_w} & \mathbf{a_k} \end{array}\right] \tag{10.12}$$

$$\ddot{\mathbf{y}} = \left[\begin{array}{cc} \mathbf{w_a} & (\mathbf{y} - \mathbf{w_a}) \end{array}\right] \tag{10.13}$$

podemos reescrever (10.8) simplesmente como

$$\mathbf{g} = \mathbf{L}(\mathbf{I} - \ddot{\mathbf{a}}\ddot{\mathbf{y}}'\mathbf{L})^{-1}(\mathbf{e} - \mathbf{e_{cw}} - \mathbf{e_{ck}}) \tag{10.14}$$

e daí derivarmos o conjunto de matrizes exposto por Miyazawa (1976).

Quando estabelecemos, em (10.9), a igualdade entre multiplicadores keynesianos e kaleckianos, claro estava que igualávamos duas propensões marginais a consumir agregadas, quais sejam:

$$\mathbf{y}'\mathbf{L}\mathbf{a} = \Omega\mathbf{y}'\mathbf{L}\mathbf{a_w} + (1 - \Omega)\mathbf{y}'\mathbf{L}\mathbf{a_k} \tag{10.15}$$

Desse modo, cabe perguntarmos como ficaria uma versão desagregada, por categoria de rendimento, para essas propensões. Escrevendo:

$$\ddot{\mathbf{y}}'\mathbf{L}\ddot{\mathbf{a}} = \left[\begin{array}{cc} \mathbf{w_a} & (\mathbf{y} - \mathbf{w_a}) \end{array}\right]'(\mathbf{I} - \mathbf{A})^{-1}\left[\begin{array}{cc} \mathbf{a_w} & \mathbf{a_k} \end{array}\right] \tag{10.16}$$

obtemos cada elemento de $\ddot{\mathbf{y}}'\mathbf{L}\ddot{\mathbf{a}}$ demonstrando quantas unidades adicionais de renda são diretamente geradas na categoria em cada linha a partir de uma unidade adicional de gasto efetuado pela categoria de rendimento na coluna.[2] No nosso caso específico, o segundo elemento na primeira linha,

consumo efetuadas pelas duas grandes categorias. Uma análise do manuseio e tradução dos microdados não cabe nos limites deste livro, naturalmente, mas o tratamento dos dados foi bastante conservador no sentido de não exagerar as diferenças entre as duas categorias, como deverá se notar adiante.

[2]Tratando especificamente de diferentes regiões, essa definição pode ser encontrada em Miyazawa (1968, p. 41) ou, já tratando de grupos de renda, em Miyazawa (1976, p. 8) e

por exemplo, descreveria quantas unidades de salários são geradas a cada nova unidade de gasto a partir dos lucros.

Partindo para a ilustração baseada em dados brasileiros,[3] se uma propensão marginal a consumir agregada de 0,5122, encontrada via (10.15), nos renderia um multiplicador de 2,0500, qual seria o equivalente desagregado a partir de $\ddot{\mathbf{y}}'\mathbf{L}\ddot{\mathbf{a}}$?

$$\ddot{\mathbf{y}}'\mathbf{L}\ddot{\mathbf{a}} = \begin{bmatrix} 0,3169 & 0,1858 \\ 0,2183 & 0,2932 \end{bmatrix} \tag{10.17}$$

As propensões marginais a consumir de cada categoria de rendimento podem ser obtidas somando-se os elementos ao longo de cada coluna da matriz $\ddot{\mathbf{y}}'\mathbf{L}\ddot{\mathbf{a}}$, isto é, efetuando-se $\mathbf{i}'\ddot{\mathbf{y}}'\mathbf{L}\ddot{\mathbf{a}}$, de modo que os resultados seriam as propensões marginais a consumir $\mathbf{y}'\mathbf{La_w}$ e $\mathbf{y}'\mathbf{La_k}$, as quais, devidamente ponderadas por Ω e $(1-\Omega)$, respectivamente, resultariam na propensão marginal a consumir agregada encontrada anteriormente, $\mathbf{y}'\mathbf{La}$. No nosso caso, estamos ponderando a propensão marginal a consumir a partir dos salários, 0,5352, pela participação dessa categoria no valor adicionado (59,01%) e a propensão marginal a consumir a partir dos lucros, 0,4791, pela parcela dos lucros na renda (40,99%), o que resulta nos mesmos 0,5122 apresentados anteriormente.

Continuando a responder nossa questão, uma vez obtidos os "coeficientes de renda inter-grupo" (Miyazawa, 1976, p. 7), $\ddot{\mathbf{y}}'\mathbf{L}\ddot{\mathbf{a}}$, o "multiplicador de renda inter-relacional como uma matriz", $\mathbf{K}$, que "mostra a geração de renda direta e indireta por unidade de renda originada" (Miyazawa, 1968, p. 41),[4]

em Miller e Blair (2009, p. 272). Nessa última referência encontramos estratos de renda e não participações de diferentes categorias de rendimento, de onde se inicia a exposição em Miyazawa (1976). O original de Miyazawa (1968, p. 40) fornece uma aplicação para a distribuição de renda inter-regional, apesar de o modelo poder ser utilizado para a distribuição funcional ou pessoal de renda com pequenas alterações.

[3]Exercícios similares para a economia brasileira, envolvendo duas categorias de rendimento, podem ser encontrados em Cavalcanti (1997, 2001).

[4]Naturalmente, trata-se dos impactos diretos, indiretos e induzidos, nos termos adotados por Miller e Blair (2009, p. 273), mas agora apresentados como uma matriz de

pode ser calculado a partir da seguinte formulação, até certo ponto intuitiva:

$$\mathbf{K} = (\mathbf{I} - \ddot{\mathbf{y}}'\mathbf{L}\ddot{\mathbf{a}})^{-1} \tag{10.18}$$

que no nosso caso corresponde a:

$$\mathbf{K} = \begin{bmatrix} 1,5982 & 0,4202 \\ 0,4937 & 1,5447 \end{bmatrix} \tag{10.19}$$

Daí, podemos recuperar o nível de renda por categoria a partir de:

$$\ddot{\mathbf{y}}'\mathbf{g} = \mathbf{K}\ddot{\mathbf{y}}'\mathbf{L}(\mathbf{e} - \mathbf{e_{cw}} - \mathbf{e_{ck}}) \tag{10.20}$$

que no nosso caso corresponderia a:

$$\ddot{\mathbf{y}}'\mathbf{g} = \begin{bmatrix} 1.949.062 \\ 1.353.778 \end{bmatrix} \tag{10.21}$$

Assim, para a matriz **K** sugerida, uma prova às avessas de que se trata efetivamente de multiplicadores de renda pode ser encontrada em Miyazawa (1976, p. 8-10), como se segue: (i) ao fazermos $\mathbf{L}(\mathbf{e} - \mathbf{e_{cw}} - \mathbf{e_{ck}})$, estamos transformando os gastos autônomos em produção total por atividade, exclusivamente em referência àquela gerada direta e indiretamente em virtude dos gastos autônomos; (ii) pré-multiplicando essa produção total pelo $\ddot{\mathbf{y}}'$ estamos a transformando em renda, separada entre salários e lucros, novamente restrita à gerada pelos gastos autônomos; e, (iii) ao pré-multiplicarmos essa renda gerada direta e indiretamente pelos gastos autônomos por **K**, obtemos a renda total, também separada por categoria de rendimento, após computarmos a indução do consumo pelas diferentes categorias de gasto. Por definição, a renda total sobre a renda obtida em virtude dos gastos autônomos constitui o multiplicador de renda, como discutido no Capítulo 6.

Poderíamos ainda recuperar o vetor de produção total a partir de (10.14) ou obter uma representação alternativa, que é tipicamente derivada utilizando matrizes particionadas. O nível de renda por categoria também pode

impactos dos rendimentos de uma categoria sobre outra.

ser recuperado por meio da mesma representação, a qual, apesar de não ser essencial para os resultados nem imprescindível para a derivação, a facilita e é, modernamente, comumente adotada (Miller e Blair, 2009, p. 272).

10.1.1 Representação com matrizes particionadas

Por meio da representação abaixo, podemos conferir, por grandes blocos de uma matriz, definições já utilizadas anteriormente. O primeiro elemento resultante da operação à direita pode ter sua origem rastreada em (10.3) e o segundo elemento somente confirma os totais para as duas categorias de rendimento.

$$\begin{bmatrix} \mathbf{g} \\ -- \\ \ddot{\mathbf{y}}'\mathbf{g} \end{bmatrix} = \begin{bmatrix} \mathbf{A} & | & \ddot{\mathbf{a}} \\ - & - & - \\ \ddot{\mathbf{y}}' & | & \mathbf{0} \end{bmatrix} \begin{bmatrix} \mathbf{g} \\ -- \\ \ddot{\mathbf{y}}'\mathbf{g} \end{bmatrix} + \begin{bmatrix} (\mathbf{e} - \mathbf{e_{cw}} - \mathbf{e_{ck}}) \\ -------- \\ \mathbf{0} \end{bmatrix} \tag{10.22}$$

Agrupando os termos com o vetor em comum do mesmo lado da equação e já o colocando em evidência, temos:

$$\begin{bmatrix} (\mathbf{I} - \mathbf{A}) & | & -\ddot{\mathbf{a}} \\ --- & - & -- \\ -\ddot{\mathbf{y}}' & | & \mathbf{I} \end{bmatrix} \begin{bmatrix} \mathbf{g} \\ -- \\ \ddot{\mathbf{y}}'\mathbf{g} \end{bmatrix} = \begin{bmatrix} (\mathbf{e} - \mathbf{e_{cw}} - \mathbf{e_{ck}}) \\ -------- \\ \mathbf{0} \end{bmatrix} \tag{10.23}$$

E, finalmente, utilizando regras para inversão de matrizes particionadas, como as encontradas no Apêndice A de Miller e Blair (2009, p. 700), por exemplo, chegaríamos a:

$$\begin{bmatrix} \mathbf{g} \\ -- \\ \ddot{\mathbf{y}}'\mathbf{g} \end{bmatrix} = \begin{bmatrix} \mathbf{L}(\mathbf{I} + \ddot{\mathbf{a}}\mathbf{K}\ddot{\mathbf{y}}'\mathbf{L}) & | & \mathbf{L}\ddot{\mathbf{a}}\mathbf{K} \\ -------- & - & --- \\ \mathbf{K}\ddot{\mathbf{y}}'\mathbf{L} & | & \mathbf{K} \end{bmatrix} \begin{bmatrix} (\mathbf{e} - \mathbf{e_{cw}} - \mathbf{e_{ck}}) \\ -------- \\ \mathbf{0} \end{bmatrix} \tag{10.24}$$

Para a renda por categoria, obteríamos o mesmo resultado exposto em (10.20). Para o vetor de produção total, no entanto, temos um resultado alternativo ao apresentado em (10.14), qual seja:

$$\mathbf{g} = \mathbf{L}(\mathbf{I} + \ddot{\mathbf{a}}\mathbf{K}\ddot{\mathbf{y}}'\mathbf{L})(\mathbf{e} - \mathbf{e_{cw}} - \mathbf{e_{ck}}) \tag{10.25}$$

Código para Scilab

10.1.2 Impactos de mudanças na distribuição de renda

Para iniciarmos a análise de impactos decorrentes de mudanças distributivas, tomemos a nossa matriz **K** original e agreguemos por categoria de renda proveniente dos gastos autônomos. A exemplo do efetuado para as propensões a consumir, estamos fazendo $\mathbf{i}'\mathbf{K}$. Desse modo, poderemos notar a influência de uma mudança na distribuição de duas formas: nos multiplicadores em si e na renda gerada pelos gastos autônomos. Antes de qualquer redistribuição teríamos:

$$\mathbf{i}'\mathbf{K} = \begin{bmatrix} 2,0919 & 1,9649 \end{bmatrix} \tag{10.26}$$

$$\ddot{\mathbf{y}}'\mathbf{L}(\mathbf{e} - \mathbf{e_{cw}} - \mathbf{e_{ck}}) = \begin{bmatrix} 1.079.831,5 \\ 531.293 \end{bmatrix} \tag{10.27}$$

Assim, a partir dos salários teríamos um multiplicador de 2,0919 e a partir dos lucros teríamos um multiplicador de 1,9649, lembrando que nosso multiplicador agregado é de 2,0500.

Como exercício, façamos uma redistribuição pró-lucros, de modo que a parcela de salários passe de 59,01% para 56,01%, com a parcela de lucros subindo de 40,99% para 43,99%. Assim, nossas matrizes para as propensões marginais e para os multiplicadores passariam a ser dadas por:

$$\ddot{\mathbf{y}}'\mathbf{L}\ddot{\mathbf{a}} = \begin{bmatrix} 0,3008 & 0,1764 \\ 0,2344 & 0,3027 \end{bmatrix} \tag{10.28}$$

Ou seja, observamos quedas nas unidades de salários geradas, tanto pelos gastos a partir dos salários quanto a partir dos lucros, e elevações nas unidades de lucros geradas a partir das duas categorias de rendimento, como esperado, o mesmo acontecendo com os multiplicadores:

$$\mathbf{K} = \begin{bmatrix} 1,5627 & 0,3953 \\ 0,5254 & 1,5670 \end{bmatrix} \tag{10.29}$$

Agregando-se, entretanto, teríamos queda nos multiplicadores tanto a partir dos salários quanto a partir dos lucros, com os salários gerados exclusivamente pelos gastos autônomos caindo e os lucros subindo no mesmo montante.

$$\mathbf{i}'\mathbf{K} = \begin{bmatrix} 2,0881 & 1,9622 \end{bmatrix} \tag{10.30}$$

$$\ddot{\mathbf{y}}'\mathbf{L}(\mathbf{e} - \mathbf{e_{cw}} - \mathbf{e_{ck}}) = \begin{bmatrix} 1.024.935,6 \\ 586.188,8 \end{bmatrix} \tag{10.31}$$

Uma vez que ambos os multiplicadores por categoria caem, não é difícil concluir que a renda total da economia é menor, mesmo com a mudança na composição da renda gerada pelos gastos autônomos. Todavia, a mudança na composição atua no sentido de reforçar essa tendência de queda, visto que os multiplicadores a partir dos salários são maiores do que os multiplicadores a partir dos lucros.

Podemos calcular, portanto, um multiplicador agregado pós-redistribuição a partir das somas dos rendimentos totais, após a indução do consumo, visto que o rendimento agregado antes da indução é o mesmo. Tal multiplicador agregado assume o valor de 2,0423, ante os 2,0500 calculados pré-redistribuição. O reforço na queda do multiplicador dado pela mudança na composição da renda gerada pelos gastos autônomos é constatado ao calcularmos um multiplicador macroeconômico kaleckiano, o qual não levaria em conta tais efeitos de composição: ao invés dos 2,0423, encontraríamos, erroneamente, um multiplicador de 2,0430.

Formulações alternativas para o multiplicador

Poderíamos testar ainda formulações alternativas para o cálculo dos multiplicadores agregados. Seria particularmente útil, caso quiséssemos tratar de outros efeitos de indução, calcular multiplicadores agregados que não dependessem da matriz **K**. Assim, do mesmo modo que o efetuado na seção 6.3, poderíamos flexibilizar a hipótese de que o consumo é completamente induzido, tornando-o parcialmente induzido, bem como introduzir alguma indução no comportamento do investimento. Uma equação para o cálculo do multiplicador agregado que é especialmente maleável a esse tipo de reformulação, similar à utilizada na referida seção, é a seguinte:

$$\varphi_y = \frac{\mathbf{y}'[\mathbf{I} - (\mathbf{A} + \ddot{\mathbf{a}}\ddot{\mathbf{y}}')]^{-1}(\mathbf{e} - \mathbf{e_{cw}} - \mathbf{e_{ck}})}{\mathbf{y}'(\mathbf{I} - \mathbf{A})^{-1}(\mathbf{e} - \mathbf{e_{cw}} - \mathbf{e_{ck}})} \tag{10.32}$$

Ao separarmos elementos autônomos e induzidos do consumo, tal qual o efetuado na seção 6.3, tudo o que necessitaríamos a partir de (10.32) seria redefinir os vetores de gastos autônomos e das propensões a consumir a partir de cada categoria de renda. Se assim desejássemos, recalcular as matrizes inter-relacionais e também a matriz **K** pré e pós-redistribuição não constituiria problema nesse caso específico. No nosso exercício, de ambas as formas, obtivemos multiplicadores agregados de 1,9290 e 1,9271, respectivamente.

Introduzindo novamente um vetor **b** de propensões a investir e um vetor $\mathbf{e_i}$ de investimento induzido, a equação (10.32) tomaria a seguinte forma:

$$\varphi_y = \frac{\mathbf{y}'[\mathbf{I} - (\mathbf{A} + \ddot{\mathbf{a}}\ddot{\mathbf{y}}' + \mathbf{b}\mathbf{y}')]^{-1}(\mathbf{e} - \mathbf{e_{cw}} - \mathbf{e_{ck}} - \mathbf{e_i})}{\mathbf{y}'(\mathbf{I} - \mathbf{A})^{-1}(\mathbf{e} - \mathbf{e_{cw}} - \mathbf{e_{ck}} - \mathbf{e_i})} \tag{10.33}$$

o que resultaria em (super)multiplicadores de 2,3460 e 2,3431, respectivamente, pré e pós-redistribuição.

Assim, passo a passo, analisando o impacto em termos de perda da produção total ensejada pela mudança distributiva proposta no exercício, teríamos quedas de: (i) 0,76% levando em conta o consumo totalmente induzido; (ii) 0,42% no caso de termos uma indução parcial do consumo, com menos efeitos redistributivos, portanto, os quais seriam ampliados em (iii) ao levarmos em conta uma indução parcial também do investimento privado, resultando numa queda de 0,45%.

Código para Scilab

Completando o esquema departamental

Finalmente, antes de encerrarmos o capítulo, recuperemos o exercício exposto na Tabela 8.1, agora um pouco mais próximo do espírito do esquema encontrado em Kalecki (1968). Com a repartição do consumo entre trabalhadores e capitalistas passamos de quatro a cinco departamentos verticalmente integrados, sendo que os totais para a renda e suas categorias foram, naturalmente, conservados.

Tabela 10.1 – Esquema pentadepartamental 2010 (em milhões de reais)

	I	C_k	G	X	C_w	*total*
Lucros	232.436,0	396.981,7	124.092,1	161.507,9	425.503,3	1.340.521,0
Salários	329.355,4	251.569,3	561.332,7	171.376,4	617.661,3	1.931.295,0
total	591.791,4	648.550,9	685.424,7	332.884,2	1.043.164,9	3.271.816,0

Observando atentamente essas novas tabelas, notamos que não foi imposta a hipótese usual de acordo com a qual os trabalhadores gastam tudo o que ganham. Entretanto, como vimos ao longo do capítulo, a propensão a consumir dos trabalhadores é superior à dos capitalistas, o que é condição suficiente para preservar os resultados kaleckianos típicos. Afora os departamentos apresentados anteriormente, chama a atenção a disparidade entre as parcelas de salários na renda nos departamentos produtores de bens de consumo dos trabalhadores (superior a 59%) e dos capitalistas (inferior a 39%).

Tabela 10.2 – Esquema pentadepartamental 2010 (em proporções da renda)

	I	C_k	G	X	C_w	*total*
Lucros	7,1	12,1	3,8	4,9	13,0	41,0
Salários	10,1	7,7	17,2	5,2	18,9	59,0
total	17,2	19,8	20,9	10,2	31,9	100,0

Código para Scilab

Capítulo 11

Mudança estrutural e técnicas de decomposição

É chegado o momento de colocarmos para atuar conjuntamente diversas peças expostas nos capítulos anteriores. Mudanças na distribuição, como as analisadas no Capítulo 10, podem pôr em marcha alterações na composição do produto e, com isso, também no volume de emprego e renda de uma sociedade. Mas as mudanças na composição não estão restritas às mudanças na distribuição: ainda que imaginássemos uma sociedade na qual todos os estratos de renda crescessem à mesma taxa, a Lei de Engel nos faria entender que as proporções da demanda final não teriam como se manter inalteradas e, portanto, o volume de emprego dependeria da direção dessas mudanças de composição.

Por outro lado, não há como afirmarmos nada a respeito do volume de emprego[1] sem atentarmos para a evolução da produtividade do trabalho em cada atividade. A partir da noção de integração vertical (Capítulo 8) é possível definir uma produtividade do trabalho verticalmente integrada (Ca-

[1]Focalizaremos, neste capítulo, dando sequência ao que desenvolvemos anteriormente, os diversos determinantes do volume de emprego, mas deve ficar claro que a escolha da variável a ser dissecada poderia ter sido outra.

pítulo 9) para contrapor à demanda final e entender a dinâmica estrutural de uma economia. Tal dinâmica não se dá somente por mudanças de nível, mas de composição da produtividade do trabalho verticalmente integrada, as quais são dadas por crescimentos desiguais da produtividade nas diversas atividades econômicas; e também por meio de mudanças na composição da demanda final, dadas por mudanças na distribuição de renda e em seu próprio nível e, através dessas últimas, via Lei de Engel, por novas mudanças na composição — com interações não triviais entre nível e distribuição, como vimos no Capítulo 10.

As obras mais teóricas de Pasinetti (1981, 1993) lidam justamente com uma formulação para esse processo de mudança estrutural, a partir da interação entre produtividade do trabalho verticalmente integrada (e sua evolução desigual) e composição da demanda final. Não basta entendermos que uma elevação da produtividade do trabalho verticalmente integrada *tem que ser* compensada por uma elevação da demanda final caso desejemos a manutenção de um determinado nível de emprego. A evolução desigual da produtividade do trabalho e as mudanças de composição da demanda final tornam a análise muito mais complexa e, se é para apresentar alguma aderência ao movimento de economias reais, inevitavelmente desagregada por atividade.

Em sua revisão da literatura sobre produtividade e mudança estrutural, Krüger (2008) situa a obra de Pasinetti como um sub-ramo das teorias evolucionárias, separando ainda os ramos que tratam de modelos neoclássicos multissetoriais de crescimento, da hipótese dos três setores e dos estudos empíricos que destacam os impactos de mudanças da composição sobre a produtividade agregada.

Não faltam trabalhos importantes a apresentar uma perspectiva de fora da abordagem insumo-produto e tratar de uma dinâmica similar que pode ser potencialmente iluminada ao recorrermos a uma desagregação maior. Em Baumol (1967), está clara a descrição do deslocamento da força de trabalho para as atividades de mais baixa produtividade, com a ascensão dos serviços, fenômeno relativamente recente se comparado à descrição do caminho oposto, para atividades de maior produtividade, como as realizadas por Lewis (1954) e Kuznets (1955), por exemplo, que resultam em agendas e conclusões tão importantes quanto diversas.

Do ponto de vista aplicado, a discussão sobre mudança estrutural utilizando a abordagem insumo-produto acaba por abarcar tópicos como desindustrialização — ver Nassif, Teixeira e Rocha (2015) e Perobelli, Bastos e Oliveira (2017) para o caso brasileiro recente — e a inserção nas cadeias globais de valor — ver Timmer *et al.* (2014) e Los, Timmer e de Vries (2015) como exemplos para a utilização da base de dados da WIOD e Dias, Porsse e Gonçalves (2015) para a aplicação dessa base ao caso brasileiro.

11.1 Uma análise exploratória da mudança estrutural

No espírito que pode ser encontrado, por exemplo, nos trabalhos de Araujo (2013) e Leite (2013), façamos, preliminarmente, uma análise exploratória das informações à disposição no que se refere a alguns aspectos do emprego. Especificamente, queremos saber quanto do aumento, entre 2010 e 2015 (continuando nosso exercício iniciado no Capítulo 9), de 98,1 para 102,0 milhões — totalizando um aumento de 3 milhões e 839 mil postos de trabalho —, se deve à demanda final (nível e composição) e quanto se deve a outros fatores. Uma das explicações para a mudança na composição, naturalmente, pode ser encontrada em alterações na distribuição de renda, restando-nos tentar medir sua participação na mudança. Dentre os outros fatores, figuram mudanças na produtividade do trabalho e nos próprios coeficientes técnicos de produção. Para mensurarmos o primeiro conjunto de mudanças necessitamos recorrer a algum procedimento de deflacionamento, enquanto para sabermos separadamente o efeito de mudanças nos coeficientes técnicos necessitamos de matrizes **A** para o início e para o final do período a ser analisado.

Apesar de termos tomado um período com matrizes de coeficientes técnicos disponíveis também para o ano final, poderíamos pensar em aplicações para o período pós-2015, caso em que somente deveremos ter tabelas insumo-produto 2020 oficialmente divulgadas pelo IBGE em 2023. Para uma análise preliminar sobre os efeitos da demanda final, supostamente líquidos de mudanças na produtividade do trabalho, podemos utilizar somente as informações contidas nas TRU e não necessitamos realizar qualquer procedimento de deflacionamento. Realizaremos essa análise na próxima seção e posteriormente trataremos dos ganhos de informação obtidos com os acréscimos de uma matriz para o ano final e com o deflacionamento. Somente na seção 11.2 trateremos das técnicas de decomposição estrutural extensivamente utilizadas no período recente.

11.1.1 Matrizes finais desconhecidas sem deflacionamento

Iniciemos a análise de onde a deixamos no capítulo anterior: estimando qual o impacto da mudança da repartição entre salários e lucros, agora sobre o emprego. Do numerador da expressão em (10.32), estimativas para o emprego levando-se em conta diferentes repartições entre salários e lucros podem ser obtidas a partir de:

$$\mathbf{l}'[\mathbf{I} - (\mathbf{A} + \ddot{\mathbf{a}}\ddot{\mathbf{y}}')]^{-1}(\mathbf{e} - \mathbf{e_{cw}} - \mathbf{e_{ck}}) \tag{11.1}$$

Para esse caso mais simples no qual o consumo é totalmente induzido, uma alteração que refletisse o aumento da parcela dos salários ajustados no valor adicionado entre 2010 e 2015, de 59,01% para 61,51%, resultaria num aumento de 1,2 milhão de postos de trabalho. Naturalmente, esse aumento só pode ser explicado pelas estruturas diferenciadas de consumo a partir dos lucros e a partir dos salários, sendo que nos deslocamos para uma composição do consumo de produtos mais intensivos em trabalho.

Ainda pensando especificamente na composição da demanda final, podemos continuar a utilizar os níveis de 2010 e tomar as proporções de 2015 para tentar estimar os impactos totais da mudança na composição, os quais agora não estariam restritos ao consumo e captariam com maiores detalhes, além das próprias mudanças na distribuição de renda, não circunscritas a duas categorias de rendimento, as advindas do aumento do nível de renda, por exemplo. Mudanças na composição em virtude da pauta de exportações ou do perfil do investimento também seriam captadas. Por outro lado, mudanças nos preços relativos distorceriam a composição da demanda, sem contrapartida nos coeficientes diretos de trabalho.

Exemplos de grandes mudanças na composição da demanda final podem ser encontrados nas elevações proporcionais das atividades imobiliárias (1,2 p.p.), de educação pública (0,9 p.p.), de comércio (0,9 p.p.), de agricultura (0,8 p.p), de saúde privada (0,7 p.p.) e de abate e produtos de carne (0,5 p.p.). Com quedas de 1,6 ponto percentual na fabricação de automóveis, 1 ponto percentual na construção e 0,7 p.p. na administração pública, o saldo líquido de ocupações geradas pela mudança da composição da demanda final pode ser estimado em cerca de 2,4 milhões de postos de trabalho.

Analisando separadamente cada componente da demanda final, temos um quadro mais completo do que ocorreu. Somente por efeitos de recomposição de cada um dos componentes, entre as atividades, sem levar em conta a alteração dos pesos de cada componente no total da demanda final, teríamos o seguinte: a mudança na pauta de exportações resultaria num acréscimo de mais de 1,3 milhão de postos de trabalho; a mudança na composição do consumo do governo resultaria num acréscimo de mais de 450 mil ocupações e a mudança na composição do consumo das famílias resultaria num decréscimo de quase 40 mil ocupações. Finalmente, a mudança no perfil da formação bruta de capital fixo (grosso modo, mais construção e menos máquinas e equipamentos) resultaria num acréscimo de quase 350 mil postos de trabalho e, como um resíduo não desprezível, a variação de estoques responderia pela elevação de mais de 387 mil postos de trabalho.

Tudo isso sem levar em conta as variações nos pesos entre os componentes da demanda, sendo que o principal movimento entre esses pesos foi o aumento do consumo das famílias no total da demanda final (de 50,95% para 53,36%) e a queda de participação da formação bruta de capital fixo (de 18,13% para 15,23%). O resultado dos movimentos dos pesos entre os componentes da demanda resultaria num saldo líquido de pouco mais de 300 mil ocupações, o que poderia soar paradoxal sem uma análise mais esmiuçada da estrutura da demanda final.

Restariam, contudo, mais de 1 milhão de postos de trabalho efetivamente gerados a serem explicados... E quanto ao nível da demanda final? Uma estimativa preliminar sem nenhum procedimento de deflacionamento tem que levar em conta os coeficientes diretos de trabalho (que podem ser obtidos a partir das TRU) e a demanda final dada em valores monetários para o ano corrente (a preços de consumidor e contendo importações no caso das TRU e a preços básicos restrita à produção nacional somente na divulgação das MIP). Assim, utilizando a matriz de coeficientes técnicos para 2010, encontraríamos um total de ocupações de 102,0 milhões, significando uma geração a partir da demanda final (nível e composição) inclusive superior aos 3,8 milhões efetivos. Se estimássemos a partir do nível de demanda final de 2015 com a composição de 2010, encontraríamos um total de 100,7 milhões, com diferença de 2,5 milhões em relação ao encontrado para 2010.

Percebe-se, portanto, que não estamos tratando de uma decomposição única, pois as 2,4 milhões de ocupações imputadas à mudança de composição, quando estimadas pelo nível de 2010 e composição de 2015, se transformam em 2,5 milhões se estimadas pelo nível de 2015 e composição de 2010. Ainda, não há precisão sobre o que ocorreu com a produtividade, pois nossas estimativas presentes no Capítulo 9 apontavam para um aumento da produtividade social do trabalho (que depende da matriz **A** e do vetor **l**) e redução da intensidade tecnológica (que só depende da matriz **A** de coeficientes técnicos), enquanto a estimativa a partir da demanda final (nível e composição) superior ao total efetivo de ocupações aponta para algum progresso técnico (a partir de mudanças dos coeficientes diretos de trabalho ou dos coeficientes técnicos de produção), no sentido de menor utilização de trabalho por unidade de produção.

Para analisarmos em mais detalhes o que ocorreu com a produtividade, entretanto, necessitamos realizar algum procedimento de deflacionamento nas tabelas de 2015, de maneira que possamos separar os efeitos de mudanças reais na produtividade do trabalho de mero efeito de preços e também dos efeitos de mudanças nos coeficiente técnicos, os quais se misturam à produtividade do trabalho quando pensamos em coeficientes verticalmente integrados.

Código para Scilab

11.1.2 Matrizes finais conhecidas com deflacionamento

Por aproximações sucessivas, testemos as diferentes partes constituintes de nossa explicação, agora com as matrizes de 2015 a preços de 2010 (após um procedimento de duplo deflacionamento pelos índices de preços das atividades). Partindo do total de ocupações em 2015 (102,0 milhões), se alterássemos somente a matriz **A**, substituindo a matriz de 2015 pela relativa a 2010, teríamos uma estimativa de 101,6 milhões de ocupações.

Ou seja, a passagem da matriz **A** de 2010 para a de 2015 resultou numa elevação de aproximadamente 404 mil ocupações, o que implica queda da intensidade tecnológica, resultado compatível ao apresentado no Capítulo 9. Alternativamente, utilizando os vetores de coeficientes diretos de trabalho e de demanda final de 2010 e somente a matriz de coeficientes técnicos de 2015, obteríamos um total de ocupações de 98,9 milhões, a ser contraposto a 98,1 milhões obtidos para 2010, também implicando que a matriz de coeficientes técnicos de 2015 apresenta uma menor intensidade tecnológica relativamente à de 2010.

Se mantivéssemos a matriz **A** de 2015 e utilizássemos o vetor **l** para o mesmo ano, somente com o vetor **e** de 2010, encontraríamos um total de ocupações de 97,6 milhões, denotando um crescimento da produtividade direta do trabalho, o que se confirma com o resultado da comparação utilizando os coeficientes técnicos de 2010 ante o resultado efetivo para aquele ano. No conjunto, os coeficientes de trabalho verticalmente integrados foram menores, resultando em menos ocupações para a mesma demanda final. Conclusão semelhante seria obtida utilizando-se somente a demanda final de 2015 e as matrizes **A** e **l** de 2010, obtendo-se um total de 103,2 milhões de ocupações, 1,2 milhão acima do apurado para 2015.[2] Finalmente, utilizando-se somente o vetor **l** de 2010, estimamos o total de ocupações em 103,8 milhões, reforçando as evidências de queda nos coeficientes diretos de trabalho e de aumento nos coeficientes técnicos de produção.

No caso brasileiro recente, como vimos no Capítulo 9, o aumento da produtividade do trabalho se deu nas atividades de mais baixa produtividade ligadas à agricultura, pecuária e exploração florestal, pesca e aquicultura. Nessas atividades, há uma tendência, pelo menos desde o início dos 2000

[2] Uma nota de advertência deve ser feita, entretanto, sobre a interpretação de estimativas misturando-se vetores **l** e **e** para diferentes anos: a mudança nos preços relativos e o procedimento de deflacionamento utilizado podem introduzir vieses não desprezíveis nos totais de ocupações calculados.

(Leite, 2013), de redução das ocupações. Contrariamente, nos serviços, com produtividade virtualmente estagnada, observamos uma absorção da mão de obra, o que é compatível com as considerações de Baumol (1967) sobre a dinâmica desbalanceada do crescimento e a transferência da força de trabalho resultante.

Integração vertical e subsistemas

Recuperando a discussão do Capítulo 8, devemos lembrar que é sempre possível obter as ocupações por atividade a partir de $\hat{\mathbf{l}}(\mathbf{I}-\mathbf{A})^{-1}\mathbf{e}$. Por outro lado, é igualmente possível obter as ocupações reclassificadas pelo critério da demanda final, *i.e.*, verticalmente integradas, por meio de $\mathbf{l}'(\mathbf{I}-\mathbf{A})^{-1}\hat{\mathbf{e}}$.

Já tomando a diferença entre as ocupações para 2010 e 2015, destacam-se a construção (com 795 mil), o comércio (com 1,1 milhão), os serviços privados de educação e saúde, bem como os serviços de alimentação (todos com mais de 600 mil), e ainda os de educação pública (com quase 400 mil). Queimando postos de trabalho, destacam-se agricultura (quase 1 milhão) e pecuária (1,2 milhão). Do ponto de vista verticalmente integrado, ou seja, com ocupações geradas pela demanda final por cada atividade, a construção gerou mais de 600 mil postos de trabalho e o comércio 1,3 milhão, com os serviços de alimentação sendo responsáveis por mais de 800 mil ocupações.

Analisando esses três subsistemas, podemos notar que a demanda final por construção gerou empregos principalmente na própria atividade (quase 750 mil), com um espraiamento maior para a fabricação de produtos de minerais não metálicos (15 mil), transporte terrestre (7,6 mil) e organizações associativas e outros serviços pessoais (1,6 mil).

A demanda final por comércio é também bastante concentradora, gerando quase 900 mil postos de trabalho na própria atividade e tendo difusão maior para o transporte terrestre (101,2 mil), outras atividades administrativas (73,3 mil), atividades jurídicas, contábeis, consultoria e sedes de empresas (38,8 mil) e armazenamento, atividades auxiliares dos transportes e correio (28,8 mil).

Das mais de 800 mil ocupações geradas pela demanda final por serviços de alimentação, 629 mil estavam na própria atividade, com blocos distintos de espraiamento formados por comércio (94,1 mil) e transporte terrestre (25,5 mil), nos serviços, e por outros produtos alimentares (14,2 mil), fabricação de bebidas (13,5 mil) e abate e produtos de carne (11,8 mil) entre as atividades industriais fornecedores óbvias de insumos.

As atividades citadas na análise dos três subsistemas não obtiveram ganhos expressivos de produtividade do trabalho, o que ajuda a explicar o comportamento do mercado de trabalho num período em que o crescimento do produto passou a perder fôlego. Apesar de o período envolvido ser muito curto para utilizarmos a expressão, poderíamos, a título de exercício, caracterizar em uma sentença: houve um processo de mudança estrutural com o deslocamento da demanda final para atividades mais intensivas em mão de obra (menos produtivas relativamente).

Devemos ter em mente que, no período, há aumento do total de ocupações entre 2010 e 2014 (de 98,1 para 105,5 milhões) e queda entre 2014 e 2015 (dos 105,5 milhões para 102,0). Assim, há alguma dificuldade de observarmos esse movimento de mudança estrutural tomando o período completo 2010-2015. Utilizando somente dados das TRU, no entanto, podemos observar que há queda de 15,5 para 14,1 milhões de postos de trabalho na agropecuária entre 2010 e 2014, concomitante à quase estagnação na indústria — 267 para 302 mil na extrativa, 11,6 para 11,9 milhões na transformação e 699 para 685 mil nos serviços de utilidade pública —, exceção para a construção, que passa de 7,8 para 9,1 milhões no período. Nos serviços, portanto, os postos de trabalho passam de 62 milhões em 2010 para 69 milhões em 2014. De 2014 para 2015, há perdas para todos os grupamentos de atividades citados.

Para que possamos prosseguir com a análise desse processo de mudança, técnicas de decomposição estrutural serão bem-vindas, inclusive porque mantêm a aditividade dos termos concorrendo para a explicação dos movimentos de mão de obra no período. Passaremos a essas técnicas na próxima seção. Antes disso, entretanto, façamos um breve apanhado dos achados até aqui.

Código para Scilab

Em resumo

Uma análise exploratória preliminar da mudança estrutural ocorrida no Brasil entre 2010 e 2015 revela, antes de tudo, continuidade de um processo captado desde o início dos anos 2000 (Leite, 2013). Do aumento de 3,8 milhões de ocupações no período, a mudança da composição da demanda final deve ser responsável por algo superior a 2 milhões. Olhando mais detidamente para esses movimentos na composição, a maior responsável seria a mudança na pauta de exportações, seguida pelas recomposições do consumo do governo e da formação bruta de capital fixo. Já levando em conta efeitos de indução, até um máximo de quase 1,2 milhão de postos de trabalho a mais pode ser explicado pela redistribuição de renda pró-salários no período, a qual não capta em sua totalidade, naturalmente, todos os efeitos advindos de mudanças na desigualdade. O fato de a demanda final ter se rebalanceado em favor do consumo e em detrimento do investimento explica as pouco mais de 300 mil ocupações a mais no período.

Quanto ao nível da demanda final, seu aumento no período seria mais do que suficiente para explicar a totalidade do aumento das ocupações, visto que ocorreu aumento da produtividade do trabalho no período, quando analisamos a economia como um todo. As atividades que obtiveram maiores ganhos de produtividade, mormente as agropecuárias, sofreram perdas líquidas de ocupações no período, enquanto as atividades de serviços, com produtividade estagnada e intensivas em trabalho, absorveram mão de obra daquelas primeiras, mais do que compensando as perdas. A despeito do aumento da produtividade direta do trabalho, a intensidade tecnológica se reduziu no período, mas não o bastante para provocar quedas na produtividade do trabalho verticalmente integrada, que também foi incrementada para a economia como um todo.

Assim, os movimentos na demanda final foram mais do que suficientes para compensar os aumentos da produtividade do trabalho verticalmente integrada, os quais são, por definição, poupadores de mão de obra. Se a elevação do nível da demanda final não foi o bastante para manter a trajetória de crescimento observada em período anterior, a recomposição dessa demanda para atividades mais intensivas em trabalho, vale dizer, de mais baixa produtividade, explica o comportamento do mercado de trabalho no período, principalmente a resistência à queda até 2014.

Uma análise macroeconômica, ao enxergar um crescimento acumulado do VAB (excetuando-se impostos líquidos de subsídios) da ordem de 5,5% entre 2010 e 2015 (8,9% entre 2010 e 2014) e contrapô-lo ao crescimento de 3,9% das ocupações no mesmo período (7,5% entre 2010 e 2014), acaba sendo incapaz de interpretar o comportamento do emprego, procurando as mais diversas explicações para uma elasticidade do emprego com relação ao produto inferior à unidade. Todavia, numa análise desagregada, percebe-se que os movimentos estruturais de recomposição da demanda final e, por conseguinte, do produto mascaram a estimativa de elasticidade agregada, constituindo os próprios movimentos boa parte da explicação do aparente paradoxo.

O VAB agropecuário cresce 17,8% entre 2010 e 2015 (14,0% até 2014) enquanto os postos de trabalho são reduzidos em 15,1% (-8,5% até 2014). A indústria extrativa apresenta crescimento do VAB de 13,2% (7,1% até 2014) enquanto os postos de trabalho crescem 7,7% (13,1% até 2014). Para a indústria de transformação, temos taxas de crescimento do VAB de $-10,3\%$ (-2.0% até 2014) e de $-3,4\%$ ($+2,7\%$ até 2014) para os postos de trabalho. Para a construção, o VAB cresce a 3,9% entre 2010 e 2015 (14,2% até 2014) enquanto os postos de trabalho crescem a taxas de 10,1% (16,6% até 2014). Para o total dos serviços, enquanto uma taxa de crescimento de 7,5% é observada para o valor adicionado (10,5% até 2014), 9,3% é a taxa de crescimento dos postos de trabalho (11,3% até 2014).

11.2 Técnicas de decomposição estrutural

Dando continuidade à nossa análise, devemos ressaltar que as técnicas de decomposição estrutural, a serem apresentadas nesta seção, são bastante intensivas em dados, exigindo matrizes completas estimadas para um período inicial e para um período final. Assim, contrariamente ao realizado no tópico 11.1.1, não temos como abrir mão das estimativas preliminares, em muitos casos, e do deflacionamento das tabelas insumo-produto.

Seria impraticável fazermos justiça à pletora recente de artigos utilizando técnicas de decomposição estrutural para dados brasileiros, sendo que nos daremos por satisfeitos ao apresentar uma pequena lista daqueles. Kupfer, Freitas e Young (2004), em trabalho precursor que apresenta diversas peculiaridades e ultrapassa a aplicação mecânica das técnicas à disposição, apresentam uma decomposição estrutural para o emprego no Brasil entre 1990 e 2001. Com período levemente diferente (1991–2003) e também visando uma decomposição para o emprego, encontramos Sesso-Filho *et al.* (2010).

Mais recentemente, Messa (2013) faz uma aplicação decompondo o crescimento do produto por atividade entre 2000 e 2009 e Nakatani-Macedo *et al.* (2015) realizam um exercício específico para as atividades industriais, para o mesmo período, novamente visando o emprego. Passoni (2016) decompõe as importações brasileiras de 2000 a 2008 entre fatores relacionados à demanda, mudanças no padrão de comércio e mudanças tecnológicas e Persona e Oliveira (2016) fazem exercícios para emprego, valor adicionado e valor bruto de produção entre 1995 e 2009.[3]

Para o caso internacional, tal pletora parece ocorrer a partir da segunda metade da década de 1980 (Rose e Casler, 1996). Além de apontarem as potencialidades e limites da análise de decomposição estrutural, Rose e Casler (1996) fazem um apanhado histórico de suas origens, indicando as primeiras aplicações e deixando clara a característica exploratória das tentativas iniciais de decomposição, como as apresentadas nas seções anteriores, ainda sem o rigor e a aditividade desejados. O problema com relação aos números-índice também é trazido à tona — questão que enseja debates recorrentes na área, uma vez que, como veremos adiante, não existe uma única possibilidade de decomposição estrutural, sugerindo, assim, alguma margem de escolha com relação ao período base e ao formato da decomposição.

Apesar de a análise apresentada em Rose e Casler (1996) ser bastante abrangente, vale mencionar também a exposição de Schuschny (2005, p. 61–70), apontando para diversas possibilidades de decomposição e, como de costume, uma apresentação mais didática em Miller e Blair (2009, p. 593–621), com uma longa seção sobre a análise de decomposição estrutural, uma das características distintivas desta segunda edição.

11.2.1 Decompondo a dinâmica estrutural para o emprego

A ideia de que temos que nos preocupar com dois conjuntos de forças antagônicas, de um lado, os ganhos de produtividade significando queima de postos de trabalho e, de outro, a evolução da demanda final de maneira a

[3]Em Messa (2013) e Persona e Oliveira (2016) podemos encontrar um detalhamento maior dos procedimentos de deflacionamento utilizados.

requerer cada vez mais ocupações, com a ressalva de que esses movimentos não se dão nas mesmas proporções em todas as atividades, pode ser encontrada principalmente e em todas as suas cores em Pasinetti (1981). Assim, a realocação do emprego entre as atividades pode ser entendida como inexorável desde que imaginemos que haja algum progresso técnico. Ainda que estivesse resolvida, em determinado ponto do tempo, a questão do desemprego, a dinâmica estrutural apresentada por esse autor nos levaria a entender que

> "o pleno emprego como um todo será mantido somente se o sistema econômico for capaz de engendrar exitosamente um processo contínuo de redistribuição estrutural do emprego de um setor para outro, de acordo com padrão moldado pela dinâmica estrutural da tecnologia e da demanda. Deveria ser enfatizado que esse é um processo inevitável. Não pode ser interrompido, a menos que o próprio progresso técnico seja interrompido" (Pasinetti, 1981, p. 227).

A dinâmica estrutural da tecnologia pode ser representada pela evolução dos coeficientes de trabalho verticalmente integrados, incorporando, assim, os coeficientes técnicos de produção. A dinâmica da demanda final resumiria o outro conjunto de forças concorrendo para explicar o total de ocupações numa economia. A fim de decompor o emprego nesses dois componentes, considerando um período inicial (1) e um período final (2), teríamos que partir de:

$$\Delta \mathbf{i'o} = \mathbf{i'o}_{[2]} - \mathbf{i'o}_{[1]} = \mathbf{l'}_{[2]}(\mathbf{I} - \mathbf{A}_{[2]})^{-1}\mathbf{e}_{[2]} - \mathbf{l'}_{[1]}(\mathbf{I} - \mathbf{A}_{[1]})^{-1}\mathbf{e}_{[1]} \quad (11.2)$$

$$\Delta \mathbf{i'o} = \mathbf{l'_{v}}_{[2]}\mathbf{e}_{[2]} - \mathbf{l'_{v}}_{[1]}\mathbf{e}_{[1]} \quad (11.3)$$

A decomposição propriamente dita seria entre variações dos coeficientes de trabalho verticalmente integrados e variações da demanda final. Assim, poderíamos escrever a equação anterior como:

$$\Delta \mathbf{i'o} = \mathbf{l'_{v}}_{[2]}\Delta \mathbf{e} + \Delta \mathbf{l'_{v}}\mathbf{e}_{[1]} \quad (11.4)$$

o que pode ser escrito também como:

$$\Delta\mathbf{i}'\mathbf{o} = \mathbf{l}'_{\mathbf{v}[2]}(\mathbf{e}_{[2]} - \mathbf{e}_{[1]}) + (\mathbf{l}'_{\mathbf{v}[2]} - \mathbf{l}'_{\mathbf{v}[1]})\mathbf{e}_{[1]} \tag{11.5}$$

correspondendo, portanto, a:

$$\Delta\mathbf{i}'\mathbf{o} = \mathbf{l}'_{\mathbf{v}[2]}\mathbf{e}_{[2]} - \mathbf{l}'_{\mathbf{v}[2]}\mathbf{e}_{[1]} + \mathbf{l}'_{\mathbf{v}[2]}\mathbf{e}_{[1]} - \mathbf{l}'_{\mathbf{v}[1]}\mathbf{e}_{[1]} \tag{11.6}$$

com os dois termos do meio se anulando, o que nos leva de volta a (11.3). Todavia, poderíamos escrevê-la, igualmente, como:

$$\Delta\mathbf{i}'\mathbf{o} = \mathbf{l}'_{\mathbf{v}[1]}\Delta\mathbf{e} + \Delta\mathbf{l}'_{\mathbf{v}}\mathbf{e}_{[2]} \tag{11.7}$$

$$\Delta\mathbf{i}'\mathbf{o} = \mathbf{l}'_{\mathbf{v}[1]}(\mathbf{e}_{[2]} - \mathbf{e}_{[1]}) + (\mathbf{l}'_{\mathbf{v}[2]} - \mathbf{l}'_{\mathbf{v}[1]})\mathbf{e}_{[2]} \tag{11.8}$$

$$\Delta\mathbf{i}'\mathbf{o} = \mathbf{l}'_{\mathbf{v}[1]}\mathbf{e}_{[2]} - \mathbf{l}'_{\mathbf{v}[1]}\mathbf{e}_{[1]} + \mathbf{l}'_{\mathbf{v}[2]}\mathbf{e}_{[2]} - \mathbf{l}'_{\mathbf{v}[1]}\mathbf{e}_{[2]} \tag{11.9}$$

agora com os termos nas pontas se anulando para voltarmos a (11.3). Ou seja, no primeiro caso, em (11.4), a variação da demanda final é ponderada tomando-se os coeficientes de trabalho verticalmente integrados no período 2 como base, enquanto a variação desses últimos é ponderada pela demanda final no período 1, com o contrário acontecendo em (11.7). Em conclusão: a decomposição não é única.[4] Ao somarmos (11.4) e (11.7), claro está que teríamos duas vezes a variação nas ocupações, medida de duas formas diferentes. Isto é, teríamos:

$$2\Delta\mathbf{i}'\mathbf{o} = \mathbf{l}'_{\mathbf{v}[2]}\Delta\mathbf{e} + \Delta\mathbf{l}'_{\mathbf{v}}\mathbf{e}_{[1]} + \mathbf{l}'_{\mathbf{v}[1]}\Delta\mathbf{e} + \Delta\mathbf{l}'_{\mathbf{v}}\mathbf{e}_{[2]} \tag{11.10}$$

Agrupando os termos de variação e dividindo tudo por 2, chegaríamos a:

$$\Delta\mathbf{i}'\mathbf{o} = \underbrace{\frac{1}{2}(\mathbf{l}'_{\mathbf{v}[1]} + \mathbf{l}'_{\mathbf{v}[2]})\Delta\mathbf{e}}_{\text{Demanda final}} + \underbrace{\frac{1}{2}\Delta\mathbf{l}'_{\mathbf{v}}(\mathbf{e}_{[1]} + \mathbf{e}_{[2]})}_{\text{Produtividade VI}} \tag{11.11}$$

[4]E outras variantes seriam ainda possíveis, como as sugeridas por Miller e Blair (2009, p. 595) tomando o caso da decomposição envolvendo a inversa de Leontief e a demanda final.

o que representa uma mera média aritmética das duas formas de decomposição. O cálculo dessa média é a sugestão de Dietzenbacher e Los (1998) para resolver o problema da não unicidade das decomposições mesmo quando temos mais de dois fatores concorrendo para a explicação. A sugestão se baseia num estudo decompondo quatro diferentes fontes de variação para o custo do trabalho e para as importações,[5] o que resulta em $4! = 24$ possíveis decomposições alternativas, sendo que a média dos dois casos extremos, que vinha sendo usada como uma solução *ad hoc* na literatura, se mostrou muito próxima da média para todos os 24 casos.

Voltando aos dados brasileiros e utilizando o duplo deflacionamento por atividade, teríamos o seguinte até aqui: variando a demanda final com a base em 2015, ou seja, aplicando-se o primeiro termo em (11.4), encontramos uma variação de 4,3 milhões de ocupações; com a base em 2010, utilizando (11.7), encontraríamos 5,1 milhões de ocupações. Na média das decomposições, a variação da demanda final explicaria 4,7 milhões de empregos a mais. Como a variação efetiva das ocupações foi de 3,8 milhões, a diferença de 0,9 milhão tem que ser explicada pela média dos efeitos do crescimento da produtividade do trabalho verticalmente integrada (482 mil postos de trabalho a menos com base em 2010 e 1,3 milhão com base em 2015).

Código para Scilab

[5]Com dados para a Holanda com uma abertura para 214 atividades entre 1986 e 1992.

Separando os coeficientes diretos de trabalho dos coeficientes técnicos de produção

Podemos fazer derivação análoga para decompor a variação dos coeficientes de trabalho verticalmente integrados em duas partes: uma que se deve a variações nos coeficientes diretos de trabalho (vetor **l**) e outra que se deve a variações na matriz **A** de coeficientes técnicos de produção e, por conseguinte, na inversa de Leontief. Chamemos essas partes, como no Capítulo 9, simplesmente de produtividade direta do trabalho e intensidade tecnológica, respectivamente.

Não iremos a fundo na decomposição para os coeficientes[6] presentes na matriz **A**, trataremos apenas das mudanças nos elementos da matriz **L**. Assim, de:

$$\Delta \mathbf{l}'_{\mathbf{v}} = \mathbf{l}'_{[2]}(\mathbf{I} - \mathbf{A}_{[2]})^{-1} - \mathbf{l}'_{[1]}(\mathbf{I} - \mathbf{A}_{[1]})^{-1} = \mathbf{l}'_{[2]}\mathbf{L}_{[2]} - \mathbf{l}'_{[1]}\mathbf{L}_{[1]} \tag{11.12}$$

chegamos às duas decomposições extremas possíveis:

$$\Delta \mathbf{l}'_{\mathbf{v}} = \mathbf{l}'_{[2]}\Delta \mathbf{L} + \Delta \mathbf{l}'\mathbf{L}_{[1]} \tag{11.13}$$

$$\Delta \mathbf{l}'_{\mathbf{v}} = \mathbf{l}'_{[1]}\Delta \mathbf{L} + \Delta \mathbf{l}'\mathbf{L}_{[2]} \tag{11.14}$$

e à média dessas decomposições:

$$\Delta \mathbf{l}'_{\mathbf{v}} = \underbrace{\frac{1}{2}(\mathbf{l}'_{[1]} + \mathbf{l}'_{[2]})\Delta \mathbf{L}}_{\text{Intensidade}} + \underbrace{\frac{1}{2}\Delta \mathbf{l}'(\mathbf{L}_{[1]} + \mathbf{L}_{[2]})}_{\text{Produtividade direta}} \tag{11.15}$$

Ao combinarmos a decomposição das ocupações pela demanda final com essa segunda decomposição para a produtividade, chegaríamos à seguinte

[6]Uma análise de decomposição da matriz de coeficientes técnicos baseada no método RAS pode ser encontrada em van der Linden e Dietzenbacher (2000). São separadas as mudanças nos coeficientes técnicos provenientes de alterações no processo de fabricação (uso de insumos), que se refletem nas colunas da matriz **A**, das mudanças provenientes de substituição (média e específica por atividade), cristalizadas nas linhas da matriz **A**.

equação, similar à apresentada em Miller e Blair (2009, p. 606), para explicar, conjuntamente, essas três fontes de mudança:

$$\begin{aligned}\Delta \mathbf{i}'\mathbf{o} = \underbrace{\frac{1}{2}(\mathbf{l}'_{[1]}\mathbf{L}_{[1]} + \mathbf{l}'_{[2]}\mathbf{L}_{[2]})\Delta\mathbf{e}}_{\text{Demanda final}} + \underbrace{\frac{1}{2}[\mathbf{l}'_{[1]}(\Delta\mathbf{L})\mathbf{e}_{[2]} + \mathbf{l}'_{[2]}(\Delta\mathbf{L})\mathbf{e}_{[1]}]}_{\text{Intensidade}} \\ + \underbrace{\frac{1}{2}\Delta\mathbf{l}'(\mathbf{L}_{[1]}\mathbf{e}_{[1]} + \mathbf{L}_{[2]}\mathbf{e}_{[2]})}_{\text{Produtividade direta}}\end{aligned} \tag{11.16}$$

Com relação aos dados para o Brasil apresentados ao final do último tópico, devemos ressaltar que o mesmo total de ocupações destruídas pelo aumento da produtividade verticalmente integrada (881 mil) seria encontrado se calculássemos a média em (11.15) e, após a obtenção daquele vetor, o pós-multiplicássemos pela média entre os vetores de demanda final para 2010 e 2015. É fácil notar que a parte relativa à demanda final em (11.16) é igual à apresentada em (11.11). Assim, partindo para o cálculo da intensidade tecnológica, encontramos uma criação de mais de 584 mil postos de trabalho entre 2010 e 2015, o que é compatível com os achados anteriores quanto à redução da intensidade tecnológica no período. A queima de ocupações necessária para chegarmos ao mesmo montante de 881 mil, portanto, recai sobre o componente de produtividade direta, cujo crescimento, também em concordância com o apresentado no Capítulo 9 e nas primeiras seções deste capítulo, gerou uma variação de $-1,5$ milhão de ocupações, conforme termo também presente em (11.16).

Código para Scilab

Nível, composição e peso dos componentes da demanda final

A separação da demanda final entre nível, composição por atividade e peso de seus diversos componentes foi aqui realizada, de maneira mais livre, na seção 11.1.1. De fato, foram inclusive calculadas as matrizes equivalentes às propostas por Miller e Blair (2009, p. 600), sem, contudo, atribuir-lhes um símbolo específico. Uma matriz de ponte, com as proporções da demanda final por componente, pode ser explicitada, tomando o período 1 como exemplo, por:

$$\mathbf{P}_{[1]} = \mathbf{E}_{[1]}\widehat{(\mathbf{i}'\mathbf{E}_{[1]})}^{-1} \tag{11.17}$$

desde que não tratemos de qualquer agregação entre os componentes, a exemplo da realizada para o consumo das famílias e ISFLSF (presente no código em Scilab). Valendo o mesmo para o peso dos diversos componentes, definamos um vetor com essas proporções:

$$\mathbf{d}_{[1]} = \frac{\mathbf{i}'\mathbf{E}_{[1]}}{\mathbf{i}'\mathbf{e}_{[1]}} \tag{11.18}$$

com o denominador correspondendo, naturalmente, a um escalar com o total da demanda final.

Assim, poderíamos sempre recuperar o vetor de demanda final do seguinte modo, a partir da multiplicação dos termos contendo o total da demanda final, a composição entre as atividades e o peso entre os componentes:

$$\mathbf{e}_{[1]} = \mathbf{i}'\mathbf{e}_{[1]}\mathbf{P}_{[1]}\mathbf{d}_{[1]} \tag{11.19}$$

Fazendo a decomposição, teríamos:

$$
\begin{aligned}
\Delta \mathbf{i}'\mathbf{o} = & \underbrace{\frac{1}{4}(\mathbf{l}'_{[1]}\mathbf{L}_{[1]} + \mathbf{l}'_{[2]}\mathbf{L}_{[2]})\Delta\mathbf{i}'\mathbf{e}(\mathbf{P}_{[1]}\mathbf{d}_{[1]} + \mathbf{P}_{[2]}\mathbf{d}_{[2]})}_{\text{Nível da demanda final}} \\
& + \underbrace{\frac{1}{4}(\mathbf{l}'_{[1]}\mathbf{L}_{[1]} + \mathbf{l}'_{[2]}\mathbf{L}_{[2]})(\mathbf{i}'\mathbf{e}_{[1]}(\Delta\mathbf{P})\mathbf{d}_{[2]} + \mathbf{i}'\mathbf{e}_{[2]}(\Delta\mathbf{P})\mathbf{d}_{[1]})}_{\text{Composição da demanda final}} \\
& \underbrace{\frac{1}{4}(\mathbf{l}'_{[1]}\mathbf{L}_{[1]} + \mathbf{l}'_{[2]}\mathbf{L}_{[2]})(\mathbf{i}'\mathbf{e}_{[1]}\mathbf{P}_{[1]} + \mathbf{i}'\mathbf{e}_{[2]}\mathbf{P}_{[2]})\Delta\mathbf{d}}_{\text{Peso dos componentes}} \\
& + \underbrace{\frac{1}{2}[\mathbf{l}'_{[1]}(\Delta\mathbf{L})\mathbf{e}_{[2]} + \mathbf{l}'_{[2]}(\Delta\mathbf{L})\mathbf{e}_{[1]}]}_{\text{Intensidade}} + \underbrace{\frac{1}{2}\Delta\mathbf{l}'(\mathbf{L}_{[1]}\mathbf{e}_{[1]} + \mathbf{L}_{[2]}\mathbf{e}_{[2]})}_{\text{Produtividade direta}}
\end{aligned}
\tag{11.20}
$$

Dadas as múltiplas fontes de variação da demanda final — nível, composição e peso dos componentes —, além dos coeficientes de trabalho verticalmente integrados, observamos agora a interação de dois casos extremos entre os dois casos extremos para a demanda final como um todo, explicando o porquê de a divisão ser agora realizada por quatro, e não por dois como o observado até aqui.

Retomando a análise dos dados brasileiros: mudanças no nível da demanda final exercem um impacto da ordem de 5,8 milhões de postos de trabalho; na composição dessa demanda, da ordem de -878 mil; e, no peso dos componentes, o efeito é de pouco mais de -200 mil de postos de trabalho. Vale ressaltar que a soma desses três termos resulta no total apresentado considerando-se a decomposição para os impactos da demanda como um todo, de 4,7 milhões de ocupações, aos quais devem ser somados o $-1,5$ milhão resultante do aumento da produtividade direta do trabalho e o 0,6 milhão proveniente da redução da intensidade tecnológica para voltarmos aos 3,8 milhões de postos de trabalho efetivamente gerados entre 2010 e 2015.

Sinais contraditórios ao que encontramos anteriormente advêm da estrutura (peso e composição) da demanda final. Considerando que nossa análise exploratória na seção 11.1.1 não tratou de tabelas deflacionadas, o resultado pode ser proveniente de mudanças nos preços relativos, o que poderia ser testado realizando-se um procedimento de deflacionamento que conservasse os preços relativos de 2010, como o sugerido por Reich (2008), por exemplo. Tal resultado seria confirmado se realizássemos o mesmo cálculo efetuado naquela seção: enquanto a mudança de proporções a preços de 2015 resulta num aumento das ocupações, a mesma mudança a preços de 2010 resulta numa queda. Desse modo, o aumento no nível da demanda final assume uma responsabilidade ainda maior na explicação do aumento das ocupações.

Para finalizar este tópico, duas observações adicionais são necessárias: (i) qualquer exercício alternativo à decomposição do total de ocupações, por exemplo, emissões de gás carbônico, consumo de energia, estoque de capital etc., é perfeitamente passível de execução a partir da mesma estrutura, desde que haja a disponibilidade de dados; (ii) apesar de termos expresso a análise em termos do *total* de ocupações, não há dificuldade em convertê-la para as ocupações *por atividade*, bastando-nos diagonalizar os vetores de coeficientes de trabalho ao invés de os apresentarmos transpostos.

No nosso particular, caso o interesse recaia em definir quais foram as atividades que apresentaram maiores queimas de postos de trabalho em virtude do aumento da produtividade direta, basta diagonalizar as diferenças entre os coeficientes diretos de trabalho no último termo destacado na equação (11.20). Perceberíamos assim que, do 1,5 milhão de postos de trabalho a menos, somente a agricultura pressionaria para uma queima de 2,4 milhões e a pecuária de outro 1,7 milhão de postos de trabalho, os quais são compensados para cima no caso de algumas outras atividades.

Exercício similar nos levaria a entender que, do aumento de ocupações resultante da baixa na intensidade tecnológica, de longe a maior pressão altista estaria na pecuária, com quase 435 mil postos de trabalho a mais. Olhando também a decomposição das ocupações por atividade para a demanda final, teríamos o seguinte resumo para a pecuária: mudanças na demanda final gerariam 37 mil postos de trabalho, enquanto o aumento do uso de insumos da pecuária nacional como consumo intermediário, principalmente pela atividade abate e produtos de carne, como podemos inferir a partir dos subsistemas apresentados no Capítulo 8, geraria em torno de 435 mil ocupações. Como sabemos que o saldo efetivo foi de uma queima de mais de 1,3 milhão de ocupações, a explicação é que o aumento da produtividade direta do trabalho, queimando 1,7 milhão de ocupações, mais do que compensou o movimento de elevação dos coeficientes técnicos de produção relacionados à atividade.

Código para Scilab

Referências

Akhabbar, A., Lallement, J. (2011). Wassily Leontief and Léon Walras: the production as a circular flow. In: *MPRA Paper*, 30207.

Araujo, P. Q. (2013). Estructura productiva y distribución funcional del ingreso: una aplicación del modelo de insumo-producto. *Revista Cepal*, 109, 61–84.

Augusztinovics, M. (1995). What Input-Output is about. *Structural Change and Economic Dynamics*, 6, 271–277.

Baumol, W. J. (1967). Macroeconomics of unbalanced growth: the anatomy of urban crisis. *The American Economic Review*, 57(3), 415–426.

Baumol, W. J. (2000). Leontief's great leap forward: beyond Quesnay, Marx and von Bortkiewicz. *Economic Systems Research*, 12(2), 141–152.

Bellino, E. (2004). On Sraffa's standard commodity. *Cambridge Journal of Economics*, 28, 121–132.

Bêrni, D. A. *et al.* (2011). *Mesoeconomia — lições de contabilidade social*: a mensuração do esforço produtivo da sociedade. Porto Alegre: Bookman.

Beyers, W. B. (1976). Empirical identification of key sectors: some further evidence. *Environment and Planning A: Economy and Space*, 8, 231–236.

Bradley, I. E., Gander, J. P. (1969). Input-output multipliers: some theoretical comments. *Journal of Regional Science*, 9(2), 309–317.

Bródy, A. (1970), *Proportions, prices and planning*: a mathematical restatement of the labor theory of value. Budapest, Akadémiai Kiadó.

Boucher, M. (1976). Some further results on the linkage hypothesis. *The Quarterly Journal of Economics*, 90(2), 313–318.

Burmeister, E. (1977). The irrelevance of Sraffa's analysis without constant returns to scale. *Journal of Economic Literature*, 15(1), 68–70.

Cavalcanti, J. E. A. (1997). Distribuição setorial da renda: seus efeitos de indução na economia brasileira. *Pesquisa e Planejamento Econômico*, 27(1), 141–184.

Cavalcanti, J. E. A. (2001). Income distributive effects in the Brazilian economy. *Economic Systems Research*, 13(3), 275–287.

Cella, G. (1984). The input-output measurement of interindustry linkages. *Oxford Bulletin of Economics and Statistics*, 46(1), 73–84.

Chenery, H. B., Watanabe, T. (1958). International comparisons of the structure of production. *Econometrica*, 26(4), 487–521.

Clements, B. J. (1990). On the decomposition and normalization of interindustry linkages. *Economics Letters*, 33, 337–340.

Clements, B. J., Rossi, J. W. (1992). Ligações interindustriais e setores-chave na economia brasileira. *Pesquisa e Planejamento Econômico*, 22(1), 101–124.

Costa Jr., L., Teixeira, J. R. (2010). Mudança estrutural e crescimento econômico no Brasil: uma análise do período 1990-2003 usando a noção de setor verticalmente integrado. *Nova Economia*, 20(1), 85–116.

De Juan, O., Febrero, E. (2000). Measuring productivity from vertically integrated sectors. *Economic Systems Research*, 12(1), 65–82.

Dias, F. A. R., Gonçalves, F. O.. (2015). Mudança estrutural no emprego setorial brasileiro pós-plano real: uma análise baseada em setores verticalmente integrados. In: 20º *Encontro Regional de Economia – ANPEC*, Fortaleza.

Dias, F. A. R., Porsse, A. A., Gonçalves, F. O. (2015). Cadeias globais de valor e complexidade: uma análise sobre a geração de emprego no Brasil para o período 1995-2011 pelo método de decomposição de Miyazawa. In: 43º *Encontro Nacional de Economia – ANPEC*, Florianópolis.

Dietzenbacher, E. (1992). The measurement of interindustry linkages: key sectors in the Netherlands. *Economic Modelling*, 9(4), 419–437.

Dietzenbacher, E., Hoen, A. R. (1998). Deflation of input-output tables from the user's point of view: a heuristic approach. *Review of Income and Wealth*, 44(1), 111–122.

Dietzenbacher, E., Lahr, M. L. (2013). Expanding extractions. *Economic Systems Research*, 25(3), 341–360.

Dietzenbacher, E., Los, B. (1998). Structural decomposition techniques: sense and sensitivity. *Economic Systems Research*, 10(4), 307–323.

Dietzenbacher, E., van der Linden, J. A. (1997). Sectoral and spatial linkages in the EC production structure. *Journal of Regional Science*, 37(2), 235–257.

Domar, E. D. (1961). On the measurement of technological change. *The Economic Journal*, 71(284), 709–729.

Eatwell, J. (1975). Mr. Sraffa's standard commodity and the rate of exploitation. *The Quarterly Journal of Economics*, 89(4), 543–555.

Eatwell, J., (1977). The irrelevance of returns to scale in Sraffa's analysis. *Journal of Economic Literature*, 15(1), 61–68.

Fevereiro, J. B., Bastos, C. P., Freitas, F. (2016). Produtividade do trabalho em uma perspectiva de setores verticalmente integrados: uma análise para o período 2000-2008 no Brasil. In: *Texto para Discussão IE/UFRJ*, 032/2016.

Freitas, F., Serrano, F. (2008). *Abordagem clássica do excedente*: o modelo do trigo. Texto didático, Grupo de Pesquisa em Economia Política, IE/UFRJ.

Freitas, F., Serrano, F. (2015). Growth rate and level effects, the stability of the adjustment of capacity to demand and the Sraffian supermultiplier. *Review of Political Economy*, 27(3), 258–281.

Garbellini, N., Wirkierman, A. (2009). Changes in the productivity of labour and vertically integrated sectors — an empirical study for Italy. In: *MPRA Paper*, 18871.

Garbellini, N., Wirkierman, A. (2014). Productivity accounting in vertically (hyper-)integrated terms: bridging the gap between theory and empirics. *Metroeconomica*, 65(1), 154–190.

Garegnani, P. (1990). Sraffa: classical versus marginalist analysis. In: Bharadwaj, K., Schefold, B. (eds.). *Essays on Piero Sraffa*: critical perspectives on the revival of classical theory. London: Routledge.

Ghosh, A. (1958). Input-output approach in an allocation system. *Economica*, 25(97), 58–64.

Gilibert, G. (2006). The man from the moon: Sraffa's upside-down approach to the theory of value. *Contributions to Political Economy*, 25, 35–48.

Grijó, E., Bêrni, D. A. (2006). Metodologia completa para a estimativa de matrizes de insumo-produto. *Teoria e Evidência Econômica*, 14(26), 9–42.

Guilhoto, J. J. M. (2011). *Análise de insumo-produto*: teoria e fundamentos. São Paulo, mimeo.

Guilhoto, J. J., Sesso Filho, U. A. (2005). Estimação da matriz insumo-produto a partir de dados preliminares das contas nacionais, *Economia Aplicada*, 9(2), 277–299.

Guilhoto, J. J., Sesso Filho, U. A. (2010). Estimação da matriz insumo-produto utilizando dados preliminares das contas nacionais: aplicação e análise de indicadores econômicos para o Brasil em 2005, *Economia & Tecnologia*, 23, 53–62.

Guilhoto, J. J., Sonis, M., Hewings, G. J. D., Martins, E. B. (1994). Índices de ligações e setores-chave na economia brasileira: 1959/80. *Pesquisa e Planejamento Econômico*, 24(2), 287–314.

Gupta, S., Steedman, I. (1971). An input-output study of labour productivity in the British economy. *Oxford Bulletin of Economics and Statistics*, 33(1), 21–34.

Hewings, J. G. D., Sonis, M., Madden, M., Kimura, Y. (eds.). (1999). *Understanding and interpreting economic structure.* New York:, Spring-Verlag Berlin Heldeberg.

Hicks, J. R. (1950). *A contribution to the theory of the trade cycle.* Oxford: Oxford University Press.

Hicks, J. R. (1990). Ricardo and Sraffa. In: Bharadwaj, K., Schefold, B. (eds.). *Essays on Piero Sraffa*: critical perspectives on the revival of classical theory. London: Routledge.

Hirsch, W. Z. (1959). Interindustry relations of a metropolitan area. *The Review of Economics and Statistics*, 41(4), 360–369.

Hirschman, A. O. (1958). *The strategy of economic development.* Clinton: Yale University Press, 1975.

Hoffmann, R. (2016). *Produtividade e preços em sistemas sraffianos.* Piracicaba: ESALQ - Portal de Livros Abertos da USP.

Instituto Brasileiro de Geografia e Estatística. (2008). *Matriz de insumo-produto*: Brasil 2000/2005. Contas Nacionais, 23, Rio de Janeiro, IBGE.

Instituto Brasileiro de Geografia e Estatística. (2015a). *Sistema de Contas Nacionais*: Brasil 2010–2013. Contas Nacionais, 46, Rio de Janeiro, IBGE.

Instituto Brasileiro de Geografia e Estatística. (2015b). *Pesquisa Industrial Anual*: Empresas 2015. Pesquisa Industrial, 34(1), Rio de Janeiro, IBGE.

Instituto Brasileiro de Geografia e Estatística. (2016a). *Sistema de Contas Nacionais*: Brasil, ano de referência 2010. Série Relatórios Metodológicos, 24, Rio de Janeiro, IBGE.

Instituto Brasileiro de Geografia e Estatística. (2016b). *Matriz de insumo-produto*: Brasil 2010. Contas Nacionais, 51, Rio de Janeiro, IBGE.

Instituto Brasileiro de Geografia e Estatística. (2016c). *Sistema de Contas Nacionais*: Brasil 2010–2014. Contas Nacionais, 52, Rio de Janeiro, IBGE.

Instituto Brasileiro de Geografia e Estatística. (2018). *Matriz de insumo-produto*: Brasil 2015. Contas Nacionais, 62, Rio de Janeiro, IBGE.

Jones, L. P. (1976). The measurement of Hirschmanian linkages. *The Quarterly Journal of Economics*, 90(2), 323–333.

Junius, T., Oosterhaven, J. (2003). The solution of updating or regionalizing a matrix with both positive and negative entries. *Economic Systems Research*, 15(1), 87–96.

Kalecki, M. (1968). The Marxian equations of reproduction and modern economics. In: *Capitalism*: economic dynamics, Oxford: Clarendon Press, 1991. (Collected Works of Michal Kalecki, v.II).

Kahn, R. F.. (1931). The relation of home investment to unemployment. *The Economic Journal*, 41(162), 173–198.

Keynes, J. M. (1929). Can Lloyd George do it? In: *Essays in persuasion*, Cambridge, Macmillan, 1972. (The collected writings of John Maynard Keynes, v.IX).

Keynes, J. M. (1933). The means to prosperity. In: *Essays in persuasion.* Cambridge: Macmillan, 1972. (The collected writings of John Maynard Keynes, v.IX).

Keynes, J. M. (1936). *The general theory of employment, interest, and money.* Cambridge: Macmillan, 1973. (The collected writings of John Maynard Keynes, v.VII).

Krüger, J. J. (2008). Productivity and structural change: a review of the literature. *Journal of Economic Surveys*, 22(2), 330–363.

Kupfer, D., Freitas, F., Young, C. E. (2004). Decomposição estrutural da variação do produto e do emprego entre 1990 e 2001 – uma análise a partir das matrizes insumo-produto. In: *Grupo de Indústria e Competitividade* (Relatório Parcial de Pesquisa), IE/UFRJ.

Kurz, H. D. (1985). Effective demand in a "classical" model of value and distribution: the multiplier in a Sraffian framework. *The Manchester School*, 53(2), 121–137.

Kurz, H. D. (ed.). (2000). *Critical essays on Piero Sraffa's legacy in economics.* Cambridge: Cambridge University Press.

Kurz, H. D., Salvadori, N. (1993). The 'standard commodity' and Ricardo's search for an 'invariable measure of value'. In: Baranzini, M., Harcourt, G. C. (eds.). *The dynamics of the wealth of nations: growth, distribution, and structural change*: essays in honour of Luigi Pasinetti. London: St. Martin's Press.

Kurz, H. D., Salvadori, N. (1995). *Theory of production*: a long-period analysis. Cambridge: Cambridge University Press.

Kurz, H. D., Salvadori, N. (2000). 'Classical' roots of input-output analysis: a short account of its long prehistory. *Economic Systems Research*, 12(2), 153–179.

Kurz, H. D., Salvadori, N. (2005). Input-output analysis from a wider perspective: a comparison of the early works of Leontief and Sraffa. *Economic Systems Research*, 18(4),373–390.

Kurz, H. D., Salvadori, N.. (2018). On the "photograph" interpretation of Piero Sraffa's production equations: a view from the Sraffa Archive. In: Corsi, M., Kregel, J., D'Ippoliti, C. (eds.). *Classical economics today*: essays in honor of Alessandro Roncaglia. London: Anthem Press.

Kuznets, S. (1955). Economic growth and income inequality. *The American Economic Review*, 45(1), 1–28.

Lahr, M. L., de Mesnard, L. (2004). Biproportional techniques in input-output analysis: table updating and structural analysis. *Economic Systems Research*, 16(2), 115–134.

Lahr, M. L.; Stevens, B. H. (2002). A study of the role of regionalization in the generation of aggregation error in regional input-output models. *Journal of Regional Science*, 42(3), 477–507.

Laumas, P. S. (1976). The weighting problem in testing the linkage hypothesis. *The Quarterly Journal of Economics*, 90(2), 308–312.

Lavoie, M. (2014). *Post-Keynesian Economics*: new foundations. Cheltenham: Edward Elgar.

Leite, F. P. (2013). Evolução do emprego e mudança estrutural no Brasil no primeiro decênio dos anos 2000: uma abordagem pasinettiana. In: 41° *Encontro Nacional de Economia – ANPEC*, Foz do Iguaçu.

Leite, F. P. (2014). Multiplicadores de emprego e renda: uma ponte necessária entre a teoria da produção e a macroeconomia. In: *VII Encontro Internacional da Associação Keynesiana Brasileira*, São Paulo.

Leite, F. P. (2018). Multipliers and supermultipliers in a multisectoral framework: macroeconomic tools after all? In: 26th *International Input-Output Conference*, Juiz de Fora.

Leontief, W. W., (1991 [1928]), The economy as a circular flow, *Strucutural Change and Economic Dynamics*, 2(1): 181–212.

Leontief, W. W.. (1936). Quantitative input and output relations in the economic systems of the United States. *The Review of Economics and Statistics*, 18(3), 105–125.

Leontief, W. W. (1937). Interrelation of prices, outputs, savings, and investment, *The Review of Economics and Statistics*, 19(3), 109–132.

Leontief, W. W. (1944). Output, employment, consumption, and investment. *The Quarterly Journal of Economics*, 58(2), 290–314.

Leontief, W. W. (1985a). Input-output analysis. In: *Input-output economics.* 2nd edition. New York: Oxford University Press, 1986.

Leontief, W. W. (1985b). Technological change, prices, wages, and rates of return on capital in the U.S. economy. In: *Input-output economics.* 2nd edition. New York: Oxford University Press, 1986.

Levine, A. L. (1977). The irrelevance of returns to scale in Sraffa's analysis: a comment. *Journal of Economic Literature*, 15(1), 70–72.

Lewis, W. A. (1954). Economic development with unlimited suplies of labour. *The Manchester School*, 22(2), 139–191.

Los, B., Timmer, M. P., de Vries, G. J. (2015). How global are global value chains? A new approach to measure international fragmentation. *Journal of Regional Science*, 55(1), 66–92.

Marengo, L., (1992). The demand for intermediate goods in an input-output framework: a methodological note. *Economic Systems Research*, 4(1), 49–52.

Mariolis, T.; Tsoulfidis, L. (2016). *Modern classical economics and reality*: a spectral analysis of the theory of value and distribution. Tokyo, Springer.

Martinez, T. S. (2014). Estimação das tabelas auxiliares de impostos e margens da matriz de insumo-produto com mínima perda de informação: algoritmo RAWS. *Pesquisa e Planejamento Econômico*, 44(2), 290–336.

Martinez, T. S. (2016). Método RAWS / RAW para estimação anual da matriz de insumo-produto na referência 2000 das contas nacionais. *Pesquisa e Planejamento Econômico*, 46(2), 79–124.

Messa, A. (2013). Structural change in the Brazilian economy in the 2000s. *Revista de Economia Contemporânea*, 17(3), 452–467.

Miller, R. E., Blair, P. D. (2009). *Input-output analysis*: foundations and extensions. 2nd edition. New York: Cambridge University Press.

Miyazawa, K. (1968). Input-output analysis and interrelational income multiplier as a matrix. *Hitotsubashi Journal of Economics*, 8(2), 39–58.

Miyazawa, K. (1976). *Input-output analysis and the structure of income distribution*. New York: Springer-Verlag.

Moore, F. T., Petersen, J. W. (1955). Regional analysis: an interindustry model of Utah. *The Review of Economics and Statistics*, 37(4), 368–383.

Moreira, G. R. C., Almeida, L., Guilhoto, J. M., Azzoni, C. R. (2008). Productive structure and income distribution: the Brazilian case. *The Quarterly Review of Economics and Finance*, 48, 320–332.

Nakatani-Macedo, C. D., Fiuza-Moura, F. K., Câmara, M. R. G., Sesso-Filho, U. A. (2015). Decomposição estrutural da variação do emprego nos setores industriais no Brasil entre os anos de 2000 e 2009. *Revista de Economia Contemporânea*, 19(2), 235–260.

Nassif, L., Teixeira, L., Rocha, F. (2015). Houve redução do impacto da indústria na economia brasileira no período 1996-2009? Uma análise das matrizes insumo-produto. *Economia e Sociedade*, 24(2), 355–378.

Newman, P. (1962). Production of commodities by means of commodities. *Schweizerische Zeitschrift für Volkswirtschaft und Statistik*, 98, 58–75.

Organisation for Economic Co-operation and Development. (2001). *Measuring productivity*: measurement of aggregate and industry-level productivity growth. OECD Manual, Paris, OECD.

Parrinello, S. (1982). Some notes on monopoly, competition and the choice of techniques. *The Manchester School*, 50(3), 211–219.

Pasinetti, L. L. (1973). The notion of vertical integration in economic analysis. *Metroeconomica*, 25(1), 1–29.

Pasinetti, L. L. (1977). *Lectures on the theory of production.* New York, Columbia University Press.

Pasinetti, L. L. (1981). *Structural change and economic growth*: a theoretical essay on the dynamics of the wealth of nations. Cambridge: Cambridge University Press.

Pasinetti, L. L. (1988). Growing subsystems, vertically hyper-integrated sectors and the labour theory of value. *Cambridge Journal of Economics*, 12, 125–134.

Pasinetti, L. L. (1993). *Structural economic dynamics*: a theory of the economic consequences of human learning. Cambridge, Cambridge University Press.

Passoni, P. A. (2016). Comportamento das importações brasileiras de 2000 a 2008: uma análise a partir da decomposição estrutural e insumo-produto. In: 44º *Encontro Nacional de Economia – ANPEC*, Foz do Iguaçu.

Passoni, P. A., Freitas, F. (2018). Metodologia para estimação de uma série de matrizes insumo-produto para o Brasil de 2000 a 2015. *Grupo de Indústria e Competitividade* (mimeo), IE/UFRJ.

Passoni, P. A. (2019). *Deindustrialization and regressive specialization in the Brazilian economy between 2000 and 2014: a critical assessment based on the input-output analysis*. Tese de doutoramento, IE/UFRJ.

Perobelli, F. S., Bastos, S. Q. A., Oliveira, J. C. (2017). Avaliação sistêmica do setor industrial brasileiro: 1995-2009. *Estudos Econômicos*, 47(1), 125–152.

Persona, H. L., Oliveira, M. A. S. (2016). Cambios estructurales em la industria brasileña (1995-2009). *Revista Cepal*, 120, 201–222.

Pyatt, G., Round, J. I. (1977). Social accounting matrices for development planning. *The Review of Income and Wealth*, 23(4), 339–364.

Pyatt, G., Round, J. I. (1979). Accounting and fixed price multipliers in a social accounting matrix framework. *The Economic Journal*, 89(356), 850–873.

Rampa, G. (1981). The concept and measurement of productivity in an input–output framework. *University of Cambridge Working Papers*, 18.

Rasmussen, P. N. (1956). *Studies in intersectoral relations* (Relaciones intersectorales). Madrid: Aguilar, 1963.

Reich, U.-P. (2008). Additivity of deflated input-output tables in national accounts. *Economic Systems Research*, 20(4), 415–428.

Ricardo, D. (1821). *On the principles of political economy and taxation.* 3rd edition. (Princípios de economia política e tributação, tradução publicada na coleção *Os Economistas.* São Paulo, Nova Cultural, 1996).

Riedel, J. (1976). A balanced-growth version of the linkage hypothesis: a comment. *The Quarterly Journal of Economics*, 90(2), 319–322.

Roncaglia, A. (1978). *Sraffa and the theory of prices.* Chichester: John Wiley & Sons.

Roncaglia, A. (2009). *Piero Sraffa.* Basingstoke: Palgrave Macmillan.

Rose, A. (1995). Input-output economics and computable general equilibrium models. *Structural Change and Economic Dynamics*, 6, 295–304.

Rose, A., Casler, S. (1996). Input–Output Structural Decomposition Analysis: a critical appraisal. *Economic Systems Research*, 8(1), 33–62.

Salvadori, N. (2008). Non-substitution theorems. In: *The new Palgrave dictionary of economics.* 2nd edition. London: Palgrave Macmillan.

Samuelson, P. A. (1942). Fiscal policy and income determination. *The Quarterly Journal of Economics*, 56(4), 575–605.

Samuelson, P. A. (2000a). Revisionist findings on Sraffa. In: Kurz, H. D. (ed.). *Critical essays on Piero Sraffa's legacy in economics.* Cambridge: Cambridge University Press.

Samuelson, P. A. (2000b). Sraffa's hits and misses. In: Kurz, H. D. (ed.). *Critical essays on Piero Sraffa's legacy in economics.* Cambridge: Cambridge University Press.

Sánchez-Chóliz, J. (1987). Medidas del cambio técnico: un modelo teórico. *Cuadernos de Economía*, 15, 289–316.

Sánchez-Chóliz, J. (1989). La razon patron de Sraffa y el cambio tecnico. *Investigaciones Económicas*, 13(1), 137–154.

Sánchez-Chóliz, J. (1990). Algunas reflexiones sobre la medida del cambio tecnológico. *Cuadernos de Economía*, 18, 431–453.

Sandoval, A. D. (1967). Constant relationship between input-output income multipliers. *The Review of Economics and Statistics*, 49(4), 599–600.

Santos, R. A. C., Haddad, E. M. (2007). Uma análise de insumo-produto da distribuição interestadual da renda no Brasil. *EconomiA*, 8(1), 121–138.

Schefold, B. (1989). *Mr. Sraffa on joint production and other essays.* London: Unwin Hyman.

Schefold, B. (2017). The improbability of reswitching, the certainty of Wicksell-effects and the poverty of production functions: the Cambridge critique of capital transformed. In: *Research in the History of Economic Thought and Methodology*, v. 35B, Emerald Publishing Limited.

Schuschny, A. R. (2005). *Tópicos sobre el modelo de insumo-producto*: teoría y aplicaciones. Santiago: CEPAL.

Serrano, F. (1995). Long-period effective demand and the Sraffian supermultiplier. *Contributions to Political Economy*, 14, 67–90.

Serrano, F., Freitas, F. (2007). El supermultiplicador sraffiano y el papel de la demanda effectiva en los modelos de crecimiento. *Circus*, 1, 21–37.

Sesso-Filho, U. A., Rodrigues, R. L., Moretto, A. C., Brene, P. R. A., Lopes, R. L. (2010). Decomposição estrutural da variação do emprego no Brasil, 1991-2003. *Economia Aplicada*, 14(1), 99–123.

Silva, E. A. (1987). Wage-profit trade-offs in Brazil: an input/output analysis, 1970–1975. *Science & Society*, 51(3), 347–354.

Silva, E. A. (1991). The wage-profit curve in Brazil: an input-output model with fixed capital, 1975. *Review of Radical Political Economics*, 23, 104–110.

Sinha, A. (2016). *A revolution in economic theory*: the economics of Piero Sraffa. Cham: Palgrave Macmillan.

Sonis, M., Guilhoto, J. J., Hewings, G. J. D., Martins, E. B. (1995). Linkages, key sectors, and structural change: some new perspectives. *The Developing Economies*, 33(3), 233–270.

Sraffa, P., (1960), *Production of commodities by means of commodities*: prelude to a critique of economic theory. Cambridge: Cambridge University Press.

Strang, G. (2009). *Introduction to linear algebra.* 4th edition. Wellesley: Cambridge Press.

Tavares, F. B., Araújo Jr., I. T. (2014). Estrutura setorial da produção e distribuição interpessoal de renda no Nordeste em 2004. *Pesquisa e Planejamento Econômico*, 44(1), 213–240.

Teixeira, L. (2008). Do trigo ao trabalho: o caráter instrumental da teoria do valor em Ricardo. *Leituras de Economia Política*, 13, 1–27.

Temurshoev, U., Miller, R. E., Bouwmeester, M. C. (2013). A note on the GRAS method, *Economic Systems Research*, 25(3), 361–367.

ten Raa, T. (1994). On the methodology of input-output analysis. *Regional Science and Urban Economics*, 24, 3–25.

ten Raa, T. (2004). A neoclassical analysis of total factor productivity using input-output prices. In: Dietzenbacher, E., Lahr, M. L. *Wassily Leontief and input-output economics*. New York: Cambridge University Press.

ten Raa, T. (2005). *The economics of input-output analysis*. New York: Cambridge University Press.

ten Raa, T., Chakraborty, D. (1983). A note on induced multiplier. *Artha Vijnana*, 25(3), 277–279.

Timmer, M. P., Erumban, A. A., Los, B., Stehrer, R., de Vries, G. J. (2014). Slicing up global value chains. *Journal of Economic Perspectives*, 28(2), 99–118.

Timmer, M. P., Dietzenbacher, E., Los, B., Stehrer, R., de Vries, G. J. (2015). An illustrated user guide to the World Input–Output Database: the case of global automotive production. *Review of International Economics*, 23, 575–605.

Trigg, A. B., Lee, F. S. (2005). Pasinetti, Keynes and the multiplier. *Review of Political Economy*, 17(1), 29–43.

United Nations Statistics Division. (2009). *System of National Accounts 2008*. New York: United Nations.

Vale, V. A., Perobelli, F. S. (2020). *Análise de insumo-produto*: teoria e aplicações no R. NEDUR/LATES, edição independente.

van der Linden, J. A., Dietzenbacher, E. (2000). The determinants of structural change in the European Union: a new application of RAS. *Environment and Planning*, 32, 2205–2229.

Yagi, T. (2012). Structural change and invariable standards. In: Arena, R., Porta, P. L. (eds.). *Structural dynamics and economic growth.* Cambridge: Cambridge University Press.

Young, C. E. F., Silveira, A. H. P. (1988). A matriz departamental de Kalecki: um exercício de construção para o Brasil. *Ensaios FEE*, 9(1), 39–53.

Yotopoulos, P. A., Nugent, J. B. (1973). A balanced-growth version of the linkage hypothesis: a test. *The Quarterly Journal of Economics*, 87(2), 157–171.

Yotopoulos, P. A., Nugent, J. B. (1976). In defence of a test of the linkage hypothesis. *The Quarterly Journal of Economics*, 90(2), 334–343.

Lista de figuras

Lista de tabelas